文化产业青年学者文集

文集

2014

U40

主编 意娜 陈曦

Young Scholars' Anthology of
Culture Industry

云南大学出版社
YUNNAN UNIVERSITY PRESS

图书在版编目（CIP）数据

　　U40文化产业青年学者文集. 2014 / 意娜，陈曦主编. —
昆明：云南大学出版社，2015
　　ISBN 978-7-5482-2200-2

　　Ⅰ. ①U… Ⅱ. ①意… ②陈… Ⅲ. ①文化产业－中国
－文集 Ⅳ. ①G124-53

　　中国版本图书馆CIP数据核字（2014）第288474号

策划编辑：陈　曦
责任编辑：李　红
责任校对：严永欢
封面设计：周　旸

出版发行：云南大学出版社
印　　装：昆明市五华区教育委员会印刷厂
开　　本：787mm×1092mm　1/16
印　　张：18
字　　数：304千
版　　次：2015年5月第1版
印　　次：2015年5月第1次印刷
书　　号：ISBN 978-7-5482-2200-2
定　　价：50.00元

地　　址：昆明市翠湖北路2号云南大学英华园内
邮　　编：650091
发行电话：0871-65031070　65033244
网　　址：http://www. ynup. com
E-mail：market@ynup.com

序

　　中国社会科学院文化研究中心、云南大学国家文化产业研究中心和上海戏剧学院约翰·霍金斯创意产业研究中心共同主办的第二届"U40文化产业暑期工作营"（以下简称"U40"）于2014年7月顺利举办，作为这期"U40"的成果，新的一期学员论文集即将付梓出版。

　　"U40"是Under 40的简称，是指40岁以下的青年人。国际上从德国开始创建，到澳大利亚仿效，"U40"已经成为专门针对青年研究人员的高端培训活动的专用语。中国社会科学院文化研究中心从2012年开始，在财政部中央文资办支持下，发起"文化产业重大课题研究计划"，以专业研究机构合作的形式引进国外这一做法，以创新的模式推动文化产业领域的人才挖掘和培训活动。

　　2014年7月15~22日，"U40"再次于云南大学隆重开幕。此次从全国各地的报名者中匿名评审出33篇优秀论文作为学员遴选进入"U40"的条件，工作组根据论文内容从国内外邀请了15位导师为学员进行有针对性的论文修改辅导。工作营的组织运作仍以导师前沿讲座与学员论文宣讲和主题讨论相结合的方式进行，此次导师学科背景的多元化、国际化给学员们留下了深刻的印象。15位导师中外籍导师有3位，来自港台的导师有2位，加上北京、上海及云南的10位导师，皆是在文化产业研究中具有较高造诣的研究者。学员们多数表示，专家们的前沿讲座"干货"多，知识亮点频现，思维拓展力度大。而学员们的论文选题范围广，学科背景各异，视角观点多元，在讨论中常常令人有耳目一新之感。

　　"U40"仍旧为每篇学员论文安排了1.5~2小时的讨论和修改时间，由2~4位导师参与，以此构建了U40提升学员学术水平与开展学识交流最有效的方式。经过为期一周的培训，最后修改出22篇高质量的优秀论文，入选文集，较上一届，在入选论文的数量与质量上都有所提升。学员们对"U40"既有褒奖，更有建议，"U40的教学组织方式确实独特而高效，不仅聆听到导师们最前沿的学科观点，也把握到学界同仁们最新的研究方向，最重要的是U40给予了我们普通学员与导师更多的交流机会，还有学员之间的互动交流，所以，从个人角度，要对这次活动整体评价的话，那就是：Perfect！""希望以后有机会，多有一些对文化产业学科（专业）的发展与反思。比如文化产业研究者的研究思路、思考范式，文化产业的教学设计与专业特色规划，文化产业学科的前瞻走向等等。今年已经有这种味道了，希望以后增加。"无论是肯定的意见还是中肯的建议，都将成为"U40"未来前进的不竭动力。

《U40 文化产业青年学者文集（2014）》的出版展现了在"课题制"外，文化产业青年学者共同努力参与到理论与实践研究中的新景象与新成果。

人文社会科学领域的科学管理一直是一个难题。目前普遍实行课题制管理，由于课题申请的门槛限制，青年学者一般是无法获得独立主持课题的机会的。近年来，随着国家对科研工作支持力度的不断加大，传统不合理的课题制管理模式的弊病有恶性膨胀之势。一些有课题申请资格以及有一定影响的高职学者，热衷于拉关系、跑课题，到处参加投标、评审。他们变成了课题专业户，甚至变成包工头。很多课题以一种流水线的方式完成，有些课题甚至层层转包，交给自己的学生，甚至学生的学生去做，到了课题截止期则匆忙汇总，草草上交，完全不关心课题内容。这种完全与学术意义背道而驰的课题管理办法既不能产出高质量的课题成果，更不能培养出青年研究人才，已经到了不能不改变的地步了！

关键的问题在于如何让青年研究人员有机会崭露头角，显示才华，及时登上以他们为中心的舞台。上述传统的方法只能让青年学者在幕后担任课题的实际执行人，虽然青年学者貌似可以在实际工作中获得大量的锻炼和提高，但更多时候为了追求课题的完成效率，得不到真正的学术锻炼和提高。近年来，国内也出现了一些着眼于青年研究人员的论坛和培训班，但是观察下来我们发现，所有这些现有的形式中，学生的主动性还是很差，主要被视为受教育的聆听者，一些著名学者也只是讲完课就走，完全没有与学员沟通，更不用说坐下来仔细讨论和修改稿子了。总之，青年学者依然不是这些活动的关注重点。

针对以上问题，我们致力于有的放矢的探索与创新。第一，引入国际教育经验，在培训班结构安排上加大讨论的时间，合理安排大会讲座、大会评点，以及小组讨论所占比例，给工作营导师和学员以较为充分的时间交流与研讨。第二，创造机会，加强青年学者之间的观点碰撞和学术交流。新一代的中国青年文化产业学者有着更好的专业背景和更为广阔的视野，他们更善于在思想激荡中自我完善，也更加熟稔于借助数字化新技术处理各种信息，他们在一起热烈地讨论本身就是一种"景观"。第三，邀请资深博导与国际知名学者发布学术前沿信息，教授学术研究方法。工作营适当安排讲座，导师以"干货"的形式讲授学科前沿理论和研究方法经验。第四，论文高阶修订，知名教授亲自点评学员论文并提出修改意见。这是工作营相较于其他培训班最大的特点，经过工作营的讨论和思考，最后改出一篇优秀的论文。

经过两届"U40"文化产业暑期工作营的努力，"U40"已经逐渐在文化产业学界形成了一定的影响力，我们所做的探索和努力开始为青年学者的培养与提升找到一种好的范式，并争取使这种创新的方法有"可复制性"。今年乃至以后，"U40"的理念都将以学员为核心，构建新的培训方式，打破现有课题制束缚，围绕年轻人，持续地帮助他们成长，凝结未来中国文化产业领军团队的中坚力量，让他们领跑学科发展的道路更加宽广，成果更加显著。

张晓明
2015 年 5 月

目 录

理论与思考

U40

Young Scholars' Anthology of
Culture Industry

解析保护文化多样性与文化自由贸易论战

——贝克眼中的文化例外*

郭　宾**

【内容摘要】 文化自由贸易论者对保护文化多样性观点的批评，致使保护文化多样性的目标与方法论更为明确，并可警惕、避免其可能带来的负面效应。依照贝克的视角，保护文化多样性是保护主体间文化的对话机制。对话在家庭、社团、经济与政治组织中完成，意味着其植根于历史的创新、价值生成与分配、个体获取社会身份与争取认同。而文化对话更可促使社会价值秩序变得更合理。因而国内外的政治经济制度建设需有利于各群体间的文化对话。

【关键词】 文化多样性　文化自由贸易　文化例外　对话

法国于 20 世纪 90 年代提出"文化例外"，意指国际贸易中的文化产品和服务不得纳入一般商品贸易范畴。因而，随后保护文化多样性话题的论战以及相关国际文化条约的制定，可视为法国与欧盟联合亚非拉国家共同对抗美国的文化自由贸易。保护文化多样性的合法性论证必须战胜文化自由贸易论者的各种批评，否则将被视为争取相关经济利益的说辞。美国学者查尔斯·埃德

---

* 本文受 2013 年教育部人文社会科学研究青年基金项目"文化与正义：现代性危机视野中的卡西尔文化哲学研究"（编号为 13YJCZH045）资助。

** 作者简介：郭宾，山西大学音乐学院副教授，研究方向为艺术文化与现代社会。

温·贝克（C. Edwin Baker）① 审视了这一论战，且赞同保护文化多样性。依照其视角揭示该论战，并分析其结论，有助于揭示当前文化研究的不同面向与趋势。

一、人类学视野中的保护文化多样性观点

根据贝克审查该论战的视角可以看到：第一，辩论双方使用的文化概念有两个层面，"一种我称之为博物馆、商品或人造物的文化观"②，另一种"笔者称之为言说、论述或对话的文化概念"③。第二，文化自由贸易论者，主要是在文化概念的第一个层面里批评保护文化多样性观点，而错失了或说无法否定在文化概念的第二个层面建立起来的保护文化多样性理由。第三，对保护文化多样性的批评，主要是针对那些依照人类学视角建立起来的观点。

在本文的前两节中，为了使贝克揭示的该论战易于理解，显得针锋相对，需先做些准备工作，而后在完全认同贝克尊重、体恤传统文化的前提下，行文中将适当插入一点宣扬资本主义优越性的观点。首先，依照赫斯蒙德夫（David Hesmondhalgh）转述的人类学文化定义"文化是一个独特人群或社会团体的生活全貌"④，说明文化既指特定时空中客观的生活方式与社会秩序，也指此种历史形式表达出的主观内容，是历史形式与内容的合体。根据劳伦斯·哈里森

---

① 查尔斯·埃德温·贝克（1947—2009），宾夕法尼亚大学法学院法学和传媒学教授，宪法、传媒法与言论自由研究的领衔学者，尤其是美国宪法第一修正案与传媒政策的研究权威，还是美国公民自由联盟的法律事务专员。贝克生前曾去中国传媒大学讲学，他的重要著作包括《人类自由和言论自由》（*Human Liberty and Freedom of Speech*）（牛津，1989）、《广告和民主的传媒》（*Advertising and a Democratic Press*）（普林斯顿，1994）、《媒体、市场和民主》（*Media，Markets and Democracy*）（剑桥，2002）、《媒体集中与民主：为什么所有权至关重要》（*Media Concentration and Democracy：Why Ownership Matters*）（剑桥，2007）。《媒体、市场与民主》的中译本于 2008 年出版，台湾政治大学冯建三译，中国传媒大学的陈卫星校。

② ［美］查尔斯·埃德温·贝克：《媒体、市场与民主》，冯建三译，上海人民出版社 2008 年版，第 315 页。

③ ［美］查尔斯·埃德温·贝克：《媒体、市场与民主》，冯建三译，上海人民出版社 2008 年版，第 316 页。

④ ［美］赫斯蒙德夫：《文化产业》，张菲娜译，中国人民大学出版社 2007 年版，第 12 页。

（Lawrence E. Harrison）的观察：很多人类学家认为，"文化按其定义来说就是和谐的和有适应性的，而冲突和苦难是外力侵犯的结果"①。

其次，哈里森看到，近百年来主导人类学的是文化相对主义传统，这一传统"拒绝评估另一社会的价值观和习俗"②。由于希望保持价值中立，"'进步'的概念在那些坚持文化相对主义的人看来是可疑的，因为他们认为每种文化都有自己明确的目标和伦理，不能以另一种文化的目标和伦理为尺度加以评价。有些人类学家认为西方企图把进步的概念强加于别人的文化"③。用理查德·施韦德（Richard A. Shweder）的话说，"我拒绝以下这样一种观点：若想过上有尊严的、高尚的、理性的和完全有人情味的生活，唯一的或最好的办法，似乎就是像北美人或北欧人一样地生活"④。

再次，如果仅将文化当作历史内容来界定，并与其历史形式相对举，可用亨廷顿（Samuel P. Huntington）的表述：文化是"一个社会中的价值观、态度、信念、取向以及人们普遍持有的见解"⑤。这样，文化作为价值观不仅是自变量，也是因变量，与生活方式、社会秩序的历史性变革之间有张力与合力。随着历史形式的变革，传统文化内容将成为遗产。即是说，博物馆中陈列的人造物，是特定历史阶段社会生活秩序的反映，是对该时期价值观的记录与展现。人造物的文化概念与文化商品概念有一致之处，均指向有载体的具体文化内容。文化贸易是主观文化内容创新、传播与体验、主体间对话的一种方式。市场作为资源配置机制，能否保证作为价值观的文化发挥其反映与批评现实、想象未来的功能，并实现主体间社会身份的表达与认同，促进公民社会中家庭、社团、经济与政治秩序的合理变革，就是一个重要的理论问题。

基于以上文化概念的认知，以人类学为视角构建的保护文化多样性观点就

---

① ［美］塞缪尔·亨廷顿、劳伦斯·哈里森主编：《文化的重要作用——价值观如何影响人类进步》，程克雄译，新华出版社 2010 年版，第 34 页。

② ［美］塞缪尔·亨廷顿、劳伦斯·哈里森主编：《文化的重要作用——价值观如何影响人类进步》，程克雄译，新华出版社 2010 年版，第 34 页。

③ ［美］塞缪尔·亨廷顿、劳伦斯·哈里森主编：《文化的重要作用——价值观如何影响人类进步》，程克雄译，新华出版社 2010 年版，第 34 页。

④ ［美］塞缪尔·亨廷顿、劳伦斯·哈里森主编：《文化的重要作用——价值观如何影响人类进步》，程克雄译，新华出版社 2010 年版，第 229 页。

⑤ ［美］塞缪尔·亨廷顿、劳伦斯·哈里森主编：《文化的重要作用——价值观如何影响人类进步》，程克雄译，新华出版社 2010 年版，第 9 页。

显得易于理解：第一，如贝克所说，保护"文化与文化完整是相对静态的内涵，它大抵是'向后'看，也是非常地'内容'导向。有了这个观点之后，文化完整也就成为保存历史内容"①。"保存的极端说法，等于将人当做'现存的博物馆'，其间，'原住民'存活的目的是为了展示"②。

第二，依照传统文化特定伦理目标而来的生活方式与社会秩序、或说历史形式的更新，应不受外来因素的干扰，或者以自适应的方式，吸收外来因素，促成自身固有伦理目标的历史性实现或说趋近。"任何能够存续与发扬遗产的做法我们都可以支持。但若做法不当，存续目标可能招来狂妄的保护作风。它会排除所有'具有污染效果的'外来内容"③。国际文化贸易，尤其会将美国的价值观带入其他民族—国家，而它与很多特定的传统文化内容、伦理目标不符，导致当地人价值观与生活方式的改变，历史文化形式的变革迫使民族文化无法生长，只能变成遗产，甚至逐步消亡，这已给世界带来了某种创伤。

第三，结合对资本的逻辑与大众文化老生常谈般的批评，可进一步说，美国的社会秩序是，"市场创生文化，为的是服务市场的内在系统需要——这就是说，利润极大化的需要。……市场主要是要提倡商品化的文化内容，成天只能庆贺物质主义的价值。……对于美国传媒产品的批评，无论是来自国际（或美国），通常都对其消费至上的、唯个人的、唯物的取向，以及其肤浅的文化内涵扼腕不已"④ 令人担忧的文化市场机制与其催生的肤浅的文化内容，作为外来因素，影响了传统文化生长的自适应性，造成了文化多样性生态环境的恶化，且文化霸权更导致文明冲突。

---

① ［美］查尔斯·埃德温·贝克：《媒体、市场与民主》，冯建三译，上海人民出版社2008年版，第315页。

② ［美］查尔斯·埃德温·贝克：《媒体、市场与民主》，冯建三译，上海人民出版社2008年版，第316页。

③ ［美］查尔斯·埃德温·贝克：《媒体、市场与民主》，冯建三译，上海人民出版社2008年版，第322页。

④ ［美］查尔斯·埃德温·贝克：《媒体、市场与民主》，冯建三译，上海人民出版社2008年版，第320页。

二、文化自由贸易论者对保护文化多样性的批评

1. 关于文化内容优越或说有深度的争辩

有些西方学者对资本主义是自信的，它意味着贫困的消除、相对的健康、富裕、自由和民主政治体现出的公平正义。全球经济一体化，各国积极构建市场经济，国家联盟、国际机构治理国际金融、跨国企业而浮现出的全球民主，这些当前文化历史形式的变革，都说明资本主义有优越性。随着殖民时代的结束与各国主权的恢复，各民族国家的现代化进程依然有显著差异，这不能将责任完全归结于西方的霸权战略，它与各国的传统文化价值观有必然关联，是它们让发展中国家的市场经济建设扭曲、政治倾向集权并滋生腐败，国民人均收入远落后发达国家。①

迈克尔·波特（Michael Porter）重申了资本的逻辑及其体现出的价值观。财富的潜力是无限制的，繁荣取决于生产率，而不是依靠资源控制、经济规模、政府优惠和军事力量。追求生产率的价值观是：创新、竞争、责任制与严格的规章制度是好的；能力和技术方面的投资必不可少；教育和技能是工作有成效的必备条件。此种价值观拒绝认为，垄断是好的，权力决定报酬，僵硬的等级制度是保持控制的必要条件等等。英格尔哈特认为自我表现（也是争取身份认同）的生命价值观不仅有利于全民参与政治，更是市场经济与民主政治的核心价值观，体现了资本主义文化对自由的推崇。②

以上述论断为背景，就不难理解文化自由贸易论者对他国文化的嘲讽："加拿大文化对于他们来说特征也就很清楚，就是两个家伙坐在加拿大地图前面，满口啤酒与曲棍球"③，支持文化自由贸易的理由也变得显而易见：文化贸

---

① 参见马里亚诺·格隆多纳（Mariano Grondona）的《经济发展的文化分类》、罗纳德·英格尔哈特（Ronald Inglehart）的《文化与民主》，它们是"世界价值观调查"的研究成果，《文化的重要作用——价值观如何影响人类进步》。

② ［美］查尔斯·埃德温·贝克：《媒体、市场与民主》，冯建三译，上海人民出版社2008 年版，第67～68 页、第129 页。

③ ［美］查尔斯·埃德温·贝克：《媒体、市场与民主》，冯建三译，上海人民出版社2008 年版，第324 页。

易有利于具有优越性的、有深度的文化内容得以在全球传播，促进人类进步。

贝克明显感受到了上述论断将激化文化间的裂痕，有堕入民族与种族主义甚至引发暴力冲突的危险，于是很少直接引述这些观点。但即便是出于对别国传统文化的尊重与体恤之情，他依然谨慎地写道："笔者虽然不满意任何批评文化的人，但还是得说，许多历史文化形式，特别是其主流应当承受严厉的批评。"① 即是说，传统文化内容是遗产，作为文化资源需要保护（理由见下节），但其相应的历史文化形式需要批评、抛弃，即文化市场机制及其相应的政治制度需要建设，而且国际文化贸易"能够引进新的价值、视野和文化资源，具有潜能，可以让人改头换面"②。

2. 关于文化多样性保护将沦为精英分子操弄传统文化的论断

"诺姆（Eli Noam）声称，强调本国的、民族的文化在 19 世纪虽有新意，是当时的精英人士用以操弄庶民取其忠诚的手段，但如今已经是明日黄花。在他看来，对本国文化忠诚的首要受益人其实是政治精英，他们总是借此支持他们的统治，代价或手段则是激发国民对外人的敌意，有些时候则是暴力。"③ 贝克也认为，很多负面的传统文化价值，"精英分子太长操弄这些历史内容，借以遮人耳目或闪躲挑战，甚至为其支配的历史形式寻求正当基础；这样一来，任何旨在追求解放的变化也就窒息而死"④。

3. 关于以民族—国家为限保护文化内容完整的质疑

首先，有些文化内容有一清二楚的普世取向，例如"活比死好；健康比疾病好；自由比奴役好；富裕比贫穷好；教育比无知好；正义比非正义好"⑤。反之，贝克认为性和暴力也是普世的。其次，跨民族—国家的文化交流与传播已

----

① ［美］查尔斯·埃德温·贝克：《媒体、市场与民主》，冯建三译，上海人民出版社2008 年版，第 315 页。

② ［美］查尔斯·埃德温·贝克：《媒体、市场与民主》，冯建三译，上海人民出版社2008 年版，第 302 页。

③ ［美］查尔斯·埃德温·贝克：《媒体、市场与民主》，冯建三译，上海人民出版社2008 年版，第 323 页。

④ ［美］查尔斯·埃德温·贝克：《媒体、市场与民主》，冯建三译，上海人民出版社2008 年版，第 315 页。

⑤ 以上是哈里森提出的普世价值观，言外之意似乎只有市场经济加民主政府的现代社会可以实现这些伦理目标。参见 ［美］塞缪尔·亨廷顿、劳伦斯·哈里森主编《文化的重要作用——价值观如何影响人类进步》，程克雄译，新华出版社 2010 年版。

是现实，例如以耐克球鞋和流行音乐为标志的有同质倾向的青少年文化。第三，以民族—国家为单位统和不了文化的裂痕，"文化在加入了社会阶级或年龄之后，比诸跨越国界，还要来得陌生"①。

因而，"力求创建共同的欧洲文化前沿，对抗好莱坞，其动机经常让人起疑，根本就是经济的考虑"②。"关于法国革命的美国电影，若质量良好，则对于生产让人更能掌握的法国史节目贡献会更大，即便对法国人而言都是如此；相形之下，法国自制但却仿效美国秀的节目，则没什么贡献"③。所以，以民族—国家为限，将文化当作自我生长的生命体，遏制文化自由贸易以成全其完整性，并无根据。

4. 关于文化多样性保护手段及其负面效果的揭示

自由贸易论者认定，文化多样性保护、支持了政治精英，其手段不仅经常被用于检查进口产品，设定诸多约束，并且他们还在意国内同样对于内部的表达自由严格限制。这不仅经常侵犯消费者主权，折损大众的选择权利，就其本质来说，也违逆了开放的、参与式的民主。保护主义者致使该国的文化产业有如闭关自守，而自由贸易可以引导本国产业面向世界展示其质量，并促其提供更多流行产品销至各国。④

三、贝克眼中的文化例外

1. 用对话的文化观处理文化内容的优劣之分

贝克先引用了马格特尔的观点，"最为重要的是，文化是持续不断的对话，

---

① ［美］查尔斯·埃德温·贝克：《媒体、市场与民主》，冯建三译，上海人民出版社2008年版，第325页。

② ［美］查尔斯·埃德温·贝克：《媒体、市场与民主》，冯建三译，上海人民出版社2008年版，第324页。

③ ［美］查尔斯·埃德温·贝克：《媒体、市场与民主》，冯建三译，上海人民出版社2008年版，第327页。

④ ［美］查尔斯·埃德温·贝克：《媒体、市场与民主》，冯建三译，上海人民出版社2008年版，第327～328页。

是有关我们是谁以及我们想要成为什么的谈话"①。而后引用并解释了法国总统密特朗支持文化例外的论点：自由贸易干涉了"各国'熔铸'其想象，并将自己的身份认同之表征'传递'给未来世代的权利。……'熔铸'是个积极的过程，本质上是对话的过程，它强调必须卷入所有法国人。'传递'并不是将人造物强加于未来世代，强迫他们保存，而是给予他们机会接触一种遗产。文化影响认同情感至为巨大是事实，但这并不只是说，特定的文化内容必须保存。反之，我们得要求文化必须随历史展衍，提供'情境与脉络'，庶几认同出现问题的人，能够从中汲取养料，顺势调整或改变"②。

而后贝克得出结论，捍卫本国文化并不一定要从内容角度切入，保护文化多样性强调的是"本国文化生活的合适言说或内部过程必须得到保障；这个说法更有道理和吸引力，胜过本国文化生活更具'优越性'的内容声称"③。其目标"是要维续（或创造）一个动态的本地文化对话。……我们总是谨记，文化的价值在于它是选择赖以进行的脉络和情境，因此，假使斩钉截铁排除所有进口品，并不应该。苟排除，言说将为之瞠目结舌，无以为继"④。所以，保护文化多样性并非守旧、排斥外来文化，只是强调选择历史内容、深入特定情境的重要性，以及保护对话机制的必要性。

2. 回应文化多样性保护将沦为精英分子操弄传统文化

诺姆对于民族文化往往被政治精英操弄的历史观察，无疑是深刻的。然而，"假使文化是指植基于历史，是一群人而特别是一群处于相同司法管辖权的人通过对话，试着要建立自己在当代世界的意义，那么诺姆的历史观察就不是有效的批评"⑤。因为，"根据这个对话的文化观，那些曾在历史过程中被引用来

---

① ［美］查尔斯·埃德温·贝克：《媒体、市场与民主》，冯建三译，上海人民出版社2008年版，第318页。

② ［美］查尔斯·埃德温·贝克：《媒体、市场与民主》，冯建三译，上海人民出版社2008年版，第319页。

③ ［美］查尔斯·埃德温·贝克：《媒体、市场与民主》，冯建三译，上海人民出版社2008年版，第321页。

④ ［美］查尔斯·埃德温·贝克：《媒体、市场与民主》，冯建三译，上海人民出版社2008年版，第322页。

⑤ ［美］查尔斯·埃德温·贝克：《媒体、市场与民主》，冯建三译，上海人民出版社2008年版，第323页。

压制他人的民族文化政术，根本就难以让人苟同"①。就是说，文化对话，也是一种在经济和政治层面的利益博弈，只有全民参与才能保证文化不被权贵精英利用，公民的权益才能得以申诉，社会价值秩序才能有望改良，而全民参与需要制度保障。"假使政策内涵说特定内容不得曝光（检查或阻碍某些特殊类型的内容），这就不符合自由理念的目标，这些做法致使一国的政治或社会秩序持续保有压抑人心的元素"②。

所以，保护文化多样性支持的是更为开放且有活力的言说，而不是破坏言说的开放性和公平性。虽然文化贸易可以带来新的价值，但其更多招致的是普世内容含量高、大制作的、华丽的娱乐节目，与一国公民的本土关切议题关联不大，这样就可能产生内外政治经济的双重挤压，不利于公民通过媒体表达身份认同与价值动机。所以，保护本土的言说与论述，使其不受全球贸易所支配，将有利于熔铸本国的、民族的身份认同，促进社会秩序的构建。

3. 关于以民族—国家为限保护文化完整的合法性论述

首先，"民族能提供一个核心的、有根据的落脚点，有关认同身份、价值与政治都可在此对话"③。其次，无论如何试图说明一国之内的居民文化差异巨大，或者某国与另一国的居民文化非常相似，但能保证居民直接和细致的言说持续出现的，只能是参与一国之内的议题并寻求解答。再次，民族—国家的由来有很强的历史性，保证植根于历史的、开放且公平的言说机制，国际机构、国家联盟及其相关政策与措施力度不足，目前仍主要依靠民族—国家的政治经济制度与相关法律的内部治理。

因而，扶持本国传媒意味着充分发挥其维护与改良社会秩序的功能，"包括担当看门狗、曝露腐化、担任民主决策过程的信息来源、作为刺激政治参与的意见渠道，以及作为次级群体慎思明辨的中介机制"④。而自由贸易导致的普

---

① ［美］查尔斯·埃德温·贝克：《媒体、市场与民主》，冯建三译，上海人民出版社2008年版，第324页。

② ［美］查尔斯·埃德温·贝克：《媒体、市场与民主》，冯建三译，上海人民出版社2008年版，第303页。

③ ［美］查尔斯·埃德温·贝克：《媒体、市场与民主》，冯建三译，上海人民出版社2008年版，第325页。

④ ［美］查尔斯·埃德温·贝克：《媒体、市场与民主》，冯建三译，上海人民出版社2008年版，第301页。

世与同质文化的全球传播，枯萎了细致且有效的本土言说，普世、同质内容更容易造成意义破碎，引发文明冲突。因此，只有本国传媒才有望充分发挥文化的功能。

4. 关于如何保护文化多样性

文化自由贸易论者对保护文化多样性的质疑，实则促成了对保护文化多样性目标的理解：创建各民族国家内开放的、公平的对话机制，促进根植于历史的、有效而细致的言说，避免对话机制遭到破坏而产生暴力冲突。对话意味着创新、价值生成与分配、个体获取社会身份与争取认同。而文化对话是价值观的创新与追求身份认同，它主要是对社会伦理目标的探寻，因而可监督政治经济机构依法运行，促使社会价值秩序变得更合理。用公共经济学的话说，全民参与的文化对话有公共性，将给社会带来正外部性。为了弘扬此种正外部性，规避政治与经济在此方面可产生的多种负外部性（如权益申诉的政治渠道不畅通、市场中不能保证所有群体的文化表达、弱势群体理性启蒙不够、文化创新往往出现在媒体的边缘等），保护文化多样性需要构建相关政治经济制度。

根据公共经济学中文化的公共性与外部性理论，贝克针对文化多样性保护有以下见解：①对外并非禁止国际文化贸易、严格审查内容，而是用好自由贸易裁量权，并与一般商品的贸易保护主义相区别。降低性与暴力、种族歧视等内容对社会的伤害；在警惕潜在暴力冲突的前提下，提倡新价值的引进。这里的政策经验有：增加进口娱乐内容的税收以补贴本国传媒业；制定"广播时间配额""荧幕配额"。① ②对内要发展本国文化产业，在提升文化产品质量的同时，依照媒体的公共属性发挥其正能量：提供公益性的文化教育服务，执行监督工作，促进全民参与政治，落实文化表达权力，同时促进市场之外的文化创新与交流。这需要政府与非营利、非政府组织的共同努力。

结 语

依照贝克的视角可以看出，首先，关于文化多样性保护问题的研究，有人

---

① ［美］查尔斯·埃德温·贝克：《媒体、市场与民主》，冯建三译，上海人民出版社2008年版，第295页。

类学的视角，而且这一视角有缺陷；另外还有文化哲学的视角，似乎哈贝马斯的对话伦理学，对于此方面的文化研究极为重要，它对于回应民族主义这一话题较为有效。其次，文化哲学提出的保护对话机制这一正义诉求，需通过文化的公共经济学理论来落实，即通过设计兼顾效率与公平的政治经济制度、不断完善利益分配机制来实现，以保证文化对话可持续改良社会价值秩序。再次，如果过于强调对话伦理之正义诉求，必然会舍弃市场的效率计算而诉诸政治治理，而这应该是自由贸易论者不愿看到的结果：他们认为政府失灵远大于市场失灵，政府干预往往造成市场的双重扭曲。于是，诉诸非政府、非营利组织挽救文化的沉沦更为可行。

参考文献：

[1]［美］查尔斯·埃德温·贝克著：《媒体、市场与民主》，冯建三译，上海人民出版社 2008 年版。

[2]［英］赫斯蒙德夫著：《文化产业》，张菲娜译，中国人民大学出版社 2007 年版。

[3]［美］塞缪尔·亨廷顿、劳伦斯·哈里森著：《文化的重要作用：价值观如何影响人类进步》，程克雄译，新华出版社 2010 年版。

创意对文化市场的多米诺效应解析

王霞霞*

【内容摘要】创意对文化产业发展的重要性不言而喻。进入全民文化时代，公众对创意的需求和眼光愈发提升，而自媒体的发展活跃了公众参与文化创意的积极性。创意的多样性促进了文化市场的大繁荣，也引发了文化市场的多米诺效应。创意的因子渗透到文化产业发展的各个环节，为产业价值链的延伸提供了无限可能。在发挥创意的功能过程中，相关领域利益者要懂得适可而止且游刃有余，才能达到创意的最大化。

【关键词】创意　文化市场　多米诺效应

现如今，创意一词被广泛应用于各个行业领域。任何产品都以贴上创意的标签来达到提升内涵的市场需求。创意无处不在。即便这样，能被大众熟知并予以接受的创意产品也是凤毛麟角。在文化产业领域，上游的创意研发占据重要的位置，创意亦成为文化产品成败的关键。在文化产业链不断延伸的过程中，产品的价值链效应呈递减态势。不管是娱乐产业、动漫产业、影视产业等单个行业，还是文化产业之间融合生成的新领域，毋庸置疑，首先要有创意。

一、创意解读分析

何为创意，约翰·霍金斯先生认为创意是普遍性的才赋，每个人都拥有创意，创意只要具备个人性、原创性和意义三个基本条件就成立，只是能够把创意技巧运用到极致的人却是凤毛麟角。他同时也提出创意未必都是积极的优点，

---

* 作者简介：王霞霞，安徽师范大学文化产业管理专业教师。

服务的领域是关键。① 赖声川先生认为创意本不该被界定，一旦定义创意就已经违背了创意的本质。但是为了表达的需要，他认为创意是由智慧和方法组成的，也就是激发创意本身的欲望以及寻找这种欲望成形的途径。不同的个体由于人生经验的不同，对创意的理解也存在差异。有些人产生创意是因为生活或者生存的需求，有些人产生创意是因为对某些问题或者人生的深度思考。② 克里斯·比尔顿对创意的定义依赖两个标准，一个是创意必须产生出新的东西，一个是创意必须产生出有价值或有用的东西。③ 他们都从不同的思考角度对创意进行了解释。本文作者认为，所谓创意应该是能对受众产生新奇感和影响力的东西。同样的一个想法（idea），有些人对它熟悉，且对其价值并不感兴趣，就不算有创意。有些人对它陌生，能够引起好感并对受众产生一定的影响，就是有创意。创意因人而异，因市场而异，这也能够解析之所以在各个行业领域都可以谈及创意的关键因子。创意的产生可以分为两种类型，一种是自发性产生，一种是任务性产生。主动和被动条件下产生的创意进入市场无法对其进行准确估值，却是创作者思维意识的真实呈现。

一个好的创意就是一桶黄金。创意亦成为各行业产品制胜的法宝，也成为产品抢占市场的关键要素。从产业链的角度来讲，创意渗透在上下游的各个环节。作为创作者，包括作家、编剧、设计者等从业人员，其考虑的是创作作品的独特性和新颖性。作为销售者，特别是市场营销从业人员，就要考虑在现有产品的基础上依托相关的创意元素或创意点子进行符合受众群体的营销方式，以达到增加市场占有份额的目的。在创意产业领域范围内，则需要考量的是挖掘已有产品的文化价值和增强创新产品的经济价值，其中都包含着创意因子。

二、媒体融合态势下的文化市场发展需要创意

新媒体可以通俗地理解为主要依托于互联网或数字媒体传播的内容。目前，

---

① ［英］约翰·霍金斯著：《创意经济：如何点石成金》，洪庆福、孙薇薇、刘茂玲译，上海三联书店 2006 年版。
② 赖声川：《赖声川的创意学》，广西师范大学出版社 2011 年版。
③ ［英］克里斯·比尔顿著：《创意与管理：从创意产业到创意管理》，向勇译，新世界出版社 2010 年版。

我国文化产业的发展对新媒体的依赖程度较高。如电影产业，2013年我国内地电影票房超过200亿元，国产电影对票房的贡献也已超过进口片的票房价值。如果从1994年电影市场改革算起，内地电影市场破百亿足足用了16年时间，而再破200亿只用了3年。在这3年间，中国影院银幕数量从数千块暴涨至17000块。这些增加的银幕大部分不是在一线城市，而是在二、三线城市。新媒体电影作为一个新的产品形态，与传统的院线电影和电视台播放的电视剧都有着明显的不同。从前期的制作成本、创作模式、播放渠道、商业模式，以及从业的人群、观看的受众人群、产业链条的利益方等等各个方面，新媒体电影都有其独特的特性，且能自成体系。电影市场具备创作类型的多样性、营销渠道的市场化、营销方式的创意化等特征，才慢慢保证了我国电影市场的良性发展。

随着电影产业的不断繁荣，植入式广告也紧跟其步伐。2013年我国植入式广告的收入突破10亿元，电影、电视剧植入广告，不仅可以降低产品的风险，回收成本，也能够将品牌与电影的内容进行结合营销的创意得以发挥。植入式广告的发展历程亦在继续成长，由硬性嵌入式到线下跟进式再到品牌游戏式，由注重植入广告的数量转变为重视植入广告的质量。植入领域由电视剧、电影到电视栏目做延伸拓展。新媒体形态下的广告产业与其他产业之间的完美融合，给困境中的广告产业找到了新的发展渠道。形式的转变与内容的创意成就了广告业的二次腾飞。与之相随的是视频网站争夺综艺节目版权进入白热化阶段，动辄上亿的高价网络独播版权，也催生着热门综艺节目的市场化。花更多的资金买更好的内容，分销换剧的模式改变，是网站格局变化的结果。整合后的视频网站也有经济实力进行版权争夺战。一方面我们可以看到综艺节目市场和视频网站的双赢模式，另一方面亦显示出个别综艺节目的水涨船高是因为创意不足导致的综艺节目资源的稀缺。

作为新媒体形态下的文化市场，特别值得一提的是手游的发展。中国移动游戏在2013年获得了质的飞跃，智能移动游戏领域全年市场规模预计达到91.9亿元，同比增长371.1%。手游已有的三种模式分别是下载付费、增值服务和内置广告。但是这三种模式都存在一定的弊端，未来手游的赢利方式更多要依赖衍生品和软广告。4G时代的到来为手游公司在内容扩充、即时交互、语音交流等方面带来了更大的市场空间，受众群体的年轻化以及他们对小屏幕的独特依赖性为手游市场提供了广大的受众群，在带宽增加的前提下，手游公司能够给受众提供更优质的内容和更个性化的服务，对延长创意产品的生命周期和带动手游产业的迅速发展提供良好的平台。

就图书出版市场而言，实体书店面对电商的冲击，处境堪忧。越来越多的读者倾向于通过网络来购买图书，使得书店门庭冷落。我们现在处于自媒体时代，公众对文化的需求亦呈现多样化和丰富化。书店并不仅仅只是卖书的地方，更应该是一个文化空间，是公众进行文化交流的场所。因此，从卖书到卖创意应该是今后书店的发展路径。从书店设计的创意到营销的创意，只有找到合理的市场渠道，以受众的心理需求为导向，才能找到实体与电商书店的不同市场群，从而保证其正常运营。

传统媒体与新媒体的不断融合，为文化产业的发展提供了准确化和目标化的发展路径。从产业发展趋势以及文化产业对国民经济的影响、市场占有率、就业市场等方面考虑，文化产业的发展离不开创意的引导支撑。因此，要在新媒体形态下发展文化产业要充分以市场为依托，展示创意思维，发挥创意特性，最大限度地激发创意产业链的价值，丰富文化产品形态，增强审美愉悦功能。

三、创意的多米诺效应对文化市场的影响

多米诺效应是指在一个相互联系的系统中，一个很小的初始能量就可能产生一连串的连锁反应。文化市场中产业与产业的融合密度越来越高，系统性愈来愈强，一个好的创意能够引起文化市场的良性连锁反应，反之则反之。

在整个文化市场中，创意主要通过外在形式和本质内容两方面进行展现。外在形式上，创意可以在产品的创意形式表露、传播过程中的创意策划、技术层面的创意显现等方面对文化市场产生影响。本质内容上，在生产环节、营销环节和品牌创造环节都存在着创意的巨大空间。

1. 外在形式的创意对文化市场的影响

根据创意的定义理解，创意可以包含对传统产品的再创造，也可包含从无到有的创新。尤其是对已有产品的再创造而言，外在形式的创意更有利于产品的新市场开发。正如上面所论述的植入式广告市场发展一样，需要找到新形式

的契合点，才会引起市场的多米诺效应。由一部作品阐释一个产品，再引发产品的市场效应。在我国发展文化产业的过程中，不断挖掘历史文化资源进行产业化开发，很大程度上都是对大众熟悉的内容产品转型为形式的再创作。经典剧目的翻拍、百老汇剧目的传唱等等都是在数字媒体技术在新趋势下进行形式的创新。形式的创意仅仅是一个起点，它在不同的领域内会引发大的聚变。如传统书店在形式上的创意，不仅能改变书店基本的赢利模式，而且某种程度上会改变青年群体对传统书店的认识，继而会改变传统纸质书籍的市场命脉。虽然读者通过网络购书日渐成为一种习惯，但是读书和消费是两个概念，书店对外在形式好的创意依然能够留住原有的顾客群，同时也能够开发新的群体加入。迪士尼公司作为文化产业发展较为成功的典型，正在打造阿凡达的主题公园。阿凡达影片所创造的价值不仅仅局限于票房收入，更应该延长产业链的开发价值，外在形式的创意是延续其产业链长度的关键。主题公园应景而生，这正是嫁接形式的改变引发的多米诺效应。现如今数字音乐占绝大多数的音乐市场份额，相比较于传统唱片而言，数字音乐的改变仅仅是在传播的载体上，即传播形式的改变。形式的创意却对整个音乐市场产生了巨大的连锁反应——传统音乐的转型、数字音乐的渠道及音乐产业与影视、动漫等其他产业的融合等。近些年有诸多传统文化产品进行形式的创意，不仅能够给受众群体带来新的体验，也能够产生一定的经济价值。

2. 本质内容的创意对文化市场的影响

任何艺术作品都是形式与内容的完美结合。在发展文化产业的历程中，内容为王成为关键。文化产品的内容创新重点在于有好的创意，才能够占有一定的文化市场。本质内容的创意也是维持产品生命周期长短的重要因素。亲子类综艺节目作为电视节目的新内容，虽然通过引进版权来达到降低风险和提高收视率的双重保障，但是依然引发公众对节目内容创新的需求。好的电视栏目不仅能够有高收视率的保证，广告收入和视频网站的版权收入也非常可观。不仅如此，给营销产品带来的品牌效应和相关参与人的市场价值亦处于上涨趋势。这就是一个简单的好的内容创意所带来的整个文化市场的连锁反应。好的创意人就应该考虑使已经被市场接受和认可的创意发挥其最大限度的市场占有率。电影产业的票房收入中，之所以能有国产电影的贡献，影片内容的创意是核心。有很多新秀导演拍摄的片子，类型多样化的特征也符合现代人的审美需求。在内容的创意上，重要的是能够与受众达成某种心理的共鸣。这种心理共鸣既然能够在影片中完成，也可以在文化市场的其他领域内被广泛认知。因此，公众熟识的影片可以继续在电视剧、话剧、电子书等创作领域内拓展。正如上面提到的手游市场的发展，不断开发有品质的内容是留住玩家的关键，除此之外，更应该把好的产品内容延伸到动漫、网络游戏等其他领域，尽最大可能挖掘其商业价值。这并不是吹毛求疵，大家都知道创意非常重要，只是如今公众的审美眼光和文化需求都在增长，而推陈出新既是一个漫长的过程，也是一个很艰难的研发。所以一旦有一个好的想法能够被大众接受，就要尽可能地延伸产品的连锁反应。本质内容的创意相比于外在形式的改变要困难一些，需要时间的积淀和经验的积累。创意是一种思维，自媒体时代每一个人都可以成为创意的设计者，也可以成为创意的接收者。因此，公众参与文化创意能够给产品的内容带来新的启发，不同领域范畴的思维碰撞亦能产生独具特色的文化魅力。

　　文化产业链的发展是一个延伸式的过程，好的创意不仅在产业链的各个环节上能够产生带动效应，最为重要的是在不同行业之间也能产生连锁反应。这也正符合我国文化产业目前发展的趋势，即产业之间的融合。形式和内容是产品运作的两个关键因子，而达成的目的则是完成内心欲望的表达或者创造更大的经济价值。文化产品需要更多创意元素的加入，强化公众参与文化创意的意识，集思广益，取之于民，用之于民，能够保障产品未来的市场影响力。但是，在开发创意产业链的价值过程中，要有收放自如的心态和比重权衡的度量，切不可太过着急且过度消费，只要掌握好尺度，方能实现创意的最大价值化。

四、总　结

　　我国居民的文化消费水平潜藏着巨大的市场空间，文化市场需要创意来改变。随着自媒体的不断发展，公众参与文化创意是一种趋势，有利于抓住公众文化心理诉求，有利于文化产品的多元化发展，有利于挖掘更广泛的传统文化资源。多米诺骨牌效应不是一个贬义词，它是产品连锁反应的体现。好的创意引发多米诺效应是积极的文化形态呈现，文化产业之间的融合间隙亦会愈来愈小，因此，要把创意与产业之间的融合紧密联系起来，才能够引发巨大的连锁反应，产生更大的市场价值，提高更广泛的社会影响力。

参考文献：

[1]［英］约翰·霍金斯著：《创意经济：如何点石成金》，洪庆福、孙薇薇、刘茂玲译，上海三联书店 2006 年版。

[2] 赖声川：《赖声川的创意学》，广西师范大学出版社 2011 年版。

[3]［英］克里斯·比尔顿著：《创意与管理：从创意产业到创意管理》，向勇译，新世界出版社 2010 年版。

[4] 王霞霞：《让创意的生命周期再长些》，《中国文化报》2013 年 5 月 11 日。

需求角度我国文化贸易的影响因素研究[*]

朱文静[**]

【内容摘要】 文化贸易不同于传统的货物贸易和服务贸易，两国之间文化贸易的进展受两国经济合作、政治往来、文化影响力等多方面的直接影响，单纯地从进口国角度来说，文化产品在进口国是否有市场、能否为进口国消费者接受，除了传统贸易中出口国经济实力在进口国的影响力、政治影响力之外，文化产品所容纳和承载的文化内涵是否被接受、理解、向往等才是消费选择的原则所在。本文以文化距离为切入点，在分析文化贸易需求影响研究框架的基础上，用我国近九年来前二十大出口市场对我国的文化产品的进口的影响作为考察对象，采用面板技术对需求角度文化贸易进口的影响因素进行实证分析，证实文化距离如预期的对文化创意产品的进口需求产生负面影响，且文化距离的影响非常之高，也验证了两国的文化差异所可能带来的文化折扣对文化产品消费的重要影响。

【关键词】 需求角度　文化贸易　影响因素创意

联合国教科文组织有关创意经济的最新报告指出，近年来，包括视听产品、设计、新媒体、表演艺术、出版和视觉艺术等在内的创意经济，不仅对各国经济发展做出了巨大贡献，在推动社会和谐发展、增进各国人民对话和理解方面，也发挥了重要作用。2011 年，全球创意经济产品和服务的总交易额高达 6240 亿美元，比 2002 年翻了两番多。其中，发展中国家在创意经济产品出口方面保

----

* 本文受国家自然科学基金项目"演化经济地理视角下创意产业空间演化动力机制研究"（项目批准号 71373119）和国家社科青年基金项目"我国文化产业向价值链高端攀升路径研究"（项目批准号 11JDCB02YB）资助。

** 作者简介：朱文静，三江学院讲师，南京大学经济学博士，研究方向为文化产业管理、文化贸易。

持着 12.1% 的年增长率。① 然而，据《环球时报》所属环球舆情调查中心"2013 中国国际形象与国际影响力全球调查"，结果显示，六成国外受访者认为中国"已经是世界性强国"，但中国仍是"经济体量强国、文化影响弱者"②。就我国而言，如何在十八大的深化文化体制改革的背景下，增强文化贸易的出口，扩大我国文化贸易的国际影响力，将成为我国未来一段时间的重要发展任务。面对国际文化产业市场的激烈竞争，不是你自己认可的文化产品和服务就一定能够获得别国文化消费者的认可和接受，要从根本上解决问题，我们需要研究国际文化产业市场存在哪些因素在影响着各个国家对我国文化产品和服务的进口，我们需要从哪些方面去努力解决这些问题。

作为贸易的四个重要问题之一，即国际贸易的原因何在，或者说是什么决定一国出口何种商品、进口何种商品，一直是国际贸易理论不断更新的源泉，也是学者孜孜以求的待解问题。而在文化贸易领域，这个问题的研究似乎难度更大。文化贸易不同于传统的货物贸易和服务贸易，两国之间文化贸易的进展受两国经济合作、政治往来、文化影响力等多方面的直接影响，单纯地从进口国角度来说，文化产品在进口国是否有市场、能否为进口国消费者接受，除了传统贸易中出口国经济实力在进口国的影响力、政治影响力之外，文化产品所容纳和承载的文化内涵是否被接受、理解、向往等才是消费选择的原则所在。文化贸易的内容取决于一个国家民族文化的"情结"，这种"情结"是两国之间长期的经济、政治、文化交流的结果。所以文化贸易更可能发生在距离近的国家之间，包括地理距离和文化距离，一个是地域上的便利性，一个是文化上的趋同性、文化接受上的渐进性，文化距离通过影响文化需求偏好进而影响文化贸易进口。所以本文以文化距离为切入点，研究文化贸易的需求影响因素。

一、文献综述

由于文化产业概念本身的内涵、外延不清晰以及统计口径的不统一，我国

---

① 《全球文化创意产业交易额 10 年翻 2 番》，《中国文化报》2013 年 12 月 9 日。
② 见中新网北京 2013 年 12 月 7 日。

对外文化贸易究竟是顺差还是逆差一直难以界定，在国际上引起一定的争论。但有一个事实很明确，即我国的文化国际影响力目前还很小，改革开放以来尤其是 20 世纪 90 年代中期以来出口贸易快速扩张，其主要是工业产品的出口，文化贸易长期以来处于自发发展阶段，直到近两年才正式全面进入政府、学者、企业的视野，所以国内关于文化贸易的统计缺失，关于文化贸易的实证研究也泛陈可数。目前针对文化贸易影响因素的实证研究，主要是从经济发展水平、语言习惯、地理距离、宗教信仰等要素角度进行。A. Marvasti（1994）首次用实证方法分析了文化商品贸易的影响因素，验证了文化商品净出口与资本/劳动比率、人均收入、人口、语言、宗教、贸易壁垒等变量之间的相关关系，结果符合要素禀赋理论和需求相似理论。但分析比较模糊，而且文化商品贸易数据只选择了图书、报纸、电影和唱片四个领域的数据，所以有很大的局限性。Schulze（1999）在 A. Marvasti 的研究基础上用引力模型进行了文化艺术品贸易的影响因素计量分析，结果认为 GDP 总值、两国距离以及是否有共同语言对两国文化艺术品贸易的影响很大。另外，DISdier 和 Thierry Mayer（2006）探讨文化贸易的动机，并研究文化相似性对国际文化贸易的影响。

国内学者对文化贸易影响因素的研究从 2008 年开始逐渐开展，詹小琦（2008）通过定性分析认为中韩文化贸易逆差的原因在于政策措施欠细、观念滞后、营销乏力、"货""文"分离以及品牌匮乏。陈晓清、詹正茂（2008）则通过简单的回归分析，得出贸易优惠政策、语言、资源和科技对文化出口贸易具有推动作用的结论。霍步刚（2008）通过文化贸易地理结构的分析说明我国的文化贸易偏离了需求相似理论。曲如晓、韩丽丽（2008）运用引力模型确定经济规模、人口规模、地理距离、贸易条件、科技应用水平、语言、贸易优惠政策等变量是否以及会在什么程度上影响中国的文化贸易流量。赵有广（2009）进一步讨论了中国文化贸易中的重叠需求因子论，认为对于重叠度大的国家，可以作为重点出口的国家；对于重叠度较小的国家，则应将扩大重叠度作为工作的主要内容。蒙英华、黄宁（2012）通过分类文化产品的面板数据考察，发现我国绝大多数文化产品出口受进口国购买力水平影响较为明显，并且与距离变量呈负相关关系。

我们认为，上述文献都存在这样的缺陷，一是用部分文化商品贸易替代文化贸易，因为文化产业本身对于传统产业的覆盖性，其文化商品范围很宽泛，部分难以说明问题；二是直接运用引力模型或回归分析，探讨基本的几个因素的影响作用，较少针对我国文化贸易中所产生的悖论，比如传统的比较优势、要素禀赋等，这样对于我国文化贸易的扩展建议会有一定的偏差。

就文化产品消费而言，文化产品的贸易进口很难用成本差异、价格差异来解释其贸易发生的原因，就如中国观众认可和热捧好莱坞大片绝非因为好莱坞大片在国内影院的票价较低，孩子选购芭比娃娃的玩具也不可能是因为芭比娃娃比国内的娃娃玩具便宜，归结到底因为消费者在消费这些文化产品的过程中获取了不可替代的消费效用，以及这些消费效用与产品消费中文化的吸收、体验、情感诉求的满足等等。而这些消费效用的引致成功与否由两国居民对文化产品的理解偏差度决定，因此，霍夫斯泰德所提出文化距离才是影响需求偏好及国际文化贸易规模的重要因素。

本文将以2002—2010年我国文化贸易主要出口国的面板数据，比较分析不同的贸易状况所对应的国外市场的异质性，找出可能的影响文化贸易的因素。之所以选定这样的方法进行分析，因为同一时间由同一国家出口的文化商品，在不同的国际市场的表现不同必定与该市场的需求因素密切相关，也就是影响文化贸易的因素。基本的贸易理论认为，贸易之所以产生是因为竞争性的供需矛盾所致，国际市场供给和国际市场需求是否对接也影响着贸易的发生，而影响供给和需求的因素必然影响着贸易的产生。本文将从国外市场需求的角度，探讨影响我国对外文化贸易的因素，以期为我国文化产业"走出去"提出一定的建议。

二、文化距离的测度

文化距离用来衡量两个国家或地区之间居民偏好、习俗、价值观、信仰和道德观念等的不同而形成的心理距离。Jeong（2004）验证了与影片来源国的文化距离和一国电影自给率之间的正相关关系，即如果两国的语言相同、文化背景和传统文化相通，则意味着两国间的文化距离越近，其中一国出口的文化商品越容易为另一国民众所接受和喜爱，国际间流通规模也就越大。①

下文将主要检验两个假设，即假设 A 和假设 B。

假设 A（文化距离对文化消费需求的诱发机制）：文化距离越近，文化消费需求越大。

假设 B（文化消费需求的促进机制）：文化消费需求越高，文化贸易进口额越高。

根据霍夫斯泰德的研究，通过不同国家或地区之间的比较可以给予不同的文化分，比较的维度初期研究为 4 个，1991 年在 Michael Bond 研究的基础上扩展到 5 个，2010 年采纳了 Michael Minkov 的研究成果，国家文化维度扩展为 6 个，可以用来比较不同国家或地区在文化上的差异。

——权力距离 PDI（Power Distance）指数。②

——个体主义与集体主义 IDV（Individualism versus Collectivism）指数。③

——阳刚气质与阴柔气质 MAS（Masculinity versus Femininity）指数。④

——不确定性规避 UAI（Uncertainty Avoidance）指数。⑤

——长期导向与短期导向 LTO（Long－term versus short－term Orientation）指数。⑥

——宽容与约束 IVR（Indulgence versus Restraint）指数。

两个国家之间的文化距离是两国在上述 6 个文化维度上的综合考虑，但因为第 6 个维度的数据不完善，本文研究过程中仅考虑前 5 个维度上的文化距离。将 Kogut & Singh 基于霍夫斯泰德框架的前 4 个维度之间的离差发展了文化距离

---

① Jeongho Oh. International Trade in Film and the Self－Sufficiency Ratio. *The Journal of Media Economics.* 2001，14（1）.

② ［荷］霍夫斯泰德著：《文化与组织——心理软件的力量》，李原、孙健敏译，中国人民大学出版社 2010 年版，第 49 页。

③ ［荷］霍夫斯泰德著：《文化与组织——心理软件的力量》，李原、孙健敏译，中国人民大学出版社 2010 年版，第 80、87 页。

④ ［荷］霍夫斯泰德著：《文化与组织——心理软件的力量》，李原、孙健敏译，中国人民大学出版社 2010 年版，第 126 页。

⑤ ［荷］霍夫斯泰德著：《文化与组织——心理软件的力量》，李原、孙健敏译，中国人民大学出版社 2010 年版，第 177 页。

⑥ ［荷］霍夫斯泰德著：《文化与组织——心理软件的力量》，李原、孙健敏译，中国人民大学出版社 2010 年版，第 222 页。

的综合指数扩展到 5 个维度，其函数表达式为：

$$CD_j = \frac{\sum_{i=1}^{s} (I_{ij} - I_{ic})^2 / V_i}{5} \qquad (1)$$

上式中，CD_j 代表某一国家或地区与中国大陆之间的文化距离。I_{ij} 代表第 j 个国家或地区的第 i 个文化维度值；V_i 是所讨论的各个国家或地区在第 i 个文化维度上的值所构成的指数的方差，c 代表中国大陆。这样，知道了所考察的国家或地区和中国大陆在 5 个文化维度上的值后，就可以分别计算出中国大陆和这些国家或地区之间的文化距离。采用霍夫斯泰德网站的数据库，计算我国与部分国家和地区的文化距离，如表 1。

表 1　各国（或地区）与中国文化距离

国家/地区	PDI	IDV	MAS	UAI	LTO	CD
美国	40	91	62	46	29	4.48
英国	35	89	66	35	25	4.78
法国	68	71	43	86	39	3.60
德国	35	67	66	65	31	3.88
阿联酋	90	25	50	80	—	0.94
南非	49	65	63	49	—	1.43
巴西	69	38	49	76	65	1.53
阿根廷	49	46	56	86	—	1.77
俄罗斯	93	39	36	95	—	2.30
日本	54	46	95	92	80	2.42
韩国	60	18	39	85	75	1.88
香港	68	25	57	29	96	0.31
新加坡	74	20	48	8	48	1.88
澳大利亚	36	90	61	51	51	3.73
荷兰	38	80	14	53	44	5.62
西班牙	57	51	42	86	19	4.25
马来西亚	104	26	50	36	—	0.63

续 表

国家/地区	PDI	IDV	MAS	UAI	LTO	CD
印度	77	48	56	40	61	1.18
比利时	65	75	54	94	38	3.76
意大利	50	76	70	75	34	3.68
中国	80	20	66	40	118	—

数据来源：http：//www.geert-hofstede.com/，2012 年 3 月 26 日登陆；标准部分国家的 LTO 维度的值缺失，其与我国的文化距离按前 4 个维度进行计算。

三、市场需求角度文化贸易的影响因素的研究框架

综合已有的国际贸易理论对贸易影响因素的分析，结合文化贸易的特性，需求视角下文化贸易的影响因素研究框架主要从以下几个方面展开：

在马斯洛的需求理论中，除了五个层次需要之外，还有求知需要和审美需要，其介于尊重需要和自我实现需要之间，文化商品的消费在满足人的需求方面应该属于高层次的需要，可以满足情感和归属需要、尊重需要、求知需要、审美需要和自我实现需要，所以对于文化商品，在人们的生存和安全需要得到满足之后必然会产生文化消费的欲望。而消费者是否有足够的购买力是决定其欲望能否实现的重要因素，文化消费作为高层次消费，其支付要求相对要高，所以进口国消费者的购买力是文化贸易进口市场容量的重要因素。

1. 进口国的文化产业规模因素

首先，进口国自身文化产业规模影响着其对国内市场的供给能力，存在多大的市场空白，有没有文化商品进口的客观需要。其次，进口国自身文化产业发展状况对于进口国消费者文化消费的习惯养成、社会文化资本积累有没有前期的铺垫，文化商品的消费不同于传统的商品消费，其需要有一定的学习积累过程，经常需要外界知识信息的介入才会激发消费者的潜在需求。再次，进口国自身文化产业的市场供给价格相对于进口文化商品的价格有没有形成替代效应的可能，有没有进口替代的空间。这些方面都是影响文化商品进口与否的重要影响因素。

2. 进口壁垒因素

进口国文化市场的进入壁垒一般意在减弱进口商品的竞争能力或者阻止某些商品的进入，其对于文化贸易的形成以及规模有着决定性的作用。比如关税可以减弱进口文化商品的价格优势，数量限制可以减少进口文化商品对国内市场的冲击，是否属于某贸易协定或组织决定是否能进入该市场以及能得到怎样的贸易优惠政策等等。那么，对于两个其他情况类似的国外市场，是否存在进口壁垒及进口壁垒的层次对与两个国家的文化贸易状况有着不可忽视的影响。

3. 进口国消费者偏好因素

由于历史传统、文化传承等原因，世界各地的文化千差万别，对于文化商品的消费也是各有特色，甚至对同样的商品会有完全相反的理解，如果背离其传统的价值观，这样的商品必然进入不了该消费地。一直以来的经济学、管理学理论与实证研究表明，消费者偏好在形成消费需求的过程中作用不容小觑。进口国消费者的母语、宗教信仰、受教育情况、文化归属感、文化消费的积累在其进行文化消费选择时成为必然的原则和标准。

4. 其他相关因素

文化商品与其他商品的重要差异之一就在于文化商品的消费带有很强的情感因素，文化贸易不仅是文化商品的交易，更是两个国家文化的交流与情感的积累和延续。比如两国国家之间的建交历史影响两国人民之间的感情，两国货物贸易、服务贸易影响消费者对于商品或服务国别的认可程度，地理距离远近则在很大程度上影响两国文化的亲疏，这些因素都决定着进口国消费者对文化进口商品的接受程度。

四、模型构建与实证分析

对文化产品贸易产生影响的变量有很多。基于以上对文化产品贸易影响因素的分析，本文将对计量分析中要用到的变量进行介绍，并建立需求视角下文化产品贸易影响因素的计量模型，对国际文化市场需求因素对我国文化贸易出口的影响因素进行实证研究。

（一）变量设定

本部分将设定计量中所使用的变量，并对各变量的可能作用进行解释。根据本文的研究框架，选取以下这些变量验证其对文化贸易的影响程度。

1. 因变量

本文的研究选择我国历年文化创意商品对主要国家或地区的出口额（EX）作为因变量。

2. 自变量

在上面的研究框架中，需要指出的是，衡量消费者购买力的指标有 GDP、人均 GDP、人均可支配收入、人口总数等，选择不同的指标度量，会因国家大小、经济发展水平等不同而对购买力的测量造成差异。总之，这些测量指标各有利弊，考虑到该指标与文化产业规模、货物贸易规模等指标的相关性，以及数据的可得性，我们采用人口总数和 GDP 指标作为购买力度量变量。而进口国文化产业规模的度量指标一般用进口国文化产业增加值或文化产业增加值占 GDP 比重，或者用进口国居民文化消费支出，鉴于与购买力指标可能会产生的内生性，我们选择文化产业增加值衡量进口国文化产业规模；社会文化资本一般没有直接的数据，可以用文化产业国内消费规模来衡量，实际上可以用进口国文化产业增加值与文化贸易进出口值的差额替代，但因为各个国家对于文化产业内涵、外延界定的差异，导致各国统计的文化产业增加值和联合国贸易与发展会议的数据统计标准不一致，两者直接进行加减没有意义，因此，计量模型中用居民文化消费支出考察社会文化资本因素和进口国的文化产业市场规模。进口国的进口壁垒因素的度量指标，根据进口国是否针对文化贸易有进口关税、关税水平高低、是否有数量限制和渠道限制，是否与出口国同属某贸易协定，因为在全球化经济中针对文化贸易的贸易政策并不明显，是否同属某贸易协定影响更大的是货物贸易和服务贸易，对于文化贸易的影响目前是间接的，因为还没有被各国所认可的国际文化贸易争端解决机制，所以文化贸易的进口壁垒因素不明确。进口国消费者偏好因素的度量，根据文化贸易的研究经验，我们选择是否同种语言、文化距离两个指标。具体自变量设置如下：

（1）国内生产总值（GDP）。

该变量用来衡量一个国家或地区在一定时期内生产的所有最终产品和服务的总价值，体现这个国家的经济规模，与该国家或地区的市场规模密切相关，对一个国家或地区的文化贸易进口起正向作用。

（2）人口规模 P（Population）。

与 GDP 一起可以计算出人均 GDP，用来衡量一国经济发展水平和居民生活水平，在很大程度上体现着这个国家或地区的居民购买力，对该国的文化贸易进口规模有着正向的作用。

（3）居民文化消费支出 RECC（Resident Expenses on Culture Consumption）。

该变量用来衡量进口国社会文化资本以及进口国文化市场规模，对该国的文化贸易进口规模至少是非反向的作用。

（4）地理距离 D（Distance）。

该变量用来衡量两个国家或地区之间贸易的交易成本，特别是运输成本，一般来说将对两国或地区之间的贸易产生消极的影响，但对于文化贸易来说，特别是网络化、电子化以后，地理距离的影响度应该比较小。

（5）货物贸易进口额 GIT（Goods Import Trade）、服务贸易进口额 SIT（Goods Import Trade）。

这两个变量用两个国家或地区之间贸易的交流状况来衡量进口国对出口国贸易品的国别认可状况。文化商品或服务在进口国的文化适应有个过程，历程可以分为四个阶段，即新奇期、文化震荡期、文化适应期和稳定状态期，出口国货物或服务在进口国的被接受程度对于出口国文化的被接受应该有正向的影响。

（6）文化距离 CD（Culture Distance）。

该变量用来衡量两个国家或地区之间居民偏好、习俗、价值观、信仰和道德观念等的不同而形成的心理距离。预期文化距离与文化贸易额之间应该是负相关关系，因为文化距离会使得文化贸易的文化折扣变大，从而使得交易成本增加。

3. 虚拟变量——共同语言 L（Language）

该变量用来解释共同语言的适应是否对文化贸易产生影响。如果两国或地区语言相通，消费者对文化产品的理解和接受程度将大大增强，出口的文化产品越容易被进口国的消费者接受，两国或地区之间的文化贸易规模应该相对较大。

（二）数据来源说明

就本文研究内容来说，所需数据来源总体上包括两个方面：一是我国与各主要贸易对象国的文化产品贸易额的数据，可以通过联合国贸易与发展委员会的数据库整理得到。二是各国的相关数据，大部分可以在联合国统计署的普通统计数据库中查到。具体数据来源情况如下：

（1）模型的因变量是 2002—2010 年我国对文化创意商品出口前二十位国家或地区的文创意商品额。该变量的数据来自联合国贸易与发展委员会数据库中 6 类核心文化商品在 9 年间的贸易数据，并由此加总整理成 180 组国总体数据。

（2）自变量国民生产总值 GDP，各国历年的国民生产总值数据采用世界银行公布的《世界发展指标》，采用以美元为单位的当期币值为统计基础。

（3）自变量人口总数 P，来自世界银行数据库。

（4）自变量地理距离 D，数据来自空间地理科学网站（http://www.geobytes.com），以两贸易伙伴国经济中心之间的最短距离为准。

（5）货物贸易进口额 GIT，数据来自联合国贸易与发展委员会数据库。

（6）服务贸易进口额 SIT，数据来自联合国贸易与发展委员会数据库。

（7）自变量文化距离 CD，数据根据霍夫斯泰德的综合指数公式得到，基础数据来自霍夫斯泰德教授官方网站提供的不同国家的文化维度数据计算得到，具体计算结果如表 1。

（8）虚拟变量共同的语言 L，如果两国或地区使用语言属于同一语系，该变量赋值为 1，反之则为 0。本文中将中国香港、韩国、日本、新加坡、马来西亚等几个国家和地区赋值为 1，其他国家赋值为 0。

（三）计量模型构建

依据上述讨论，本文设定如下文化贸易需求影响模型：

$$MIF = F\ (GP,\ P,\ D,\ GIT,\ CD,\ L) \tag{2}$$

根据数据的可获得性以及文献的通常做法，我们将基础模型（2）扩展为具体的计量模型（3）：

$$IMP_{it} = \beta_0 + \beta_1 GDP_{it} + \beta_2 P_{it} + \beta_3 D_i + \beta_4 GIT_{it} + \beta_5 CD_i + \beta_6 L_{it} + \varepsilon_{it} \tag{3}$$

其中 i 表示国家，t 表示年份，$\varepsilon_{it}\varepsilon_{it}$ 为随机误差项，独立地服从于如下分布：$E\ (\varepsilon_{it}\varepsilon_{it})\ =0,\ var\ (\varepsilon_{it}\varepsilon_{it})\ =\sigma^2\sigma^2$。

（四）实证结果及分析

1. 相关性分析

表 2 列示了各变量的 Pearson 相关系数，简要可知：

（1）国民生产总值（GDP）、货物贸易进口总值（GIT）与文化贸易需求（IMP）呈现高度相关性。

（2）货物贸易进口总值（GIT）与国民生产总值（GDP）、地理距离（D）与是否属于同一语言体系呈现显著相关。

（3）文化距离（CD）与文化贸易需求（IMP）、国民生产总值（GDP）、人口规模（P）以及地理距离（D）之间都呈现中低度相关性。

（4）人口规模（P）、地理距离（D）以及是否属于同一语言体系与文化贸易需求（IMP）之间不呈现显著相关性。但因为控制其他变量的影响，故还需要进行多元回归分析才能得到更稳健的实证数据。

表2　主要变量的 Pearson 相关系数矩阵

	IMP	GDP	P	D	GIT	CD	I
IMP	1						
GDP	0.8614	1					
P	0.0831	0.1767	1				
D	−0.0404	0.0755	−0.064	1			
GIT	0.9195	0.6871	0.0666	−0.232	1		
CD	0.2087	0.3983	−0.1722	0.1736	0.0368	1	
I	0.0471	−0.1089	−0.1852	−0.6414	0.2913	−0.4941	1

2. 面板回归结果

本文采用的数据来自20个不同国家2002—2010年间的面板数据，用EViews6.0对数据进行回归检验，结果如表3。

表3　20个国家面板数据固定效应模型的冗余变量似然比检验结果

Effects Test	Statistic	d. f.	Prob.
Period F	1.489972	(8, 165)	0.1643
Period Chi - square	12.555168	8	0.1281

以上是固定效应模型的冗余变量似然比检验结果，P值的概率显著不为零，

可见混合回归模型在该计量模型中是有效的。关于文化贸易需求角度影响因素的混合回归模型建议结果如表4。

表4 文化贸易需求角度影响因素的混合回归模型

Variable	Coefficient	Std. Error	t – Statistic	Prob.
GDP	0. 000693	4. 44E – 05	15. 59390	0. 0000
P	– 0. 001513	0. 000339	– 4. 457729	0. 0000
D	– 0. 013633	0. 022265	– 0. 612303	0. 5411
GIT	6. 08E – 05	2. 17E – 06	27. 96727	0. 0000
CD	– 241. 0865	69. 47621	– 3. 470059	0. 0007
L	– 1795. 516	283. 3987	– 6. 335653	0. 0000
C	644. 3661	374. 6973	1. 719698	0. 0873
R – squared	0. 961088	Mean dependent var	2610. 025	
Adjusted R – squared	0. 959739	S. D. dependent var	4557. 366	
S. E. of regression	914. 4448	Akaike info criterion	16. 51262	
Sum squared resid	1. 45E + 08	Schwarz criterion	16. 63679	
Log likelihood	– 1479. 136	Hannan – Quinn criter.	16. 56297	
F – statistic	712. 1605	Prob（F – statistic）	0. 000000	

从表4可以看出，变量的回合相关系数为0.96，呈现为高度相关，P值几乎为零，模型的拟合度比较理想。因此需求角度下的各国从中国进口文化创意商品的贸易额的影响因素模型为：

$$IMP = 0.007GDP - 0.0015P - 0.0136D + 6.08e - 05GIT - 2410865CD - 1795516L + 6443661 \tag{4}$$

从模型（4）看出，进口国的国民生产总值、货物贸易进口额对文化创意商品的进口需求产生积极影响，验证了进口国的购买力水平对文化需求的重要作用，货物贸易进口则更多地验证对文化产品出口国的某种认可，包括技术、品牌、文化等多种因素，以及货物贸易本身的渠道、市场、政策优惠等给文化创意商品贸易带来的贸易便利。

两国间的地理距离、文化距离如预期的对文化创意产品的进口需求产生负面影响，且文化距离的影响非常之高，也验证了两国的文化差异所可能带来的文化折扣对文化产品消费的重要影响。当然也有例外，比如中美之间的文化贸易，文化距离较高，但这并不影响双方互为对方重要的文化贸易出口国。对于中国来说，中国人理解美国的文化产品文化折扣很低，美国的文化观念、价值观等因为历史的原因，比如在民国历史上中美之间的交往，中国新文化运动中对欧美文化的引进等等，已经被中国人接受或者认可，所以带来的结果就是美国好莱坞大片带走的中国市场的高额票房，带走的是迪斯尼在中国儿童童年的印记。而中国文化产品的低价给美国人带来更多的实惠，给美国大量的华裔移民和留学生对中国文化产品的情感满足。

意外的是，进口国的人口规模和语言习惯对文化产品的影响，可能是人口规模越大，进口国消费者文化消费需求的差异性越大，文化产品供给国越难以把握进口国文化消费的需求；而相同语言传统所带来的一方面是语言差异的减少，另一方面也是文化产品能够带来的吸引力的考验，能否在同宗同源的文化传统中创造出不同于其国内文化产品却又在其文化价值观认可的范畴内，这也是我们在文化产品出口时不得不面临的难题。比如中韩文化贸易，文化距离很近，同属儒家文化圈，但我们看到的是"韩流"肆意多年，看到的是都教授、大长今在中国的热潮，看到的是韩国服饰、化妆品、现代汽车、三星手机在中国市场的快速成长，看到的是韩国影视剧带来的韩国旅游的火爆，看到的是大量引进的韩国版权的电视节目，比如"爸爸去哪儿"的热播等等。韩国文化产品本身及其带来的溢出效应在中国市场上的表现非常明显，而我们似乎还没有非常突出的文化产品在韩国引起热议并带来相应的溢出效应，应该出口怎样的文化产品给韩国市场、需要进行怎样的安排等等都是我们需要进一步思考的问题。

文化消费有其特殊性，需求角度影响文化贸易的因素主要就是把握国际市场文化消费的特点，减少文化产品在进口国的"文化认知逆差"，通过已有的货物贸易、服务贸易等渠道和资源推进进口国对我国文化消费资本的积累，促进文化产品的出口。

结 论

本文以文化距离为切入点，在分析文化贸易需求影响研究框架的基础上，用我国近九年来前二十大出口市场对我国的文化产品的进口的影响作为考察对象，采用面板技术对需求角度文化贸易进口的影响因素进行实证分析，证实文化距离如预期的对文化创意产品的进口需求产生负面影响，且文化距离的影响非常之高，也验证了两国的文化差异所可能带来的文化折扣对文化产品消费的重要影响。

参考文献：

［1］A. Marvasti. International trade in cultural goods：a cross – sectional analysis. *Cultural Economics*，1994.

［2］Jeongho Oh. International Trade in Film and the Self – Sufficiency Ratio. *The Journal of Media Economics*. 2001，14（1）.

［3］赵有广：《中国文化产品对外贸易结构分析》，《国际贸易》2007年第9期。

［4］陈晓清、詹正茂：《国际文化贸易影响因素的实证分析——以美国1996—2006年对外文化贸易双边数据样本为例》，《南京社会科学》2008年第4期。

［5］霍步刚：《中国文化贸易偏离需求相似理论的实证检验》，《财经问题研究》2008年第7期。

［6］曲如晓、韩丽丽：《中国文化商品贸易影响因素的实证研究》，《中国软科学》2010年第10期。

［7］蒙英华、黄宁：《中国文化贸易的决定因素——基于分类文化产品的面板数据考察》，《财贸研究》2012年第3期。

"美丽乡村"之美以人为本的文化内涵

周晓健*

【内容摘要】美丽乡村的建设应遵循以人为本的基本原则，在物质层面上发展生态文化，建设生态友好的人居环境；在精神层面上弘扬地方特色文化，营造与美丽乡村相适应的软环境，打造区域文化品牌。最终在物质与精神层面上实现和谐统一，构建"生态宜居，生产高效，生活美好，人文和谐"的美丽乡村。

【关键词】美丽乡村 以人为本 生态文化 地方特色文化

党的十八大将生态文明建设纳入"五位一体"的总体布局，并提出"把生态文明建设放在突出地位，融入经济建设、政治建设、文化建设、社会建设各方面和全过程，努力建设美丽中国，实现中华民族永续发展"。要实现美丽中国的目标，美丽乡村建设是极其重要的组成部分，甚至可以说是建设美丽中国的起点。美丽乡村建设是社会主义新农村建设的积极探索，同时也是美丽中国在农村的重要实践形式，有着重要的现实意义。为贯彻落实十八大精神，中央财政于2013年7月起启动美丽乡村建设试点，其基本原则首先便是以人为本。

以人为本是对人的价值和意义的肯定。坚持以人为本，就是要以实现人的全面发展为目标，从人民群众的根本利益出发谋发展，同时也要让发展的成果惠及全体人民。人民群众作为社会物质财富和精神财富的创造者，也应该同时在物质层面和精神层面享受现代化建设的成果。

建设美丽乡村，归根到底是为了生活在其中的村民，让村民在物质层面与精神层面同时享受到美丽乡村发展的美丽成果。美丽乡村之美包含着两层内容：一是生态良好、环境优美、布局合理、设施完善；二是产业发展、农民富裕、

---

* 作者简介：周晓健，同济大学人文学院在读博士，研究方向为文化产业。

特色鲜明、社会和谐。因此美丽乡村之美也相对应着两种文化内涵：即在物质层面上，依生态文化来建设生态友好的人居环境，让村民生活其间；在精神层面上弘扬地方特色文化，打造区域文化品牌，为村民营造精神文明的软环境。

一、发展生态文化，改善人居环境

（一）生态文化的释义

从狭义的概念来看，"生态文化是以生态价值观为指导的社会意识形态、人类精神和社会制度，主要是指一种基于生态理念的社会文化现象"[1]。从广义上讲，生态文化是人与自然和谐发展的一种人类新的生活方式。在某种意义上，生态文化可以说是在人类工业化进程中"被逼迫"而出现的。随着工业化的发展，出现了世界性的环境污染、能源危机、生态失衡等问题，生态文化便是产生于人们对当代生态危机的反思。正如生态学家和社会学家唐纳德·沃斯特所指出的："我们今天所面临的全球性生态危机，起因不在生态系统本身，而在于我们的文化系统。要渡过这一危机，必须尽可能清楚地理解我们的文化对自然的影响。"[2]

作为一种社会文化现象，生态文化是人类文化发展的一个新阶段，指的是人与自然和谐相处、持续发展的文化。生态文化，蕴含着生态与文化两个层次的内容。但生态与文化并不是简单地叠加，而是一种交融递进的关系。生态文化最重要的特质就是文化内涵中的生态精神。人类在推进文明发展的过程中，要充分考虑到自然界对人的制约性，要在不超过自然界所能承受的限度内，把握自己的思想和行为。

生态文化作为生态与文化的结合点，可以从思想上平衡人与自然的关系，还可以从行动上优化人类的现代化建设，缓解人在发展进步过程中与自然之间的矛盾，切实改善人类的生活环境。

---

① 宣裕方、王旭烽主编：《生态文化概论》，江西人民出版社 2012 年版。
② Donald Worster. *Nature's Economy：A History of Ecological Ideas.* Cambridge：Cambridge University Press，1985.

（二）将生态文化融入美丽乡村建设

生态文化是人类的一种新的生存发展方式，以生态价值观为理念，这是生态文化区别于人类此前的生存发展方式的根本特征。生态文化主张"人—社会—自然"的和谐，力求经济效益、社会效益、生态效益的统一，这正与我国当前的社会发展需要相一致。建设美丽乡村归根到底是为了居住在乡村里的村民。只有把生态文化观念融入美丽乡村建设，使其具备生态宜居的自然环境和社会环境，才能算是美丽乡村在物质层面上的"外在美"。

1. 自然环境

自然生态环境是乡村赖以存在的基本条件，相对于城市那种聚集的存在方式，更能体现乡村聚落的本质特征。乡村与城市相比，更亲近自然，具有明显的宜居优势。美丽乡村的建设应充分发挥这种优势，珍惜自然资源，走绿色低碳的发展道路。强化环境保护观念，培养村民形成节能、减排、循环的低碳环保意识，遵循自然发展规律，减少对自然的干扰和损害，开发利用乡村相对丰富的风能、农村沼气等清洁能源，以绿色低碳的生产生活方式实现农业现代化。

对于已经形成的不同程度的污染，进行生态修复，努力使饮用水安全得到保障，空气质量逐步好转，生态环境得到改善。努力提高农业资源的利用率，实现农业现代化生产与生态环境治理保护的有机结合。改善民生，如果没有村民的健康，提升村民生活质量就无从谈起。

良好的生态环境是广大村民的共同财富。树立生态价值观，使保护与利用相结合，依托生态化、有机化生产，加工绿色、有机和无公害产品，展示乡村的农业生态特色，发展生态特色农业，把生态资源转化为生态效益与经济效益。

2. 社会环境

2013 年 7 月，习近平在视察进行城乡一体化试点的鄂州市长港镇峒山村时指出："实现城乡一体化，建设美丽乡村，是要给乡亲们造福，不要把钱花在不必要的事情上，比如说'涂脂抹粉'，房子外面刷层白灰，一白遮百丑。不能大拆大建，特别是古村落要保护好。"

乡村美不美丽，不能简单地以建筑的新旧来划分，在对乡村进行必要的规划时，应避免大拆大建，避免扰乱村民的正常生产生活，也不能照搬照抄城市小区的模式建设新农村，取代传统民居和自然田园风光，这样会导致乡村特色景致的流失。旧的、传统的建筑也有可能是精华的、传世的，不能盲目一刀切掉。在提升自然村落功能的基础上，保护有历史、艺术、科学价值的特色传统村落民居。由于未得到有效的保护，一些古村落、古建筑在乡村的规划和治理中销声匿迹，是当地地方的损失，甚至是人类文化的损失。要在保护的基础上，发掘古村落、古民居、古建筑等历史遗产，特别要挖掘人居文化中丰富的生态思想，使生态文化得到发掘和弘扬，使生态文明理念深入人心，形成健康文明的生产生活方式。

（三）改善人居环境

生态文化不是简单的保护环境、节能减排的表面问题，而是要融入社会建设的总体布局，融入到美丽乡村的建设中去，实现永续发展。生态文化是生态文明建设的原动力，目的在于构建体现生态理念的文化体系，让全体村民共同参与到生态文明建设中来，为自己打造优美宜人的人居环境。

浙江安吉，作为"中国美丽乡村建设"的先行者，在 2012 年获颁"联合国人居奖"，对其他美丽乡村的建设起到了模范带头作用。2013 年 10 月 9 日全国改善农村人居环境工作会议在浙江杭州召开。习近平对此做出重要指示，强调要认真总结浙江省开展"千村示范、万村整治"工程的经验并加以推广。各地开展新农村建设，应坚持因地制宜、分类指导，规划先行、完善机制，突出重点、统筹协调，通过长期艰苦努力，全面改善农村生产生活条件。

美丽乡村不是建造出来供外人观赏的，而是要让本地的村民切切实实地幸福生活在其间。美丽乡村建设既是政府的一项宏观工作，更是村民个体对自己美好家园的构筑。在建设过程中，从规划到管理、经营，始终都不能离开村民的民主参与。要坚持以人为本，发动村民广泛参与，引导村民自觉保护生态环境，建设生态宜居的家园。改善乡村生态卫生条件和村民居住条件，提高村民生活质量，显著增强村民居住环境的舒适感，建设村民幸福美好家园，切实让村民成为美丽乡村建设的主体，真正享受到美丽乡村建设的成果。

二、弘扬地方特色文化，打造区域文化品牌

优美的人居环境是美丽乡村的直观体现。美丽乡村建设，不仅要有宜人宜居的"形象美"，更要有底蕴深厚的"内在美"。如果说将生态文化的内涵融入

美丽乡村建设，打造良好的人居环境是"形象美"，那么地方特色文化便是美丽乡村建设的"内在美"，是其展现独特魅力的立足点。

李克强对全国改善农村人居环境工作会议做出批示强调："各地区、有关部门要从实际出发，统筹规划，因地制宜，量力而行，坚持农民主体地位，尊重农民意愿，突出农村特色，弘扬传统文化，有序推进农村人居环境综合整治，加快美丽乡村建设。"

（一）地方特色文化的释义

任何人类文化都是创造并发展于具体的时间和空间中。由于地理环境及自然条件的不同，并经过长期的历史发展，便形成了各地方独特的文化特征。它以地缘和血缘为基础，有着共同的文化意识、价值取向以及发展需求，是乡村群众在日常生活中为满足自身生产生活需要而自发产生的。这也是区别于其他地方的内在属性，是当地地方独特的自身魅力所在。

"十里不同风，百里不同俗"。各地独特的文化经过不同自然、社会、历史条件下的传承，产生了不同的独具各地特色的民俗，这是与人们日常生产生活相关联的传统文化。美丽乡村的建设应尊重这样的地方文化，不能忽视传统文化而一味追求现代化。发展经济，发展产业，不能破坏地方的传统文化，不能强行改变村民的生产生活中的风俗习惯。"立新"不一定非要"破旧"，尊重传统文化并不等于拘泥于传统。国务院农村综合改革工作小组办公室主任王卫星认为："我国地域广大，发展不平衡，各地情况千差万别，必须因地制宜，尊重差异，保持特色。"① 美丽乡村建设的生命力即在于乡村特色的彰显和弘扬。

（二）将地方特色文化融入美丽乡村建设

地方特色文化是美丽乡村重要的身份识别。美丽乡村的建设过程中，应传承和发扬地方特色文化，培育地域特色和个性之美。地方特色文化在时间维度上，体现在当地的历史文脉中；在空间地域上，又有着各地区不同的乡土文化。

1. 时间维度上的历史文脉

历史文脉是一个地方在发展和演变过程中的历史沉淀。所谓历史文脉，是一个地方依历史渊源遗留下来的文化精髓，代表着当地的文化底蕴，是依文化脉络进行的现代与传统的对话。历史传统文化是现代文化发展之由来，是现代

---

① 王卫星：《美丽乡村建设要处理好六个关系》，《中国财政》2013年第12期，第3~5页。

文化之根，在维护伦理道德方面，有着不可替代的教化作用，同时也具有保持乡村向心力和凝聚力、调节村民生活和心态、保持社会稳定的作用。

深度发掘历史文脉中凝结着的优秀文化元素，丰富美丽乡村建设的文化底蕴，为美丽乡村建设注入人文内涵，展现独特魅力。把文化积淀与美丽乡村建设相融合，赋予其文化内涵，增加其文化积淀，彰显其文化魅力，实现通过传承文化来突现地方特色的目的。使绵延的地方历史文脉得到有效传承，同时又提升并展现了美丽乡村的文化品位和韵味，让村民的文化生活得到不断丰富。

对于历史留存下来的有着非物质文化遗产的历史文化名乡、名村，要最大限度地将村镇的历史文化与美丽乡村建设有机结合起来，形成传统文明和现代文明有机结合的特色文化村。乡村的非物质文化遗产保护及传承要融入村民生活，体现在提高村民群众的生活质量上，使生活更加美好。让文化的拥有者切身认识到其文化的价值，才能谈及对文化遗产切实有效的保护。让村民充分认识自己地域的历史文脉，即费孝通说的"文化自觉"，是美丽乡村建设文化发展的长效动力机制。

2. 空间地域上的乡土文化

一方水土养一方人。不同的地理、不同的水土孕育了不同的乡土资源和文化。美丽乡村建设不能千村一面，这样会缺乏生机和活力，引起审美疲劳。因此，美丽乡村建设必须因地制宜，培育地方特色和个性。只有体现特色和差异性，才会使美丽乡村建设充满生机和活力，百花齐放，千姿百态。

乡土文化是美丽乡村建设与文化融合的生长点。一些特色文化，如民俗文化、节庆文化、农耕文化、美食文化等，既历史深厚久远，又雅俗兼容并蓄。深挖这些乡土文化资源，打造富有浓郁地方特色的区域品牌和形象，使美丽乡村具有独特魅力，要在特色、特点上下功夫，发展乡村特色产业，以"一村一品"的思路对乡村的生活环境进行个性化塑造和特色化提升。

同时，"一村一品"的选择上要因地制宜，充分尊重村民意愿，听取村民意见，因为村民最了解当地的具体情况。作为"品"的特色乡土资源的选择，要体现差异，显现个性美，彰显乡村的特色和韵味，将其发展成产业，使农民的生活真正富裕起来，并进一步丰富产业形态，充实文化内涵，打造地方特色的产业品牌，推进形成乡村"一村一品""一村一景"的产业格局，打造美丽乡村品牌。

（三）打造区域文化品牌

美丽乡村的建设需要有产业的支撑。依靠地方特色文化资源而形成的特色产业，是美丽乡村建设的题中应有之意。通过资源整合、人文开发、发展特色产业，形成特色文化产业链，打造区域文化品牌，实现美丽乡村的永续发展。

品牌，不仅是一个商标、一个标志，对一个地方区域来说更是一种象征。一个好的地域文化品牌，会对当地的经济发展、形象提升起到独特的作用。然而地方区域品牌的形成，必须要有一定的文化内涵。文化因素的导入，可以丰富地方资源、区域品牌的内在价值。以文化因素为积淀，充分利用地方特色，挖掘地方文化，将文化资源转化为文化生产力，打造区域文化品牌。

打造出的文化品牌所凝结的新的价值观，也对人们的生产方式、生活态度、审美情趣等产生不可低估的影响。以地方特色文化发展产业为支撑，打造区域文化品牌，其最终落脚点始终在于以人为本的村民民生建设。在充分挖掘地方特色文化的同时，要使其真正为村民所理解、吸纳，成为看得见、摸得着的现实成果。2013 年 1 月 15 日，李克强在国家粮食局科学研究院考察调研时指出，"推进城镇化，核心是人的城镇化，关键是提高城镇化质量，目的是造福百姓和富裕农民。"美丽乡村建设作为社会主义新农村建设的重要组成部分，其目的必然也是造福百姓和富裕农民。依托地方特色文化所形成的产业，可以为村民提供充分的就业机会，实现村民就地就近创业就业，让有劳动能力的村民有事做，有钱赚，实现"全民就业，人人幸福"。

幸福村民，不仅要在物质财富上幸福，还要提升精神上的幸福感。对区域文化品牌的打造，成为美丽乡村的"名片"，也可以提升村民对家乡的自豪感，成为幸福村民。并且地方特色文化本身的优秀精神元素，也可以提升村民的整体文明素质，建造一个精神文明的软环境，唤起村民的幸福感。

三、生态文化与地方特色文化的内涵联系

生态文化作为一种文化理念，在建设美丽乡村的外在物质环境过程中具有重要的意义，但同时也影响着人们生产生活的方方面面。地方特色文化的建设，有利于提升村民精神文明的软环境，但同时也离不开当地地方生活环境的物质

载体。生态文化与地方特色文化是相辅相成、相互渗透的关系。在发展生态文化时，应结合本地情况，形成具有地方特色的生态文化；在弘扬地方特色文化时，时刻不忘生态文化建设，以生态理念贯穿始终；在发展特色支撑产业时，将生态环境作为发展的根基，形成节约资源、保护环境的产业结构；在改进人居环境时，打造地方特色人文景观，提升乡村景色的文化内涵。

生态文化建设要结合地方特色。生态文化是人与自然和谐发展的一种文化，而自然条件又依地理环境的不同而不同，所以生态文化在各地区的具体体现方式也存在着不同。例如农耕文化地区和渔猎文化地区虽然生态的核心价值观在本质上是一致的，但是具体的表现形式还是有地方区别的。一种文化的理念终究是要应用体现于生产生活之中，因此，生态文化也要结合各地区不同的具体条件，形成地方特色。

地方特色文化的建设要结合生态文化理念。无论是对于乡村历史上留存下来的非物质文化遗产的保护和利用，还是对乡村特色乡土资源的产业开发，都要时刻保持生态文化的理念。将资源的开发利用与环保节约等观念结合起来，实现绿色、循环永续发展。并且各地方特色文化都是中华民族文化的组成部分，我国传统文化与生态文化是并行不悖的。我国文化中包含着与自然和谐与共、循环发展的生态观。传统文化中的这些积极因素，至今仍是值得我们去传承和弘扬的。另外，打造区域特色品牌，也可以"打生态牌"，生态环境的优化也可以作为一种地方特色。安吉就是以获颁"联合国人居奖"为契机，将"最佳人居"做成安吉品牌。

生态文化与地方特色文化绝不是完全孤立的两种文化，而是相互联系、相互融合的，共同构成美丽乡村之美。

四、美丽乡村之美，以人为本

乡村不仅是村民的居住地，也是村民生产生活的场所，村民是美丽乡村的主人。建设美丽乡村，顺应了村民对生态家园、人居环境的更高追求。美丽乡村建设的根本目的就是增进村民的福祉，不断改善乡村的生产生活条件，提升村庄品质，提高村民的生活水平。因此在建设过程中，要通过村民的参与机制，保障政府的宏观规划建设与村民心中所想的相一致。村庄的规划和改造不能扰乱生活在其中的村民的正常生活，违背村民的集体意志。对土地的依法流转，要以自愿、有偿的原则对村民进行积极引导，确保村民的土地权益和收入。"一村一品"主导产业的选择，也要征求村民的集体意见，村民最了解本地的具体情况，并且作为村民致富的一种途径，也应符合村民的意愿。

坚持以人为本，就始终要把村民群众的利益放在首位。改善生态人居环境，是为了村民有优美宜人的生产生活环境。打造区域文化品牌，是为了村民有精神文明的软环境，并且过上富裕的生活。美丽乡村建设，不论物质层面上美，还是精神层面上美，归根结底都是以人为本的。

美丽乡村不只是村庄本身要美，更是为了村民能过上美好的生活。要以村民群众的实际需求为导向，让村民切身享受到美丽乡村建设的成果，从而推进社会主义新农村建设。要将生态文化与特色文化相结合并融入村民的生产生活中，在真正意义上实现乡村美丽、农民幸福。

五、结 论

建设美丽乡村，不仅是改善村民的外部居住环境，而且是对村庄的建设，也是对村民文明观念和生产生活方式的更新。文化内涵是美丽乡村建设极其重要的一个方面。在美丽乡村建设过程中，既要重视对生态、生产、生活"三生"的建设，同时也要重视人文精神的文化建设，才能最终构建"生态宜居，生产高效，生活美好，人文和谐"的美丽乡村。

美丽乡村之美，既在于生态环境的物质美，也在于文化软环境的精神美，这两种美是相统一、相融合的。只有将生态文化与地方特色文化相结合，形成乡村生态文化与特色文化相交融、相促进的局面，才能让美丽乡村更加充满生机和活力，形神皆美。

人文和谐的美丽乡村，既要融合生态文化与地方特色文化进行文化建设，更在于人。美丽乡村的建设过程中，要始终坚持以人为本，始终把村民群众的利益放在首位，以提升村民幸福指数为目的。改善生态人居环境，建造文化软环境，将美丽乡村建设成为村民的幸福美好家园。

参考文献：

［1］宣裕方、王旭烽主编：《生态文化概论》，江西人民出版社 2012 年版。

［2］余谋昌著：《生态文化论》，河北教育出版社 2001 年版。

［3］吴良镛著：《人居环境科学导论》，中国建筑工业出版社 2001 年版。

［4］郭鉴著：《地方文化产业经营》，浙江大学出版社 2007 年版。

［5］费孝通著：《乡土中国》，北京出版社 2005 年版。

［6］张占斌、张青、赵小平主编：《城镇化发展的产业支撑研究》，河北人民出版社 2013
年版。

［7］顾吾浩主编：《城镇化历程》，同济大学出版社 2012 年版。

［8］吴振兴主编：《城镇化案例》，同济大学出版社 2012 年版。

现象与观察

Young Scholars' Anthology of
Culture Industry

"文化卫视"品牌资产建构探析*

吴 静**

【内容摘要】省级卫视在文化产业格局中兼备"泥土化"和"在地化"的传播优势，兼具"中介"和"内容"的双重任务，在发挥区域文化资源转文化资产的进程中有不容忽视的作用。因而，重视省级卫视产业链上游的创意文化内容开发和下游强势品牌构建，对于文化产业的发展尤为重要。河南卫视作为首家明确将品牌定位为"文化"的卫视，经历着 2011 年品牌定位确定、2012 年品牌形象系统全新改变、2013 年设置符合文化品牌定位节目的三个品牌发展阶段。但此进程中陆续出现了定位清晰、呼号不明、呼号变动、品牌形象系统更换不完善、品牌感知质量未曾建立、知名度测量困惑和忠诚度培养缺失等相关问题。本文以戴维·阿克品牌资产五星模型作为基础模型，对其品牌发展进程中存在的问题进行分析，试图对文化卫视品牌资产建构提供一定的启示，同时从个案的个性中抽取共性，对其他省级卫视品牌资产建构提供一定的参考价值。

【关键词】文化卫视　品牌资产　五星模型

广播电视产业在文化产业分类中处于核心层的重要位置，而省级卫视又处在我国电视产业格局中的重要位置。1989 年到 1999 年，31 个省级电视台全部上星，从而形成我国电视业的基本结构，即中央电视台—省级卫视—省级地面

* 课题来源：2013 年上海市大文科学术新人培育计划。阶段成果一《河南卫视品牌资产构建路径探析——以戴维·阿克五星资产模型为基础》收录于《2014 第十一届中国文化产业新年论坛论文集》，论文内容主要以戴维·阿克品牌资产中品牌形象构建为主；阶段成果二《省级卫视品牌发展历程与河南卫视品牌研究述评》收录于《今传媒》。

** 作者简介：吴静，上海大学文化经济系 2011 级硕士研究生，河南电视台导演、策划，研究方向为文化创意产业、品牌形象策略。

频道—地市电视台，省级卫视既有全国性又有区域性，具有扎根本土资源的"泥土化"和播出平台全国化的"在地化"属性，兼具着对区域文化产业发展的"中介"和"内容"双重作用。作为中介的省级卫视，指的是作为媒介平台传播性的身份，此身份可以充分发掘本省文化资源、搭建文化与资本交流的信息平台，通过传播平台让国内外学者、企业家、政府要员看到该省现有文化资源的优渥性与可进行文化创造的阔达性，同时深度挖掘文化资源在转化资产过程中的困境点，共同协助本省文化产业快速有效发展；作为内容的省级卫视，指的是其作为媒体内容提供商的身份，此身份使其可以将基于本省的文化资源生产成文化产品，通过版权售卖或其他形式转化为资产。因而，省级卫视在区域文化产业发展的格局中有着举足轻重的作用。

此外，按照价值链的贡献度来看，文化产业的价值链包括上游的创意内容开发、中游的生产复制加工和下游的交易服务环节。"处在前端的内容创意利润率为45%，中间的内容制作和内容复制分别为10%和5%，后端的交易服务为40%，而我国过去文化产业的发展重点主要集中在中间环节。"这就意味着作为电视产业重要位置的省级卫视应该重视上游的内容创意和下游的交易服务，也即深挖本区域文化资源做深度创意植入内容，并结合自身内容定位打造下游的特色品牌。但可以看到，我国省级卫视2005年起纷纷品牌化的进程并不理想，经过八年的品牌发展路径之后，除了湖南卫视、江苏卫视、浙江卫视、东方卫视、安徽卫视、北京卫视等处于前十名的卫视外，其他卫视仍然出现同质化、跟风化等现象，并没有建立起真正的品牌。省级卫视的品牌发展是否为合适路径也在学界业界进行着反反复复的探索，因而本文选取2011年将品牌定位为"文化"的河南卫视作为个案，结合戴维·阿克品牌资产五星模型，跟踪"文化卫视"品牌化进程中出现的问题，以使河南卫视在发展自身品牌的同时，能够承担起区域文化产业发展格局中"中介"与"内容"的双重任务，促进其品牌资产的积累。同时，也希望能以文化卫视的个案研究对其他省级卫视的品牌发展提供可参考的意义。

一、文化卫视品牌发展历程

2011年1月1日，河南卫视正式将品牌定位为"文化"，成为首个明确品牌定位为"文化"的省级卫视，从而占据了省级卫视品牌发展格局中的重要位置。从 2011 年起，河南卫视经历了品牌定位、品牌形象系统更换和围绕定位开发节目产品三个重要阶段，在三个发展阶段中都呈现出了品牌发展的不同困境。

2011 年 1 月，文化卫视的初步品牌定位。借助优渥的区域文化资源，河南卫视 2011 年首次提出"文化卫视"的定位，提出了"文化卫视 寓道于乐"作为呼号，"植根于中国文化，与时俱进地采用现代、时尚、娱乐化的表达手法。'河南卫视，文化卫视'和'河南卫视，寓道于乐'作为两个具有递进意义的宣传口号，共同点是对'文化'内核的一脉相承"。并陆续推出"拍客行动""创意时代""魔亦有道""何乐不为"四档创新节目，力图异军突起。但是，这一年的改版从品牌视觉系统上并没有改动，对于受众而言，河南卫视只是新增加了几个节目，变更的呼号因为没有视觉识别系统的统一性、系统性，对受众而言并没有更多的意义。同时由于呼号的不确定与不统一，导致受众在接受时的感知质量并不明晰。

2012 年 1 月，文化卫视的品牌形象系统建设。为了完善文化品牌定位，河南卫视于 2012 年改变了使用了 16 年的黄色台标，去掉原有的环形符号和"TV"，在图形上保留"HN"组合而成的大象形象符号，将色彩由金黄色改为蓝白相间的主体色调，从视觉上一改"黄象台"的印象，变为"蓝象"，同步更换了在播包装系统和离播包装系统。此外，完成了电视台内部的视觉导览系统，意味着河南卫视正式开始了品牌形象系统的完善。从节目设置和编排上，1 月 3 日，河南卫视依托中国独特的文化资源姓氏文化推出了一档创新节目"知根知底"，以解读姓氏文化为主题，以传承民族传统文化、以大众化的娱乐形式传递文化为宗旨。同时，河南卫视与北京、上海等传媒公司合作，陆续购进"大驾光临""老故事"等节目，力图联合打造文化品牌定位，但效果不甚明显。

2013 年 7 月，河南卫视围绕文化的品牌定位进行节目调整和深化策略，并且在这一年通过原创节目、多屏联动和合作模式引发了各界的关注。自创节目上，2013 年 7 月 11 日推出了"汉字英雄"，邀请马东做主持，于丹、张颐武、高晓松等文化名人担当评委，将现代科技与传统文化进行结合，并与爱奇艺合作进行网台联动的播出，第一季播出后赢得全国第三的收视率，成功地在观众中掀起一场"汉字热"。在多屏联动形式上，"汉字英雄"尝试了与爱奇艺的合作，实现了电视、PC、手机、平板电脑 4 个视频终端的多屏互动，同步播出，并且配合节目宣传开发了手机和 PAD 版的同名 APP 软件,使观众既可以平时参与汉字游戏,也可以同步观看电视播出,与选手同步答题,实现了真正的电视互动。在合作模式上,河南卫视与爱奇艺联合制作"汉字英雄",双方按照 1∶1 的比例共同投资,共享知识产权,共同制作播出,联合招商,共同受益。2013 年 11 月 21 日,以解读成语精髓解码中国文化的"成语英雄"开播,崔永元、钱文忠和蔡志忠由于对中国传统文化情有独钟,因而加入"成语英雄"担任嘉宾评委即成语先生,分别承载"评人""用画解读成语""深度解读成语"的功能,但"成语英雄"收视率并不尽如人意。总之,汉字热和成语热,使河南卫视文化品牌的定位在业界和学界同时成为焦点,完成了文化卫视品牌发展的初级阶段。

综上所述,河南卫视在 2010 年完成改版之后,逐步遵循其"文化卫视"的定位摸索前行,其中不乏在节目制作、合作模式和全媒体联动下的多重探索。在其品牌化发展过程中,河南卫视经历了三个阶段,分别是 2011 年品牌定位确定、2012 年品牌形象系统全新改变、2013 年设置符合文化品牌定位的节目。但三个阶段的品牌化进程中出现了定位清晰、呼号不明、呼号变动、品牌形象系统更换不完善、品牌感知质量未曾建立、知名度测量困惑和忠诚度培养缺失等相关问题。本文以戴维·阿克品牌资产五星模型作为基础模型,对其品牌发展进程中存在的问题试探性地进行分析。

二、戴维·阿克品牌资产模型的启示

品牌资产的研究是品牌学发展第四个阶段的重点,也是近年来学者关注的焦点。国内外学者对品牌资产的概念主要基于三个角度来进行阐释,分别是基于财务会计角度、基于市场的品牌力角度和基于消费者的角度。戴维·阿克则是从企业的角度对品牌资产进行界定,认为品牌资产是"连接于品牌、品名、符号的一个资产与负债的集合,它可能增加或减少该产品或服务对公司和消费者的价值,假设品牌名称或符号改变,其所结合的资产和负债可能受影响甚至消失。包括品牌忠诚、品牌知名、感知质量、品牌联想和其他专有资产(如专利、商标、渠道关系等)五个方面"。戴维·阿克对于品牌资产的概念进行界定后,建构了一个品牌资产模型,被称为五星模型,如图 1 所示。

　　本研究鉴于河南卫视企业内部的品牌资产建构尚未完成，因而采用基于企业视角的戴维·阿克五星模型，分别从知名度的测量与建立、忠诚度的培养、感知质量的提升、品牌形象系统的完善、品牌延伸五个方面，为河南卫视品牌资产的建构做理论基石。

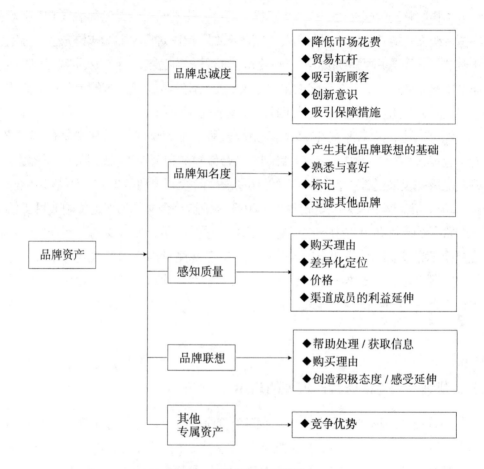

图1　品牌资产五星模型

资料来源：［美］戴维·阿克著：《创建强势品牌》，李兆丰译，机械工业出版社 2012 年版，第 6 页。

（一）知名度与忠诚度测量的反思

　　品牌知名度和品牌忠诚度是构建品牌资产很重要的两个因素，其中知名度决定了受众在众多品牌种类中进行选择时优先考虑的选择对象，而忠诚度属于品牌资产的核心，品牌忠诚度越高，竞争品牌对顾客群造成的冲击力就越弱。

目前的省级卫视综合评估体系中并未明确涉及省级卫视知名度的评价，而是以收视率、到达率来进行综合评估的，认为收视率和到达率低，就意味着省级卫视的知名度低。但笔者认为省级卫视的知名度排序能否完全以收视率和到达率作为衡量指标，需要借用品牌学中戴维·阿克对品牌知名度的概念和层级进行反思。

戴维·阿克认为品牌知名度是"潜在购买者认识到或记起该品牌是某类产品的能力"，其中某类产品中的类别是指大类中的细分类别，如食品中的奶粉、汽车中的越野车、药品中治疗感冒的药品等。当消费者购买奶粉时，首先认识或记起的品牌则为知名度最高的品牌，其品牌知名度按照回忆顺序递减。而品牌知名度从不知名到知名是一个连续的过程，是从品牌识别的不确定状态到确信该品牌时该类产品的唯一品牌的连续统一体，按照这种连续统一体可以将品牌知名度分为四个明显不同的层次，如图2所示：

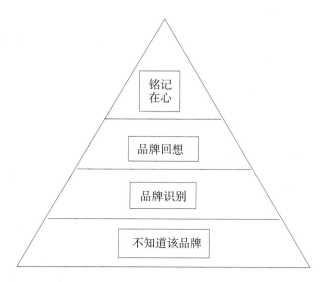

图2　品牌知名度金字塔

资料来源：［美］戴维·阿克：《管理品牌资产》，吴进操等译，机械工业出版社 2012 年版。

第四个层次不存在品牌知名度，因为受众并不清楚该品牌；品牌识别是品牌知名度的较低层次，这是根据提供帮助的记忆测试出来的，可以通过电话、问卷等调查方法，给出某类产品的一系列品牌名称来，要求调查者说出他们以前听说过的品牌；品牌回想可以被称为未提供帮助的回想，不向被调查者提供品牌名称，而是就某一种类让被调查者自行回想，这种情况下回想起来的品牌知名度将高于品牌识别层面测出的品牌知名度；铭记在心，则属于品牌知名度最高层面，也通常是品牌回想测试时第一个想到的品牌，这个品牌已经达到了铭记在心的程度，从而可以逐步培养其品牌忠诚度。

鉴于省级卫视是以省份命名，只要记住 31 个省份就能记住 31 个省级卫视的名称，那么是否意味着 31 个省级卫视的品牌知名度都达到了品牌识别呢？笔者认为并非如此，因为不同省级卫视的品牌定位不同，因而不能以记住卫视名称推导出记住品牌名称，品牌名称和卫视名称是两个不同的概念，品牌名称是以品牌定位命名，而卫视名称则是以省份区域命名。对于河南卫视而言，知名度的测量应该聚焦其品牌定位"文化"上，即在测量时应该调研的是受众是否记得住"文化卫视"是哪个卫视，而不是聚焦在是否记得住河南卫视。

（二）省级卫视品牌忠诚度测量的反思与层级划分

一般情况下，品牌忠诚度是品牌资产的核心。如果顾客对品牌漠不关心，主要根据产品的性能、价格以及便利程度进行购买的话，那么品牌资产的价值就会降低。因而，品牌忠诚度是衡量顾客对品牌依赖程度的标准，尤其是当品牌在价格或产品性能方面发生变化时，顾客究竟是否会转向其他品牌则取决于品牌忠诚度的高低。

但不同于物质生产的产品具有实体性、触碰性、功能性等特质，省级卫视生产的电视节目属于属于文化产品，"是指那些具有文化意义和文化价值的并且有独特标记的产品"，具有无形性、易逝性、过程性和异质性四个特点。人们在消费文化产品时，首先考虑的不是使用功能而是情感满足和文化需求的功能，但人性中始终存在着追求新鲜、刺激、与众不同的本能，使得情感变化多端而文化诉求也不尽相同，也使得建立较高层次的品牌忠诚度变得尤为困难。对于省级卫视而言，从目前的测量体系看，品牌忠诚度并未有明确设定，而是由观众忠实度来决定，是指特定频道（时段/节目）的收视率与到达率的百分比，数值越大，则表明观众在该频道的流动越少，忠诚度越高，与节目建立的联系越紧密，节目的收视越趋于稳定，发展趋向也越成熟。此外，近年来一些学者对电视品牌忠诚度的研究逐渐从收视率、到达率转向由观众满意度决定，并相继借鉴观众欣赏指数等指标来评定其满意度，但欣赏指数只针对节目，尚未针对省级卫视设定，笔者认为测量省级卫视忠诚度时仍存在缺失。

按照戴维·阿克的划分，品牌忠诚度分为以下四个层级，如图 3 所示：

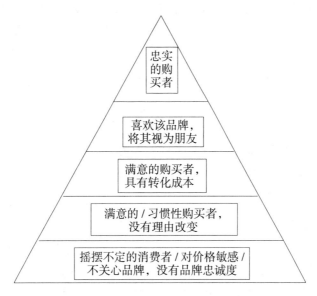

图 3　品牌忠诚度金字塔

资料来源：［美］戴维·阿克：《管理品牌资产》，吴进操等译，机械工业出版社 2012 年版。

从忠诚度金字塔中可以看出，处于最底层的受众对价格比较敏感，不关心品牌，没有所谓的品牌忠诚度，也就意味着在打开电视时不会考虑优先调至哪个频道，而是随机性地换台，每个频道都看几眼，做短暂的停留，当被某个节目吸引时停下来，没有被吸引时则是继续换台或者关掉电视机。第二层次的受众对品牌是比较满意的，习惯性地购买，也找不到改变的理由，意味着处于该层次受众会在众多卫视中锁定一个卫视，除非有更好的节目，否则一般不会调换。第三层次是满意的受众，具有转化的成本。转化的成本是指与转换有关的时间、资金以及性能风险方面的成本，竞争对手必须提供诱因促使购买者进行转换，包括提供更好的产品更大力度的宣传。这就意味着如果有省级卫视想定位为娱乐的话，就必须提供比湖南卫视更娱乐化的主持人、更轻快的包装、更亮丽的演播室以及更强大的娱乐明星阵容。但是，与一般产品不同的是，受众在调换频道时并不需要成本的支出，因而当有其他新鲜、亮丽、强大阵容的节目出现时，受众会随之转换频道，暂时性地改变对原有品牌的忠诚，这也就是造成品牌忠诚度会随时转移的根本原因。如"舞林大会""中国达人秀"等一系列节目提升了东方卫视品牌忠诚度层次，"中国好声音"也拉升了浙江卫视品牌忠诚度的层次，而"爸爸去哪了"出来后使湖南卫视的品牌忠诚度得以巩固，忠诚度随新出现的节目在五个省级卫视之间变动。第四个层次是喜欢该品牌，将其视为朋友。按照戴维·阿克的解释，这个层次上的忠诚已经转变为喜欢，喜欢的是一种感觉，不能与其他任何特定的事情紧密联系，带着明显的情感因素。就目前31个省级卫视而言，笔者认为很少有省级卫视达到该层次。但这种情感因素一般投射到主持人身上，比如喜欢白岩松、崔永元、朱丹、汪涵等等，他们出现在哪个卫视，受众就会追随到哪个卫视，这也就是名主持效益。第五个层次为最高层次，即是忠实的购买者，指的是因为发现或者购买该品牌而感到自豪，无论是从功能角度还是身份角度，他们乐于使用并传播该品牌，用以区隔其他人，体现自己的与众不同，并且当品牌有纰漏和瑕疵时，会主观地为之维护。目前的31个省级卫视尚未达到此种层次的忠诚度。

对河南卫视而言，其品牌忠诚度的层级仅仅停留在最低层级，这就是其"汉字英雄"与中央电视台"中国汉字听写大会"两个汉字类节目同时出现时，受众忠诚度反复变动的原因，其受众仅仅是对节目产生了短期忠诚而未对河南卫视的文化品牌产生忠诚。

（三）感知质量的培养与建构

感知质量是戴维·阿克五星模型中第三个构成要素，阿克认为消费者对品牌的忠诚度来自于对产品的感知质量，这是因为"在所有的品牌联想中，只有感知质量可以推动财务绩效；通常是企业的一种关键性战略动力；感知质量与品牌感知的其他方面相连，以推动其他方面的感知"。而笔者认为感知质量与生产文化产品的省级卫视之间存在着密不可分的关系。这是因为电视节目作为文化产品的一种，是特殊的服务产品，是一种特殊的纯体验产品。因而从根本上说，省级卫视提供的产品是一种让消费者难以忘怀的体验，电视节目的质量说到底是电视节目的感知服务质量，是接受电视节目服务观众和各类顾客（广告商、关系人等）的对节目是否满足品牌定位的感知，所以，真正认识到电视节目提供的是感知质量非常重要，有助于使省级卫视的品牌更具差异化和竞争力。如湖南卫视对于受众而言的感知质量为"时尚、快乐、轻松"，以愉悦的感受为主，中央电视台的主观感知质量为"权威、主流"，江苏卫视的感知质量为"情感"。其中,凤凰卫视就节目而言,近五年来业界对其评价均为"节目制作和创新方面都没有特别突出得让人眼前一亮的东西,甚至业内的人都认为节目形式太陈旧而略显粗糙"。不过,因其前期感知质量建构的成功,其"前沿、自由、国际、包容"的品牌定位在受众心里得到巩固,感知服务质量与预期质量之间明显没有落差,因而即使在节目没有更多创新的情况下,凤凰卫视充分利用新媒体优势,持续对现有节目根据不同媒介语言进行转换,从而其品牌感知质量在整合营销的基础上得到了全方位的提升,截止到2012年连续9年荣登世界品牌实验室发布的《中国500最具价值品牌报告》,持续以媒体第2位的态势证实着其品牌价值(第一位为央视)。由此可见感知质量在建构省级卫视品牌资产进程中的重要性。

感知质量在质量关系体系的研究中,多被称为感知服务质量,与实际质量相对应。格罗鲁斯在建构的感知服务质量模型中认为顾客对服务的满意度可以通过"将对接受的服务的感知与对接受的服务的期望相比较"来获取,当感知超出预期时,服务被认为是高质量的,顾客表示出高兴和惊讶;而没有达到预期时,服务是不可被接受的,当期望与感知一致时,质量是令顾客满意的,而这个过程中服务质量又受到口碑、个人需要和过去经历的影响。他将服务质量定义为:

$$SQ = PS - ES$$

PS(Perceived Service)代表感知服务,ES(Expected Service)代表期望服务,而服务质量不仅决定于服务本身,还与顾客的期望直接相关,如图4所示。

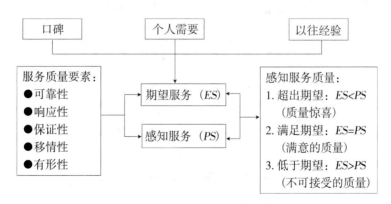

图4 感知服务质量模式

资料来源:高福安、刘虎、任锦鸾:《电视节目质量模型与控制方法》,中国传媒大学出版社2010年版。

对于省级卫视而言，受众在对服务质量进行评价（是否满意）的时候，通常是建立在期望服务与感知服务之间的，而期望服务来自于三个方面：个人需要、以往经验和口碑。对于处在不同阵营的省级卫视而言，这三个方面均不完全相同。如品牌定位鲜明的湖南卫视，受众群体多为年轻、时尚的群体，他们的个人需求停留在快乐、放松、愉悦，结合相同群体的口碑和自己观看经验，通常能给出相应的感知。对于位于第二、第三阵营的省级卫视而言，由于前期定位不鲜明，或定位后没有为品牌路径进行有效的构建，导致受众的期望服务层面并不高，或者感知与期望落差太大，甚至存在无期望的情况，这导致受众因落差太大而感知不到品牌定位或因无期望产生无品牌感知的结果。因而省级卫视在感知质量建构前，首先就要明确自己的定位，并通过服务质量五要素尽可能创建出受众对频道的感知。

对于河南卫视的"文化"品牌而言，结合感知服务质量模型进行深思，即需从五个元素提升自己品牌的感知，如图示 5 所示：

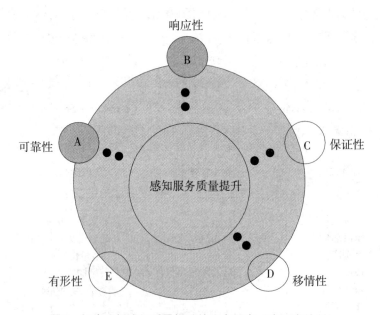

图 5　河南卫视感知质量提升的五个因素（本研究绘制）

（1）可靠性。提供的节目是否具备文化的厚度、深度以及真实度，其文化含量包含多少，能否根据不同受众对文化的诉求特点制作相应的高品质节目。此外，构成节目的核心要素包含主持人、选题、形式等，主持人是否有文化代表性，选题是否具备文化特质，形式是否满足策划节目时的形式需求（如访谈类节目是否访谈深刻、话题是否具有争议性和探索价值；真人秀节目是否有个性化嘉宾、情节是否曲折、是否有高潮）等。

（2）响应性。当受众通过各种渠道提出对频道或节目的建议时，是否给予了足够快捷和迅速的回复，是否满足了受众的需求。这里需要强调的是，无理由的等待和无原因的拒绝答复会潜在影响受众对频道的感知。

（3）保证性。当编导、记者外采拍摄接触嘉宾和观众的时候，自身形象气质和文化素养是否符合文化品牌的定位，是否有能力和知识储备完成文化节目的诉求，与嘉宾有效沟通并推动节目进展。

（4）移情性。在营销推广时是否能设身处地为受众着想，听取受众的意见并进行合理妥善的筛选，使受众感知到频道在文化的特质和自身需求的被关注度。

（5）有形性。包括包装系统（在播与离播）、员工形象、节目呈现等，让受众直观地感知到频道是有足够的文化底蕴并值得信任的。

此外，感知服务质量因不同环节带来感知不同，因而需要感知服务质量差距模型来进行逐一弥合。感知服务质量差距模型是20世纪80～90年代，由美国营销学家帕拉所罗门、泽思曼尔和贝瑞所提出的，这种模型又称为五差距模型，专门用来分析服务质量问题出现差距的根源。相比较格罗鲁斯的感知服务质量模型而言，五差距模型更适合于判断感知服务质量在建构时究竟哪个环节出现差错，从而根据环节差错尽快弥合消费者感知差距。其模型如图6所示，其中上半部分是顾客感知，而下半部分则是服务提供者做出的反映与回馈。

五差距模型非常明晰地说明了感知服务质量和实际质量之间存在的五大差距，即认知差距，即不了解受众诉求；标准差距，即了解诉求却没有足够的标准制定服务质量（包括节目制作和营销推广）；交付差距，即有明晰的服务质量标准，执行力度不够，呈现出来的服务没有达到标准；宣传差距，即宣传信息里的承诺未得到有效的满足，服务传递与对外承诺不对称；综合差距，即由1～4环节每个环节中存在的差距综合得来的差距。结合河南卫视的感知服务质量培养可以看出，要弥合这四方面的差距应该通过以下渠道进行，如图7所示：

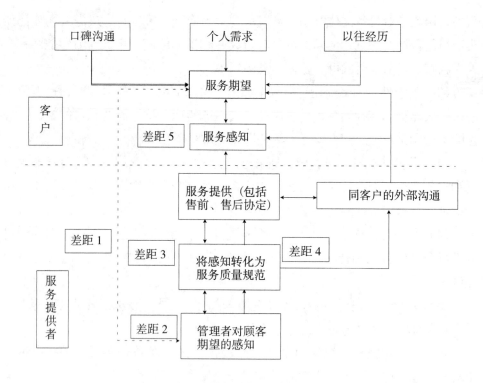

图6 服务质量差距模型

资料来源：高福安、刘虎、任锦鸾：《电视节目质量模型与控制方法》，中国传媒大学出版社2010年版。

（1）弥合认知差距。

河南卫视在认知需求上的调研严重不足，一般习惯性地主观臆断观众的需求，这就造成从管理层与制作团队方面与受众在认知上形成了极大的差距。因而若弥合认知差距，需要管理层充分了解受众需求，明确其对服务的期待度和期待面，保证节目在制作的时候，不至于偏离其期待。为了弥合认知差距，可以采取如下方法：观众收视调查（收视率调查、满意度调查和焦点小组访谈等方式）、重视观众的反馈（包括热线、网络、信件）并能有效归纳总结分析出问题的真正原因，加强员工培训（尤其是一线编导、记者），保证其在接触受众的时候能主动深入地了解受众的真实意愿等。

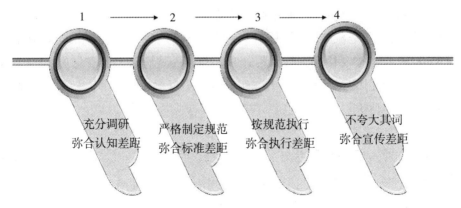

图7　河南卫视感知服务质量弥合步骤（本研究绘制）

（2）弥合标准差距。合理制定制作规范，包括节目制作规范和营销推广规范。在两个规范的制定上，河南卫视存在的问题是，都未形成文字性手册，或者形成的文字性手册形同虚设。出现这种情况的原因主要分为：实际操作人员凭经验学习，觉得没有必要流程化和文字化；管理层意见过于强硬，未充分听取一线员工的建议，导致了手册制定时未发现的执行难度；手册制定后没有评估标准或评估标准变化无常，导致规范与评定严重脱节。

（3）弥合执行差距。准确按标准提供服务，减少差距。规范手册在经过高层和基层深入探讨成文后，应该严格按照标准执行，尽量不在执行上产生差距。减少此差距的途径包括：需要提供员工的职业技能和素质，清晰地指导如何达到标准；保证员工的物质需求和精神诉求，如提供高性能的设备并时常给予员工鼓励；加强内部沟通，由于电视从业人员承担着巨大的精神压力且部门之间较为孤立，导致信息不畅（如节目制作部和广告部缺乏有效沟通等），从而导致在沟通过程中信息未到位产生的差距；需要适当放权，由于电视节目的制作更为主观和机动，因而应该在遵守节目服务标准的前提下，给员工更多的信任和激励，允许灵活处理突发问题，保证其创作活力。

（4）弥合宣传差距。营销时应连续化和真实性，减少宣传差距。营销点应在保证"一种声音、多种渠道"的前提下，运用多种媒体以受众喜欢的交流方式有效地沟通，而不是自说自话。此外，在宣传时不宜过分夸大，给出太多承诺，导致受众期待过高而实际感知过低，造成感知质量与期待质量严重脱节，从而对该省级卫视产生极度不信任感。

（四）品牌形象中核心与延伸形象确定

品牌形象系统是戴维·阿克五星资产模型中的第四个组成部分，先后在《管理品牌资产》和《创建强势品牌》中，强调品牌形象的重要性。"品牌形象通常是按照一定目的组织的一系列联想，联想是有意义的结合体"，"品牌联想是由组织者希望品牌在消费者心目中的品牌形象所驱动的。从这一个意义上说，建设强势品牌的关键就是开发并完善品牌形象"。南开大学的范秀成教授参照戴维·阿克的品牌形象模型提出了品牌形象综合测评模型（与戴维·阿克模型构成元素相同，四个面向十二个元素），并通过实证验证了该模型在实际操作和测评中的可行性，"较之其他测评模型更能全面地反映品牌形象的全貌"，在品牌形象概念的不断发展和完善中，笔者认为品牌形象是消费者对品牌所传递信息总和的知觉，是有形和无形的联想。消费者会根据其联想推论出产品的感知质量并激发消费行为。一般而言，品牌形象系统在完善后会通过整合传播营销的手段进行形象的推广，以便进行整体性、有效性的联想的传递，以提升消费者心目中的产品感知质量，如图 8 所示：

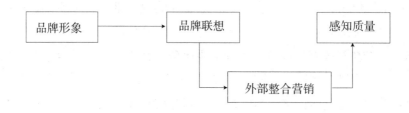

图 8　品牌形象与感知质量的关系（本研究绘制）

因此，构建完善的品牌形象系统对于提升品牌的感知质量，从而培养品牌忠诚度起着重要的作用。按照戴维·阿克的观点，品牌形象系统的建构主要有核心形象的确定以及延伸形象的辅助，而延伸形象又分为四个面向。

1. 河南卫视核心形象界定

按照戴维·阿克的观点，核心形象代表着品牌永恒的精髓，既是意义的中心，也是品牌成功的中心，即使品牌进入新的市场产品领域，它所包含的联想也会保持不变。品牌核心形象与企业价值观和文化有着密切联系，如果能充分把握企业价值观，那么品牌形象就会水落石出。最能说明品牌核心形象与企业价值观紧密相连后创造巨大价值的品牌是迪斯尼，无论迪斯尼进入哪个领域，它的品牌核心形象"孩子气的天真"始终伴随期间。用这种核心形象结合人们日常生活，将日常生活通过卡通艺术形式表现，从而建造童话世界和梦幻王国，是沃尔特·迪斯尼的根本目标，也是企业的价值观。如何将省级卫视的品牌核心形象与价值观相结合后，简洁明快地传递给受众呢？这通常体现在各个卫视的呼号上。旅游卫视定位旅游，核心形象是远游情怀，其呼号为"身未动，心已远"；湖南卫视以娱乐为主，核心形象是生活快乐化，其呼号为"快乐中国"；东方卫视的定位为国际都市旗帜，核心形象是国际化、时尚化、东方化，其呼号为"风从东方来"。呼号对于省级卫视是非常重要的，基于电视节目是纯体验的文化产品，所以呼号应该直接表达品牌核心价值观，同时围绕价值观建构出品牌核心形象。比如湖南卫视核心价值观是"快乐"，频道宣传片均围绕着阳光、蓝天、笑脸、草地等充分传递快乐的场景和动作；包装色彩则为轻快、鲜艳的明色调为主；动画特技也多以跳跃、炫目为主要特点，只有这样，"快乐"的价值观才能通过核心形象传递给受众。

对于河南卫视而言，从2011年提出"文化卫视 寓道于乐"至2013年改变呼号为"文化卫视 传承文明"，是否把握了文化品牌的核心形象呢？笔者认为并未把握核心形象做相关品牌形象的建构。首先，由于文化一词范围太广，概念界定较难，生活中存在的一切都可以用文化来概括，这样过于广泛的范畴和难以界定的概念并不利于河南卫视提取出核心形象。其次，文化的分类又各有不同。按照英国文化研究伯明翰学派雷蒙德·威廉斯的观点又可以分为主导文化、残余文化和新兴文化。此外，在明确了概念之后，河南卫视还需要将自己的呼号统一化、确定化，并抓住关键词运用电视语言将其充分展演。比如，以河南卫视目前的呼号"传承文明"为例，如果"传承文明"是其核心价值观，那么整体包装系统就应该紧扣"传承"二字，表达出河南卫视对文化传承价值观的诉求。因而在制作宣传片时，除却选取文化要素作为内容，还需要选取能突出"传承"二字的符号，诸如手、接力棒、传输带、交通工具等有"传"之意味的符号贯穿至在播和离播的两套包装系统内，使受众感知到河南卫视要做的内容是传送、传输、传达文化，从而使受众充分感知其品牌形象。

2. 河南卫视核心形象与延伸形象关系探析

延伸形象是指提供质感和完整性的元素，使得核心形象更加充实。主要是用细节来阐释品牌代表什么，包括四个部分，分别是作为产品的品牌、作为组织的品牌、作为个人的品牌和作为符号的品牌。它们共同构成品牌的延伸形象，从而使品牌的核心形象生动化、完整化和个性化。核心形象与延伸形象将形象代表结合起来，共同代表品牌的品质。其中构成品牌形象的元素可以组织成几个有凝聚力、有意义的集合（或称心理网络），强势有效的品牌会有几个有内聚力、解释的形象元素集合，而弱势品牌的形象只是建立在少数元素之上，并且这些元素显得分散，甚至不够协调。湖南卫视的每一个形象元素集合都是围绕着其品牌核心形象展开的，也即延伸形象是为了辅助完善核心形象，使其更加生动、个性、活泼，便于与受众达成互动。

河南卫视改版为文化后，2011 年和 2012 年的形象元素集合与核心的密切关系不大，而 2013 年新播出的则紧紧环绕核心形象，但由于形象元素集合太少，因而核心形象并未有效凸显。格式塔心理学者强调人们不会由各种分离的属性来感知事物，而是会寻找一个整体的图形或者模式来判断事物，强调经验的整体性。这种观点也适用于品牌形象元素组合时应该逐一整体延续，而不是分离孤立，从而使人们更容易从整体上把握品牌想传达的形象，如图 9 所示。

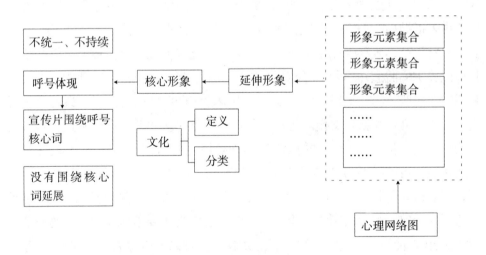

图9 河南卫视品牌形象系统核心形象与延伸形象关系（本研究绘制）

（五）品牌延伸的特性与影响因素分析

戴维·阿克的五星模型第五项指的是渠道关系和专利权等附着于品牌的资产，也即通常意义上所说的品牌延伸。笔者认为，品牌延伸是将原有品牌的影响力延伸至新推出产品或服务上，以便减少新产品进入市场时所需要的营销成本、时间期限，降低面临的风险，从而用相对更快捷高效的方式获取较高的市场份额，累积品牌资产。但对于省级卫视而言，品牌延伸又有自身独特的属性和影响要素。

1. 省级卫视品牌延伸时自身的独特性

省级卫视隶属于文化产业的核心层。按照三次产业分类法，文化产业属于第三产业即服务业的第三层次中。因而其品牌延伸还具备自身独特的特点，主要表现在产品特点、营销特点、延伸种类和组织性质上，如图 10 所示。

产品特点延伸风险大

延伸营销成本低

延伸大类主要为两个方面

组织属性、延伸谨慎

图 10　省级卫视品牌延伸的特性（本研究绘制）

（1）产品特点。省级卫视提供的产品主要是无形性和易逝性的节目，受众主要消费的是过程性的体验，而这种体验因受众不同也产生巨大的异质性；由于无形性、易逝性、过程性和异质性，其品牌延伸时所承担的风险更大。

（2）营销特点。在营销推广时，省级卫视因其自身为媒介，更易于整合媒介资源从而降低营销成本。

（3）延伸类型。品牌延伸的种类，包括服务到服务的延伸和服务到实体的延伸两大类，其中又细分为从实体到实体的延伸、实体到服务的延伸、服务到服务的延伸、服务到实体的延伸四种延伸方式，省级卫视的延伸多集中在后两种延伸方式上。

（4）省级卫视的组织性质。由于省级卫视兼具事业和产业双重属性，因而在品牌延伸时所受到的制约相对更多，在延伸时应慎重考量。

2. 省级卫视品牌延伸的影响因素

由于省级卫视属于文化产业，生产的产品属于文化产品，因而品牌延伸的影响要素也与第一、二产业不尽相同。笔者在总结 A&K 模型、卢泰宏、余明阳、薛可、黄合水等学者分析出的影响要素的基础上，结合省级卫视自身产品无形性、易逝性、过程性和异质性的特点，笔者认为影响省级卫视品牌延伸的成功与否的因素包括四个方面，分别是原有品牌的强势度、原产品与延伸产品的相关性、延伸产品的制造难度、原有品牌的抽象联想，而在四个因素下又有次级因素，如图 11 所示。

（1）原有品牌的强势度。指的是原有品牌具有值得信赖的感知质量、广泛的知名度、相对稳定的忠诚度、清晰完善的品牌形象系统四个方面。笔者认为，目前具有品牌强势度的省级卫视包括湖南卫视、江苏卫视、浙江卫视。其中以湖南卫视为例，值得信赖的感知质量是指湖南卫视在传递"快乐"的品牌诉求时，节目的实际质量和受众的感知质量是一致的，亦即欣赏湖南卫视的节目时，受众能充分感受到快乐的体验，感知服务与期望服务相一致；广泛的知名度是指湖南卫视的"快乐中国"的品牌知名度已经在受众心中达到了"铭记在心"的层级；相对稳定的忠诚度指的是湖南卫视培养了大批具有相对忠诚度的受众群体，主要体现在其主持人已经具有广泛的号召力、影响力和品牌带动力；清晰完善的品牌形象系统，是指湖南卫视的在播和离播两套包装系统中，以橙色为主打色调，以 ⬭ 为台标，以轻快、阳光的文案风格和清新、明丽的视觉风格，共同构成了具有整体性、统一性的品牌形象系统。

（2）原产品与延伸产品的相关性。指的是原产品与延伸产品的相似性或适合度，按照 A&K 模型可以从三个维度来描述：①互补性。消费者将两个产品类别看成是互补产品的程度，具有互补性的两种产品通常可以联合起来满足消费者的某种特殊需求。互补性强，则适合度高。②替代性，指消费者可以将两种产品看作互相替代的，如洗手液和香皂。③迁移性。指的是消费者对生产第一类产品的公司是否具有制造第二类产品的能力的认识。以湖南卫视"爸爸去哪儿"为例，其电视节目和电影之间就是满足了原产品与延伸产品互补性的原则；制作电视节目后又投入资金制作电视剧，满足了原产品与延伸产品之间迁移性的原则。

（3）延伸产品的制造难度。指的是消费者感知的延伸产品的制造难度，包括技术难度和设计难度。目前省级卫视做品牌延伸时，包括从服务延伸至服务和从服务延伸至实体两种类型。从服务延伸至服务的技术难度指的是从电视节目延伸至电视剧、电影、动漫、游戏等其他传媒产业内的服务产品时是否具备相应的制作技术，如摄影器材、场景布局、道具筹备等硬件实力，设计难度指的是当向传媒产业的其他产品延伸时是否具备相应的编剧能力、导演能力、舞美设计能力等软件实力。如湖南卫视从制作电视节目延伸至制作电视剧、电影等。从服务延伸至实体的技术难度指的是从传媒产业延伸至实业时是否具备相关产业的经营能力、生产能力、资本运作能力；设计难度指的是当是否具备延伸产业的设计能力、科技能力、营销能力等。但对目前传媒产业从服务延伸至实体的案例看，多数延伸是以授权形式存在的，如迪斯尼版权的授权等。

（4）原有品牌的抽象联想。指的是原有品牌定位的抽象联想能涵盖的面向较广。如湖南卫视的"快乐中国"中"快乐"的情感联想，江苏卫视"幸福中国"中"幸福"的情感联想，浙江卫视的"中国蓝"中"蓝"的色彩联想，河南卫视"文化卫视"中"文化"的内涵联想。事实上，省级卫视目前品牌抽象联想的范围和涵盖面都很广，但在品牌延伸时却出现参差不齐的局面。笔者认为最重要的原因是，当抽象联想范围较广时，如何将其聚焦并且根据受众细分生产出既有共性又有差异性的产品。如湖南卫视"快乐"的联想既可以针对年轻时尚有精神诉求的大学生和白领制作出"天天向上"这样娱乐与精神相结合的知识型节目，又可针对中小学生或家庭主妇制作"快乐大本营"这样娱乐与消遣相结合的狂欢型节目。

综上所述，省级卫视品牌延伸的关键点有两个：第一，延伸和授权的前提基础是母品牌已经成为知名品牌或影响力度很大的品牌，其在受众心目中的感知质量较高，当它进行品牌延伸或授权时，带来的风险会比感知质量一般的品牌带来的风险更低。第二，品牌授权时所选取的产品类别与母品牌的适应度匹配度要高，因为母品牌与延伸产品的关联度高时在受众心目中更易于提取品牌联想，因此消费者与其相近的延伸会产生更高的匹配性感知，也就更易于接受新产品。在这两个关键点的阐释下，反观河南卫视是否具备品牌延伸的潜质。

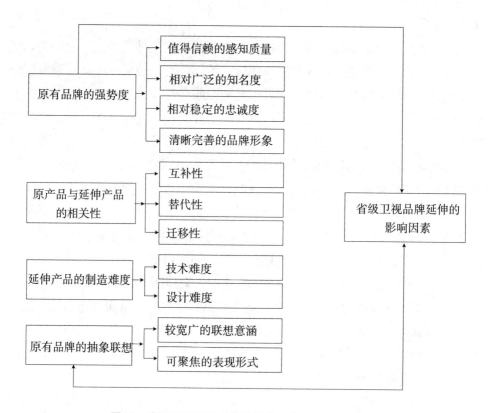

图 11　省级卫视品牌延伸的影响因素（本研究绘制）

　　首先，从品牌感知质量上分析，河南卫视的感知质量并不存在第一阵营。2010 年中国媒体品牌影响力中，河南卫视居于卫视品牌影响力排名中的第 9 位。但子品牌"汉字英雄""武林风""梨园春"的感知质量较高，那么在做品牌延伸时可以考虑以子品牌自身的感知质量带动母品牌的感知质量。

　　其次，从品牌延伸的类型来看究竟哪一类或者哪几类产品才是与母品牌类别匹配度和适应度较高的？电视节目属于文化产品，而文化产品的延展度非常高，就如同迪斯尼的米老鼠形象可以根据受众市场细分出不同行业不同类别的产品，那么在这里，最重要的就是优先考虑用哪一个品牌形象作为延伸和授权的切入点。笔者认为，以河南卫视母品牌作为延伸和授权涉及范围略广，且母品牌的感知质量较低，在延伸时，应该优先从较高感知质量的子品牌"汉字英雄""成语英雄"入手。其中，"汉字英雄"在与爱奇艺合作后开播的暑期第一季中，已经进行了线内延伸的尝试，从电视节目延伸至网络游戏，但尚未进行跨类延伸；而在寒假开播的第二季时，"汉字英雄"出现了大幅收视下滑现象，使品牌影响力下降从而导致延伸的可能性降低。

综上所述，笔者认为河南卫视的整体卫视品牌并不具延伸可能性，但可以考虑从感知质量较高的"汉字英雄"来进行品牌延伸的初步尝试，或者尝试探索商业品牌开发的可能性。

三、结 语

总之，省级卫视在文化产业格局中兼备"泥土化"和"在地化"的传播优势，兼具"中介"和"内容"的双重任务，因而在发挥区域文化资源转文化资产的进程中有不容忽视的重要性。因而，重视省级卫视产业链上游的创意文化内容开发和下游强势品牌构建，对于文化产业的发展都有着举足轻重的作用。河南卫视作为首家明确将品牌定位为"文化"的卫视，应在品牌发展进程中真正运用品牌学科相关知识评判品牌知名度所处层级，逐步培养品牌忠诚度、塑造品牌的感知服务质量，建构完善的品牌形象系统，以及结合自身发展特质分析品牌延伸的可能性以及操作步骤，从而为积累文化品牌资产打下坚实的基础。但是，作为生产文化产品的电视产业来说，品牌资产的积累仅仅是一个方面，若使之持续稳固强势发展，还必须从美学经济、体验经济和文化资本三个角度，针对内容生产、录制过程和符号价值进行分析探索，这也是笔者针对河南卫视品牌资产进一步研究的重点。

参考文献：

[1] [美] 戴维·阿克：《管理品牌资产》，吴卫华译，机械工业出版社2006年版。

[2] [美] 戴维·阿克：《创建强势品牌》，李兆丰译，机械工业出版社2012年版。

[3] [美] 戴维·阿克：《品牌组合战略》，雷丽华译，中国劳动社会保障出版社2005年版。

[4] [澳] 戴维·思罗斯比：《经济学与文化》，王志标译，中国人民大学出版社2011年版。

[5] 高松等：《品牌资产动态模型及增长机理研究》，上海交通大学出版社2009年版。

[6] 薛可：《品牌扩张：路径与传播》，上海交通大学出版社2006年版。

[7] 余明阳、戴世富：《品牌战略》，清华大学出版社2006年版。

[8] [美] 沃尔特·麦克道尔等：《塑造电视品牌》，马敏译，中国传媒大学出版社2006年版。

［9］黄合水：《品牌学概论》，高等教育出版社 2009 年版。

［10］［美］凯文·莱恩·凯勒：《战略品牌管理》，李乃和等译，中国人民大学出版社 2003 年版。

［11］蒋继春：《迪斯尼帝国——全球娱乐业之王的经营策略与成功秘诀》，中国戏剧出版社 2001 年版。

［12］王钧、刘琴编著：《文化品牌传播》，北京大学出版社 2010 年版。

［13］欧阳友权：《中国文化品牌发展报告（2013）》，社会科学文献出版社 2013 年版。

［14］高福安等：《电视节目质量模型与控制方法》，中国传媒大学出版社 2010 年版。

［15］宋祖华：《媒介品牌战略研究》，博士学位论文，复旦大学，2005 年。

［16］李义杰：《媒介与文化资本——基于中国武术文化资源资本转换研究》，博士学位论文，浙江大学，2012 年。

［17］徐帆：《制造角色——凤凰卫视的生产机制研究》，博士学位论文，复旦大学，2006 年。

［18］王建玲：《服务品牌延伸的灰色评估模型及分析》，硕士学位论文，南京航空航天大学，2008 年。

［19］易雯：《电视媒介的品牌管理研究》，硕士学位论文，中国地质大学，2010 年。

［20］周蒙：《省级卫视品牌发展战略研究》，硕士学位论文，山东师范大学，2012 年。

［21］曾燕：《省级卫视品牌个性化建设策略研究》，硕士学位论文，广西师范大学，2012 年。

［22］庞莹：《我国卫星电视频道品牌化建设初探》，硕士学位论文，郑州大学，2010 年。

［23］蓝燕玲：《媒体品牌资产的驱动因素》，《东南传播》2012 年第 7 期。

［24］沈鹏熠：《国外品牌资产理论述评》，《广告大观》2011 年第 6 期。

［25］蓝燕玲、黄合水：《品牌个性的测量、塑造及作用》，《广告大观》2012 年第 4 期。

［26］王新新、赵军：《国外电视品牌资产研究述评》，《外国经济与管理》2009 年第 10 期。

［27］李琳宵：《河南卫视的文化盛宴》，《第一智业》2012 年第 11 期。

［28］徐建峰：《河南卫视品牌形象以"传统文化"的定位于思考》，《新闻界》2010 年第 12 期。

［29］符军、曹新明：《河南卫视：文化创新助推大象起舞》，《媒介》2011 年第 7 期。

［30］《刘长乐演讲》，http：//news. xinhuanet. com/newmedia/2004 – 09/28/content_ 2033198. htm。

［31］《河南卫视姓氏文化节目"知根知底"新春再刮文化清风》，《东方今报》，http：//www. jinbw. com. cn/jinbw/xwzx/zzsx/201201294941. htm。

［32］《凤凰卫视 9 度荣登〈中国 100 最具品牌价值排行榜〉》，http：//media. people. com. cn/n/2012/0629/c40725 – 18409129. html。

国家级音乐产业基地发展现状与发展模式分析*

司　思**

【内容摘要】随着我国经济的发展，人们的消费不仅仅用于满足人类最基本的衣食住用行需求，音乐需求和音乐消费呈现繁荣发展的局面，受众对音乐和演出的需求，是音乐产业集群形成和发展的原动力。我国的音乐产业集聚区，处于刚刚起步的阶段，无论在理论层面还是实践层面，都是崭新的一页。现有挂牌的四个国有音乐产业集聚区之后，如何起步，如何经营，如何在今后的发展中形成有自身特色的、有国际知名度的产业集群，是当下面临的最实际问题。本文基于我国文化创意产业的理论与实践发展的视角，对我国音乐产业集聚区的理论源起、可借鉴案例及发展模式、对策及未来趋势等进行宏观角度的分析。

【关键词】音乐产业　演出　集聚区　产业集群

由于政府政策支持、民间投资热情高涨以及社会舆论认可等多方面因素，近年来我国文化产业的发展势头迅猛，以集群形式整合发展文化产业的概念也流行开来，产业集聚区发展面临难得的历史机遇。这些集聚区都是一个个有机体，有其核心的文化内涵和创意精髓。音乐产业作为文化产业的一部分，虽然占据的比例不大，但却是十分重要的组成部分，因此以集聚区为载体和平台发展音乐产业，已在我国乃至全球粗具规模，概念和营利模式逐步清晰。

* 本文为 2012 年度北京市教育委员会社科计划重点项目"北京市音乐产业集聚区发展研究"阶段性成果之一，项目负责人为司思，项目编号为 SZ201210046028。

** 作者简介：司思，中国音乐学院艺术管理系讲师、牛津大学路透新闻研究所访问学者。

一、音乐产业基地集聚效应及集聚条件

（一）音乐产业基地集聚效应分析

"集聚效应"是指各种产业和经济活动在空间上集中产生的经济效果以及吸引经济活动向一定地区靠近的向心力，是导致城市形成和不断扩大的基本因素。集聚效应直接导致产业集群的现象。① 音乐产业集群具备一般产业集群的特点，即集群内的音乐创作者、音乐产品制作者、企业、传媒平台、版权交易平台、其他音乐衍生产品以及音乐人、演奏者，甚至音乐厅、乐器博物馆、音乐教育培训中心等软硬件设施高度集聚，各个集聚要素之间存在着密切的联系，形成本地的产业网络，通过合作与交流促进创新。

良好的、理想的音乐产业集群，应该有良好的外部环境，硬件及配套设施齐全，内部有流畅的运行机制。人文环境宽松，音乐人可以舒适地、无障碍地进行工作、创作、演出等活动的特定区域。这样的音乐产业集聚区，是音乐产业发展的良好载体和平台，集聚区提供独特的音乐发展环境，提供多层次的、立体的配套服务。而同时，集聚区内的企业和音乐人，又能够为集聚区增添活力和创新元素，新的音乐作品，新的演出形式，新的舞台设计和宣传、营销等能够为本地带来丰厚的利润，使地方基础设施的建设和维护有了物质保障，从而能够吸引更多的音乐人、喜爱音乐的人、有创意的相关从业人员、受众等人群越来越多地集聚在该区域。

（二）音乐产业集聚的条件

音乐产业在某一个特定的区域集聚发展，有其形成的条件。其形成的必要条件是：第一，音乐产业的各个环节是完整的，但同时每个环节又是可分割的、可单独发展的；第二，即音乐产品本身是流通、传播的可行性、便捷性。同时，音乐产业集聚又离不开很多充分条件：第一，音乐产业较长的价值链；第二，音乐作品的差异化；第三，音乐产品的创新；第四，多变的有利的市场环境。

---

① 蒋三庚、张杰、王晓红：《文化创意产业集群研究》，首都经济贸易大学出版社2006年版，第58~59页。

我国的音乐产业集聚区从无到有，从兴起到蓬勃发展，也不过是近几年的事，大部分音乐产业集聚区的迅速形成和发展，离不开以上几个基本条件。

放眼全球，音乐产业及相关产业，多是以集聚的形式进行相关创作、演出等活动的。常见的是以历史城市为核心的音乐活动，如英国的爱丁堡、奥地利的萨尔茨堡等，这些音乐城市往往与其城市的音乐历史渊源或城市定期举办的著名大型音乐节密不可分。还有诸如美国纽约百老汇、英国伦敦西区这样的大型音乐剧演出集群，这样的演出集群是发展较为成熟的集聚区，随着各国文化产业的纵深发展，新兴的音乐产业、演出产业集聚区不断涌现。对这些音乐产业为主导的集聚区管理，既要借鉴比较成熟的商业管理经验，又要兼顾其特有的音乐产业特点，引导和推动集聚区特色的形成和发展。

很多国家的产业集聚区以当地城市或地名命名，例如巴黎时装业、美国芝加哥的服务业集聚区卢普区、底特律汽车工业城、绍兴柯桥轻纺城等。较之工业产业的集聚，文化创意产业的集聚，对于各国各级政府的城市建设更能够彰显活力，不但成为城市的新的经济增长点，还加强了城市文化建设和形象维护，进而使得文化创意产业集聚区的创意思维和创造力具有长久的生命力，助力于城市的经济、文化建设。例如，著名的伦敦西区、日本秋叶原动漫集聚地、纽约百老汇、北京 798 艺术区……中国的音乐产业集聚区命名也各有千秋，深圳的音乐产业基地命名为"大梅沙"是因其所在地大梅沙海滨命名的；北京的 1919 音乐文化产业基地，建立于北京生物厂房旧址，该厂于 1919 年建立。无论如何命名，我国的音乐产业集群属于新兴事物，既没有纽约百老汇、伦敦西区的百年历史渊源，也没有类似于音乐剧《猫》《歌剧魅影》《悲惨世界》的经典之作，我国音乐产业集聚区今后发展之路任重而道远。

二、我国国家级音乐产业基地现状概述

我国的音乐产业基地，既具有一般文化创意产业集聚区的特征，也具有其音乐产业、演出产业的特性，以下就我国音乐产业集聚区的特征及现状简单论述。

（一）我国音乐产业集聚区的特征

音乐产业的特殊性使得以音乐产业为主要业态的集聚区与其他产业的工业

区、科技园区、产业基地等不同音乐产业的集聚区对发展环境、政策法规、经营管理手段、公共服务、相关其他衍生业态，以及政府管理水平提出了更高的要求。从音乐内容本身的创造、音乐价值的实现来讲，音乐产业集聚区是一种特殊的文化生态环境，是环境、艺术、文化、创意的聚集，是激发并实现创新、创造、创意、音乐理想的场所，我国的音乐产业集聚区有以下四个特征（见图1）：

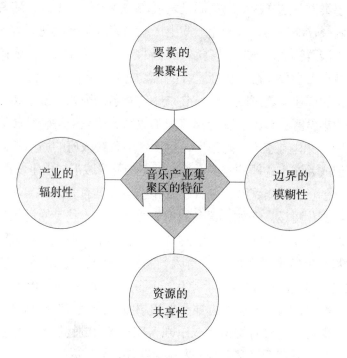

图1 我国音乐产业集聚区的特征示意图

1. 要素的集聚性

音乐产业集聚区是产业集聚、空间集聚、功能集聚和人才集聚的总和。音乐产业集聚区是作品、人才、资金、项目、交易、消费等产业和市场要素在一个区域内的集聚，形成发展音乐产业的良好基础和优势。

2. 边界的模糊性

边界的模糊性即空间地域的开放性，这个特征也是由音乐产业和音乐人本身随意性、有创新力的特征衍生的。音乐产业集聚区不是盖厂房、建写字楼，亦没有明确的地理概念。音乐产业集聚区可以随遇而安，可以始于高楼大厦，也可以始于废弃的工厂，可以建在一条古旧的街道，也可以驻扎在一个荒凉的村庄，以点促面，围绕中心向周边自然延伸，是关联产业在物理空间的实现。

3. 资源的共享性

大量的音乐人、企业或者相关的演出产业企业向一个区域聚集，产生了对产业资源和服务的共同需求，这里指的资源既包括土地、公共设施、公共服务等，也包括当地的地域资源和文化资源。

4. 产业的辐射性

音乐产业集聚区对产业的带动辐射是集聚区最基本的特征，即以音乐作品本身为出发点，推动集聚区建设，带动产业集聚区其他相关产业发展，甚至可以辐射影响整个区域经济。

（二）我国现有四个国家级音乐产业基地现状

我国的音乐产业集聚区近年来刚刚兴起，自 2009 年 11 月由国家新闻出版总署（现国家新闻出版广电总局）批准上海新汇文化娱乐集团建立，是全国首个正式获批的国家级音乐产业集聚区。此后，陆续将国家音乐产业基地挂牌给广东（分为广州园区和深圳园区）、北京（一基地多园区），至此国家级音乐产业基地呈三足鼎立之势。直至 2013 年 8 月，成都"东郊记忆"国家音乐产业基地授牌，我国形成了上海、广东、北京、成都四个国家级音乐产业集聚区，形成东南西北四地齐头发展。

为加快推进国家音乐产业基地建设，2013 年 9 月 24 日至 25 日，国家新闻出版广电总局在成都召开 2013 年国家音乐产业基地年会，会上除了介绍成都、北京、上海、广东四地国家音乐产业基地建设进展情况，还就《国家新闻出版广电总局关于推进国家音乐产业基地建设的指导意见（草案）》和《国家新闻出版产业基地（园区）管理办法（征求意见稿）》展开讨论。① 除了国家挂牌的音乐产业集聚区，全国有大大小小音乐产业园区或演出集群，本文限于篇幅，仅针对我国挂牌的四个国家音乐产业基地为研究对象，结合文献研究成果与实地调研、访谈内容等材料进行整理，简要分析目前我国挂牌的四个国家级音乐产业集聚区的发展模式、发展对策和思考。

---

① 孙海悦、郑海红：《2013 国家音乐产业基地年会在成都召开》，《中国新闻出版报》2013 年 9 月 27 日。

三、我国国家级音乐产业基地现有发展模式

以产业集群形成的机制为划分标准，我国的音乐产业集聚区可以大致划分为两大类：市场主导模式和政府引导模式。下面对这两种音乐产业集聚区模式进行简要的介绍和分析。

（一）市场主导模式

音乐产业集聚区的市场主导模式即集聚区最初受"无形的手"指引，由市场自发形成，发展到一定阶段，形成一定规模后，政府或者其他社会力量介入。政府用"有形的手"调节自发无序的市场，解决一些市场不能解决的问题，如城市规划的调整、土地建筑等的使用、基础设施的配套、公共平台的建立等。经由政府的调节和引导，使集聚区向着平衡、有序、健康的方向发展。

市场主导式的集聚区发展特点是，由于市场经济具有平等性、竞争性和开放性等一般特征，因此集聚区基于市场价值规律的调节作用形成，一切基于产业或者个人的自然发展，形成过程较长，区内企业或个人无门槛进入，企业相似度较高。然而由于市场经济自发性、盲目性、滞后性等缺陷，这就需要国家的宏观调控，在遵循价值规律的基础上引导和配置资源，实现集聚区的产业价值最大化。

该类型集聚区包括国际上最负盛名的伦敦西区戏剧集群、纽约百老汇，我国的天桥演艺园区等。

（二）政府引导模式

音乐产业的发展是我国文化产业发展战略中的重要环节，是北京、上海、深圳、广州等大城市转变经济增长方式、实现产业结构升级和城市功能提升的重要战略之一。目前，在我国发展程度较好、比较成型和成熟的音乐产业集聚区中，大部分是由政府主导兴建的。一般来说，这类集聚区有着天然的政策支持和保障，天生实力雄厚，有起点高、定位准、规模大、发展速度快等特点。

政府引导型的音乐产业集聚区代表了中国很多文化产业集聚区的发展轨迹，即首先由项目建设单位提出可行性分析建议，经政府倡导发起，或在某一区域圈地选址新建立，或借旧城改造契机对久厂房或闲置地皮加以利用，或对已有

的半集聚半松散的产业园区升级改造。政府在整个集聚区的建立和发展过程中起主导作用，为集聚区发展提供政策支持和优惠条件，投入资金并完善配套设施，政府有时候还参与集聚区的监管和运作。

当然，由政府引导建立的集聚区，应当积极发挥政府职能，调节市场机制配置资源的局限性，为企业提供服务并创造良好发展环境和条件。最重要的，仍要遵循市场经济规律，以企业为集聚区主体，以市场为导向，加快集聚区自主创新体系的建立，推动集聚区持续健康发展。

该类型集聚区包括三个挂牌的国家级音乐产业集聚区，即上海国家音乐创意产业基地、梅沙原创音乐前沿基地［即国家音乐创意产业基地（深圳、广州园区）］、北京国家音乐产业基地，以及哈尔滨沿江音乐主题公园、成都东区音乐公园等。

根据笔者的调研结果，我国目前大型音乐产业集群基本上为政府引导模式，典型案例除了三大挂牌的音乐产业集聚区，就是成都东区音乐公园等音乐主题园区。以成都东区音乐公园为例，成立之初，成都东区音乐公园就将集聚区定位为将成都打造为"中国流行音乐之都""中国数字音乐之都"。成都东区音乐公园坐落于成都市东二环侧、沙河之滨，在原红光电子管厂占地300余亩、17万平方米的旧工业厂房原址上改建，总投资50亿元以上，是全省唯一的城市工业用地更新与工业遗产保护项目，为全球唯一的以音乐消费为主题的旧工业改造娱乐目的地。根据规划，未来3～5年内，成都东区音乐公园将成为音乐资源集聚、衍生产业发展、多元文化互动和新媒体产业接入的世界级规模化数字音乐产业集聚区、音乐新媒体发展基地和音乐主题体验乐园。

2012年11月1日，成都东区音乐公园从即日起正式更名升级为"东郊记忆"。园区定位调整为"一基地、多名片"。"一基地"即音乐产业基地，深化与中国移动无线音乐基地的合作，联手打造"中国数字音乐科技孵化园"。"多名片"即在音乐名片之外，力争成为融合多元文化艺术的复合文化平台，既是中国工业遗产保护的样板，又是传统工业文明向现代文化创意产业转型的典范，既是西部有影响力的小剧场文化聚落，又是摄影及影像艺术基地。

显然，成都东区音乐公园从立项到改建，到发展壮大，以至于更名和后来的宽领域发展，都离不开政府的推动和支持。站在政府角度来看，发展地方文化产业，转变政府职能，找准发展方向，依托重点企业和重点项目走正确的产业发展之路也并非易事，同时集聚区的发展也对政府的政策取向和企事业的领导者、战略决策者提出了更深层次的挑战。

四、模式及问题：以"中国乐谷"为例

平谷区与音乐最早的渊源是源自于"提琴"，1988 年，在平谷区东高村镇一个大约 100 平方米的旧库房门前，挂出了一块牌子：平谷新星提琴厂。全厂连厂长一共 7 个人，启动资金 7000 元，为北京星海乐器厂加工小提琴配件。如今，东高村镇以提琴为主的乐器制造产业日益发达，已形成较为完善的产业和产品结构，可生产大提琴、小提琴、电子小提琴、电子大提琴、贝司、铜管乐、打击乐、二胡、吉他、箱包等 10 大类 30 个品种产品，以及舞台设备、舞美设计等音乐衍生品项目。① 2009 年，东高村镇获批全国首个"中国提琴产业基地"，成了世界闻名的"提琴之乡"，拥有提琴生产规模企业 9 家，配件生产企业 150 余家，从事提琴产业人数 3500 余人，年产值 3 亿元。年产提琴 30 万把，其中 90% 以上的产品销往美国、欧盟、日本、韩国、南美以及东南亚 50 多个国家和地区，占据国际市场 30% 的份额。全世界每三把小提琴就有一把产于东高村，产品线也从单一的提琴生产，扩展到二胡、贝司、吉他、铜管乐、打击乐等系列乐器。

2010 年，在雄厚的产业基础、优越地理位置和生态环境基础上，平谷区提出了中国乐谷的发展概念，并将之作为带动地区文化创意产业发展的龙头。② 最初以提琴制造业为产业基础的平谷区，除了传统的产业如农副业、旅游业，在全国文化产业大发展大繁荣的背景下，着力发展乐器制造业及音乐相关产业。

---

① 《乐谷介绍》，中国乐谷官网：http://www.zgyg.roboo.com/web/429774/353691.htm。
② 马春江、张斌：《世界提琴之乡北京平谷以琴会大师》，中国新闻网，2013 年 9 月 13 日，http://www.chinanews.com/cul/2013/09-13/5281890.shtml。

图 2　北京市平谷区文化创意产业布局图

2010 年 9 月 6 日，在"投资平谷·项目签约仪式暨新闻发布会"上，平谷区政府与投资企业签订合同共同开发中国乐谷——北京国际音乐城产业项目。吸引资金 150 亿元，政企两方拟用 10 年时间，建设集研发、生产、交易、创作、演出、展览于一体的北京国际音乐产业园区。2011 年 12 月 26 日，北京国家音乐产业基地授牌暨签约仪式在北京饭店举办，平谷区的"中国乐谷"园区与 1919 音乐文化产业基地、北京音乐文化创意产业园、天桥演艺园区、中唱创作园、数字音乐示范园区等七个园区共同接受授牌，自此，北京成为继上海、广州后第三个挂牌的国家级音乐产业基地。

从图 2 可见，平谷区已将"中国乐谷"建设列入区"十二五"专项规划，

"中国乐谷"园区初步规划占地10平方千米，分三个阶段建设，到2020年全面建成。"中国乐谷"总体目标就是围绕北京市打造"世界城市"，从构建发达的城市文化体系和世界人民的音乐文化需求出发，以乐器研发、制造和交易为基础，充分利用首都雄厚的产业要素资源，汇聚国内外的音乐文化人才，大力发展创作、表演、体验、休闲和培训等产业业态，推动产业结构升级，实现乐器制造业、器乐文化产业和音乐文化产业逐步提升，着力将平谷打造成为"乐器设计与制作、乐器产品交易与物流、音乐文化创作与推广、音乐文化交流与培训、音乐文化展示与体验、音乐文化衍生品开发、音乐信息化中心"等多重功能定位于一体的集聚区。[①]

根据笔者的调研，自2010年以来，中国乐谷作为典型的政府引导式的国家级音乐产业基地，享有天然的优越条件，如国家政策支持、资金支持、硬件支持等，但是在软件上，面临和其他集聚区相同的问题，如集聚区定位、集聚区规划、人才、资源等各方面的问题，因此自授牌三年以来，中国乐谷面临很大的发展压力，其乐器制造方面发展迅速，实力雄厚，但由于离城区较远、音乐人才集聚程度不够、核心产业规划及园区定位不清等问题，近三年来集聚区发展速度较慢。

五、我国国家级音乐产业基地发展对策

（一）发挥政府引导功能，加强公共服务平台建设

目前我国文化创意产业集聚区，少数是产业自发形成的，大部分是由政府参与或主导建设的。对于音乐产业来说，由于音乐从业者的个性各异、散居并不成体系，一般来说，很难自发形成类似于798艺术区那样的画家集聚区。政府引导建设的集聚区，其形成的流程大多为先期政府提出集聚区概念，与相关机构或企业进行项目可行性分析，然后政府按照相关规定审核通过并立项，圈地规划并建设集聚区，并将该集聚区纳入城市发展规划或重点扶持范围，进行集聚区基础设施建设，提供相关政策和优惠帮扶集聚区发展，并最终引导符合

---

① 《乐谷介绍》，中国乐谷官网：http：//www.zgyg.roboo.com/web/429774/353693.htm。

集聚区定位和发展方向的企业入驻。对有的需要进一步帮扶的集聚区,政府会派驻专人或引导建立集聚区管理机构,参与集聚区的经营和管理。

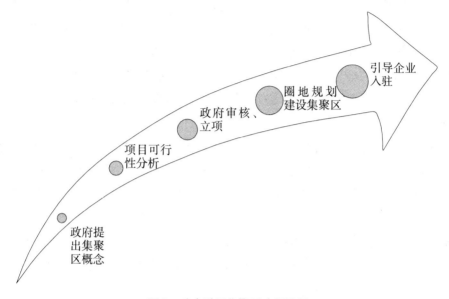

图3 政府引导集聚区建设流程

政府职能的一个重要体现,就是帮助新创的集聚区搭建公共服务平台。音乐产业集聚区的公共服务平台一般包括公共信息服务平台、工商服务中介平台、融资担保服务平台、音乐创新服务平台、维护权益服务平台等。政府重视保证投入是平台建设的重要基础。目前,音乐产业集聚区刚刚开始发展,公共服务平台的建设存在刚起步、平台配备不完善、平台建设跟不上产业发展速度等问题。

(二)鼓励与开发并举,社会效益与经济效益并重

保护与开发的问题是利用旧厂房、传统文化资源或者开发其他传统场所建设产业集聚区遇到的首要问题。比如在巴黎,市民对保护文化遗产和城市风貌看得比生命还重要,以至于一百多年以来,巴黎一直严格限制市区内建筑物高度,只有埃菲尔铁塔能够雄踞这座城市上空;我们所熟知的国际化大都市伦敦,全城没有摩天大楼,房屋大多只有四五层,高的十多层,最高的楼仅有二三十层且寥寥无几。时至今日,伦敦人依然保留古旧的红色电话亭、黑色老爷车样式的出租汽车,甚至伦敦市中心由于旧街道狭窄造成交通拥堵,但将老建筑推

倒以拓宽马路并不在政府计划内。

建设我国的音乐产业集聚区，如果能依托已有的历史文化资源发展会更具特色。以成都东区音乐公园为例，其实是由成都国营红光电子管厂的旧厂房改造的，很多工厂旧址，其实都代表了一个时代，一段历史，而往往文化产业、音乐产业的核心资源，也正是来源于这些历史文化资源，来源于先辈留给我们的物质文化遗产和非物质文化遗产。因此，在开发产业集聚区的时候，政府要将对这些历史文化资源的妥善保护提上日程，保护是前提，开发是目的，保护与开发并举。

音乐产业的特殊性赋予了音乐产品的双重属性，即音乐产品既有文化属性，又有经济属性。进而派生的是音乐产品的双重功能即文化功能和经济功能，可见，抓好音乐产品，能够实现其文化效益和经济效益双丰收。根据《文化产业振兴规划》的指导思想，"振兴文化产业，必须坚持把社会效益放在首位，努力实现社会效益与经济效益的统一"（如图4）。然而，在音乐产品进行买卖和营销的过程中，人们往往陷入一个误区，就是过于看重经济效益而忽略文化效益，像抓 GDP 一样抓音乐产业的产值。

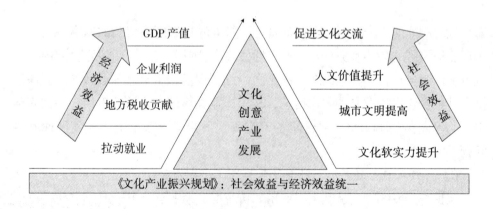

图4 音乐产业发展中社会效益与经济效益的统一

实际上，音乐产业有其特殊性，如果像抓一般产业那样来抓音乐产业，往往会忽略发展规律，忽略音乐的艺术特质，甚至忽略其社会贡献。我国音乐产业集聚区，其核心赢利点就在音乐人才创造的音乐产品中，如何开拓海内外市场，实现这些产品价值的最大化，成了政府和企业最关心的问题。实际上，除了经营目的，还应该考虑这些音乐产品，这些各具特色、体现当代中国音乐人风貌的集聚区带来的社会效益，带给市民、带给全国乃至全世界人们的艺术感受和文化影响。

（三）推动音乐人才集聚，提供智力和内容支撑

不同城市的不同音乐产业集聚区，各自依托不同的资源，开发各自不同的项目，可谓各有千秋。然而这些音乐产业集聚区却有一点不约而同的一致——缺乏人才。我国的音乐产业集聚区从兴起到发展也只有短短几年的时间，可以说无论是成功者还是失败者都是在摸着石头过河，没有任何的经验，国外的成功经验往往也不适合中国经验，不能照抄照搬。因此，各集聚区对音乐人才、经营人才、管理人才、专业技术人才、职业经纪人，甚至全方位复合型人才的需求呼声越来越高。音乐产业属于艺术范畴、智力经济范畴，在音乐转换为经济的过程中，人的音乐才能、创意和素质是成败的关键，因此发展音乐产业要求以人为本，注重人才和音乐与最终成果的资本转化。可以说，在音乐产业的发展过程中，在集聚区之间激烈的市场竞争中，谁掌握了大量人才，谁就掌握了市场先机。人才在对音乐产业集聚区的发展过程中扮演了开辟市场、推动发展、引领成功的重要角色，并为集聚区整体实力的提升提供了智力支撑。

由于音乐产业的性质与其他产业的性质不同，并且音乐产业内有许多优秀的歌唱家、作曲家、指挥家、制作人等艺术家，因为艺术家桀骜不驯的天分，很多艺术家不愿意聚集在一起，他们有各自的工作室，有各自的艺术创作习惯，还有的人喜欢天马行空地各地采风创作……如何将音乐人才集聚在一个特定的区域内，或者在一定时间和空间内将这些人才暂时集聚，这是音乐产业集聚区的一个必须解决的现实问题。

我国要建立的音乐产业集聚区，以"中国乐谷—平谷国家音乐产业基地"为例，是要建立一个音乐平台，提供各种类型的服务，为音乐产业的整合性发展提供智力和内容支撑。平谷音乐产业集聚区建立之初，就将自身的定位为建设集研发、生产、交易、创作、演出、展览于一体的北京国际音乐产业园区。有关调查显示，当前我国音乐产业人力资源的一个问题是：专业艺术类、行政类出身人员所占比重过大，经营管理类出身人员所占比重过低，因而造成音乐产业领域专业化力量有余、经营管理能力不足的局面。难怪集聚区的负责人都一致表示，音乐产业部门目前缺的是既懂音乐又懂观众市场，既有宽广的人文

视野，又有精深的产业理念的复合型策划、管理人才。"音乐产业管理"在我国则属于新兴事物，但随着演艺市场、娱乐市场、音像市场、电影行业、网络文化行业、文艺培训行业等音乐产业及周边行业的振兴崛起，相关行业集聚区的迅速发展，音乐产业已经成为我国新的经济增长点和支柱产业之一。培养专业的音乐产业管理人才也成为当务之急。目前，很多高校如清华大学、北京大学、中国人民大学、中国传媒大学等都开办了文化创意产业管理类专业，而中央音乐学院、中国音乐学院、上海音乐学院、武汉音乐学院、北京电影学院、北京舞蹈学院等为代表的艺术类院校则开设了以艺术管理为主的专业，并将艺术管理专业特色化、行业化、专门化。

目前音乐产业集聚区急需三种人才：一是能够从事音乐事业、音乐产业发展的理论研究人才；二是具有音乐创造力的创意性人才；三是能够把握市场经济规律、精通音乐产业经营与管理的人才。我国音乐产业集聚区面临的问题是，如何将走出校门的人才合理开发利用，结合人才的理论知识，有效地应用于音乐产业中的实践，突破集聚区的人才"瓶颈"，培育并重用有艺术素养、有政策观念、有市场意识、有实践能力的人才，为集聚区所用，进而提升集聚区的整体人才素质和集聚区层次。

（四）创新开发音乐市场，打造特色音乐集聚区

音乐产业的发展与繁荣，吸引了很多投资商的目光，也有一大批创业者在音乐产业兴起和发展的浪潮中纷纷下海，一时间，音乐产业相关的中小企业、工作室逐渐增多，除企业数目多外，产业细分门类也日益齐全，音乐产业成为新的经济增长点，成为投资商和创业者追捧的热点。作为音乐产业集聚区来说，如果没有核心企业、核心人才、独特的项目和核心音乐产品，就会在日益严峻的市场竞争形势中失利，甚至可能被市场淘汰。

开发音乐市场的过程中，有一些放之四海而皆准的可以借鉴的理论。蓝海战略（Blue Ocean Strategy）是最早由 W. 钱·金（W. Chan Kim）和勒妮·莫博涅（Renée Mauborgne）于 2005 年 2 月在二人合著的《蓝海战略》一书中提出的理论。蓝海战略认为，企业应将视线从超越竞争对手移向买方需求，跨越现有竞争边界，寻求差异化市场竞争，将不同市场的买方价值元素筛选并重新排序，从给定结构下的定位选择向改变市场结构本身转变。蓝海战略其实就是企业超越传统产业竞争、开创全新的市场的竞争战略。这个战略同样适合当前

竞争激烈的音乐产业,当某一产品或某一领域已经集聚了太多竞争者的时候,可能消费者对其需求量也在降低,这一产品的利润空间也已经非常小。这时候,再新创企业投入该领域的商业意义已经很小了。音乐产业的特点在于灵活、新颖、独创性,企业或个人应该跳出激烈竞争的市场,冷静思索,开发差异化音乐产品,开发新市场、新空间、新风格,以吸引受众。

可见,创意可以为音乐注入新的文化信息要素,提供新的价值元素,促进新的需求,拓展新的市场。目前,音乐产业集群中,同类音乐产品很多,大多数音乐作品或演出形式平平,可替代的作品很多,既缺乏出类拔萃的艺术作品,又难以形成自身特色,在市场上更是缺乏活力和稳固的生存基础。集聚区之间也一样,很多集聚区之间定位重合,区内企业经营范围类似,集聚区难以定位自身特色,更谈不上打造自身的核心竞争力。而在这个市场日益饱和的背景下,集聚区如何找准自身定位,与其他集聚区差异化,打造自身特色,已经成为集聚区生存和升级的关键。

(五) 细化产业分工,开启国际化视野

产业集群如何有效提升集群内企业的竞争力? 专家学者有不同的答案。美国学者迈克尔·波特认为,形成产业集群的区域往往从三大方面影响竞争:首先是提高该领域的企业或产业的生产率;其次是指明创新方向和提高创新速率,增加了创新能力,并因此提升了竞争力;再次是促进了新企业的生长,进而扩大和加强了集群本身的创新和竞争力。波特理论没有回答什么直接导致生产率、竞争力提高,实际上,从"交流的便捷"到"创新能力增强、竞争力提高",其核心环节就是专业化的分工。[①]

人类社会的进步和生产效率的提高,使人类社会经济增长方式逐步由粗放型增长转变为集约型增长,再强大的企业或组织,也不可能成为每个原材料、生产、销售、下游拓展衍生品等各个环节的专家。学术上有"术业有专攻"之说,在音乐产业方面,亦是如此。历史上任何一次科技革命或技术革新,都是建立在深化分工、分工协作、生产效率提高的基础上的。试想一个著名的歌唱家,如果他既需要参与演出服装的制作、造型的设计、化妆品的选购,甚至 CD 唱片的外包装设计,又需要在演出完成后亲自进行演唱会的录音处理、后期剪

---

① [美] 迈克尔·波特:《国家竞争优势》,李明轩、邱如美译,中信出版社 2007 年版。

辑，甚至还要亲自奔波各个大型音像销售连锁公司去推销自己的音乐作品，那么这个歌唱家已经没有时间精心钻研唱歌、进行艺术创作了。

再来看全球最成功的音乐产业集聚区，专业化分工程度都很高。像美国的百老汇戏剧产业集群，从上游的创意、策划、投资、剧场的维修、演出的组织、演员的培训、票房的推销、宣传活动的组织、纪念品的销售等，上下游的所有环节都是按照社会化、规模化进行生产的，分工细致，专业化水准高。组成戏剧产业链条中每一个环节几乎都有若干个同类的专业公司承接业务，同一个业务有很多专业化企业进行竞争，每一个企业又都可以和产业链条当中的上一环节、下一环节的其他公司合作发展。剧场的拥有者可以和不同的制作公司签订不同的剧目，剧作的制作公司可以和不同的创作班子签订不同的创意版权，演员也可以和不同的制作人签订不同的合同，分工错杂，这是交叉的自由组合的结构，每一个产业元素都可以按照不同的需求和其他的产业元素搭在一起，实现效益的最大化，也形成一个保持百老汇戏剧产业繁荣的金字塔形分工结构。

音乐产业集群中的企业由于人缘、地缘、行业相近，各级企业处于一个产业链条当中，有利于进行社会分工。分工的细化将分布在各企业中的非核心生产环节集中起来，通过竞争、规模经营、技术进步等实现提升质量、降低成本。由于产业链中各个环节成本降低，因此能够提高每个细分领域企业的专业化水平，最终产品在市场具备竞争力，提高生产效率。因此，细化产业分工，是音乐产业集聚区功能提升的必经之路，也是音乐产业集群具备竞争优势的根本原因。

此外，音乐产业是一种外向型经济，在建设音乐产业集聚区的时候，不能只看眼前，只看到本区域、本国的市场和竞争对手。政府要引导集聚区企业将眼光放长远，集聚区企业不单要内部协调发展，还要向其他产业看，向国内其他地区看，甚至向全球看，保持一种始终向外看的价值观。堪称北京现代艺术缩影的北京798艺术区，是北京文化创意产业集聚区迈出国门的典范，《纽约时报》将它与曼哈顿的SOHO相提并论，《时代周刊》将798艺术区评为最有文化标志性的23个城市艺术中心之一。音乐产业集聚区要提升，就要有创意、有活力，培育国际化的视野，积极参与国际分工。推动音乐产业创集聚区"走出去"，要创出自我品牌，实现自我价值，才能赢得国际声誉。

（六）产学研相结合，政府、企业、高校联动

政府与高校联动成功打造文化业集聚区的最好例子，就是澳大利亚昆士兰

科技大学（QUT）的创意产业园区（Creative Industries Precinct，CIP）。它是澳大利亚促进创意产业发展的重要战略举措。该项目投资 6000 万澳币（其中 1500 万澳币由昆士兰省政府资助），2001 年开始筹建，于 2004 年 5 月正式启用，是澳洲第一个由政府与教育界共同为发展创意产业而合作的项目。昆士兰科技大学创意产业园区内的主要实体有三个企业事业中心、两个研究中心和一个创意产业学院——是文化创意产业集聚区产学研完美结合的典范。

澳大利亚昆士兰科技大学的产学研相结合，政府与高校合作，创意集群的培养与形成和城市的风格、文化环境、生活形态紧密融合的创意产业集群发展方式，业内人称之为"昆士兰模式"。对于我国产业集聚区的发展来说，不能简单地复制或克隆"昆士兰模式"，但该模式产学研相互促进，产官学合作发展的经验，值得借鉴。

具体到音乐产业，较为突出的案例是奥地利萨尔茨堡的音乐产业整体式的发展。创立于 1920 年的萨尔斯堡音乐节可以说是全世界水准最高、最负盛名的音乐节庆。萨尔茨堡历史上就以音乐之城闻名，该城每年都举行国际音乐节活动，包括萨尔茨堡国际音乐节（为期 5 周）、萨尔茨堡复活节音乐节（为期 2 周）、萨尔茨堡国际艺术节（为期 5 周），已经成为超越国界、国际化程度高、品牌效应大的音乐产业活动。此外，作为莫扎特的故乡，萨尔茨堡大学音乐学专业、萨尔斯堡莫扎特国立音乐与表演艺术大学等高校，在音乐艺术领域的教育在世界上有口皆碑，每年为世界培养和输送大量的音乐人才。①

萨尔茨堡艺术节主办方提供的统计数据显示，2010 年艺术节上座率高达 95%，约有 25 万人次观众购票观看演出，门票总收入达 2450 万欧元。此外，艺术节期间还通过预演、晚会等方式取得 33 万欧元的收入。演出的门票通过互联网、实体店很容易购买，而且票价合理并常年保持稳定，约有一半的票价在 100 欧元以下。

每年，萨尔茨堡举办的各种类型的文化艺术活动包括音乐、话剧、歌剧、系列音乐会、文学、舞蹈等达 4000 多场，平均每天有 10 多场。艺术盛宴带动的是文化产业、旅游业、会展业、餐饮业等相关产业的共同繁荣发展。萨尔茨

---

① Gubser, Michael. *A Cozy Little World*: *Reflections on Context in Austrian Intellectual History*. Austrian history yearbook [0067 – 2378]. 2009 vol: 40 pg: 202 – 214.

堡当地的商品，有30%～35%是针对旅游业的产品。萨尔茨堡市也成为奥地利仅次于维也纳的第二大旅游目的地。

萨尔茨堡所有的艺术活动都由不同的机构负责运营，运作经费除了门票、赞助商的赞助，来自联邦、萨尔茨堡州以及萨尔茨堡市的投入，也在预算总额中占有一定比例，所有财政补贴均由政府直接拨付给那些负责艺术活动运营的机构支配。萨尔茨堡州中国事务办事厅项目经理严建珍女士说："萨尔茨堡在音乐产业化的过程中，政府的参与是不可或缺的。无论是大型的音乐演出，还是小型的音乐会，光靠门票收入是不够的。这样的艺术活动，一般都可以得到来自联邦、州、市三级财政的支持，虽然支持力度各不相同，但其范围几乎可以涵盖所有的艺术活动。政府的支持，也从一个侧面促进了当地文化艺术的健康发展。"

从音乐产业集群的角度来看，萨尔茨堡地区演出产业高度集中，并由此衍生了相关产业，价值链发展成熟，从海外的研究可以看出，萨尔茨堡地区的主要收入仍然为演出门票收入，其他盈利手段为辅。在萨尔茨堡的音乐盛事中，演出团体、演出公司、艺术家、当地政府，都扮演了不可或缺的角色。而萨尔茨堡的高等学府，更是成为奥地利甚至欧洲音乐人才的重要培养平台。

六、小 结

多年来，我国音乐产业发展与国外差距很大，音乐市场整体低迷，如何振兴音乐产业？如何利用产业发展的集聚效应推动音乐产业发展？基于这种思路，我国政府萌生了建立音乐产业集聚区的设想，北京、上海、深圳三大国家级音乐基地的建立，填补了长期以来我国音乐产业集聚区的空白。

以理论发展的角度来看，由于到目前为止，我国音乐产业集聚区刚刚揭牌，百废待兴，一切处于刚起步阶段，因此，关于音乐产业集聚区的理论研究更是基本处于理论空白状态。很多理论研究多以文化产业集聚区宏观情况为主，没有专门针对音乐产业集聚区的理论研究。可见，这方面的理论研究空白亟待填补。更可以预见，随着我国音乐产业集聚区的发展壮大，相关的研究热点和理论研究成果将逐步涌现。

以实践的角度来看，我国音乐产业集聚区刚刚兴起，北京市挂牌的国家级音乐产业基地"中国乐谷"项目，在 2010 年建立之初，政府和企业两方也曾拟用 10 年时间，将平谷将成为国内外规模最大的音乐产业园区。因此我国音乐产业集聚区，从开始到发展，有一条很长的路要走，这条路上困难重重，既需要借鉴其他音乐产业集聚区的成功经验，又需要根据自身特点创新出新的发展之路。更由于我国世界上没有成功的音乐产业集聚区案例可参考，因此很有可能会走弯路，就需要政府及各级监管部门即时有效的行业指导，找到正确的发展方向。毋庸置疑的是，我国的音乐产业集聚区将会沿着从无到有、从小到大、上下而求索的道路前行。本着高标准、国际化、本土特色的原则，发展有中国的音乐产业集聚区，而这些音乐产业集群定会向着规模化、专业化、规范化、现代化的方向发展，成为一个个推动我国音乐产业发展的重要力量和坚实平台。

参考文献：

[1] 蒋三庚、王晓红：《文化创意产业研究》，首都经济贸易大学出版社 2006 年版。

[2] 濮波：《双城记——百老汇和伦敦西区生态一瞥》，《戏剧文学》2013 年 4 月 15 日。

[3] 孙海悦、郑海红：《2013 国家音乐产业基地年会在成都召开》，《中国新闻出版报》2013 年 9 月 27 日。

[4] [美] 迈克尔·波特：《国家竞争优势》，李明轩、邱如美译，中信出版社 2007 年版。

[5] Gubser，Michael. *A Cozy Little World：Reflections on Context in Austrian Intellectual History*. Austrian history yearbook [0067 - 2378]，2009.

[6] Claus Steinle，Holger Schiele. When do industries cluster? A proposal on how to assess an industry's propensity to concentrate at a single region or nation. *Research Policy*，31（2002）.

关于艺术节生命力之研究

董天然*

【内容摘要】随着近些年艺术节热现象，各种不同类型的艺术节如雨后春笋般出现在许多城市和地区。但是，这其中却掺杂着一些良莠不齐、五花八门的艺术节活动。在经济利益最大化的驱使之下，一些举办者把艺术节当成求利的跳板和工具，而忽略了艺术节的本质内涵和意义。这类艺术节带给大众的不是艺术的气质，只有商业的庸俗。本文通过考察艺术节的历史缘起和发展浪潮，认为艺术节的根基来源于人类自身的内在需求。因此首先需要赋予艺术节丰富的精神内涵和最原始的文化情感，艺术节才能在当代文明高速发展的今天健康成长，从而保证艺术节长久不衰的生命力和艺术价值。

【关键词】艺术节　艺术价值　生命力

一、引　言

艺术，作为人类文化历史进程中不可或缺的组成部分，从它诞生伊始就对人类现实生活有着重要的意义。尤其进入 20 世纪以来，随着社会经济的不断发展和人们生活水平的不断提高，人类对精神文化生活的需求也日益增加，艺术在人们日常生活中的地位也随之愈发重要。艺术文化活动是满足人类精神文化需求的一个重要渠道，艺术节作为一种典型的以艺术文化为主要内容的现代性节事活动，它在当代社会的重要性也越来越凸显。在西方国家，艺术节的发展已经相当成熟。尤其在一些欧洲国家，数量众多、水准较高的艺术节活动，不仅可以给人们带来美的享受和精神的愉悦；而且，在建构城市形象、塑造文化

* 作者简介：董天然，上海戏剧学院博士生，研究方向为艺术学理论艺术管理。

品牌、促进区域经济增长、带动旅游业等推动城市全面发展方面也有着重要意义。

尤其是近些年，公众以及大众媒体对艺术节的关注度也在不断逐年攀升。以当前中国最具权威性、最有影响力的报纸之一《人民日报》为例，从 1975 年到 1995 年，20 年间和艺术节相关的报道和文章一共有 270 条，从 1995 年到 2005 年，10 年间相关报道有约 300 条。而从 2006 年 1 月至 2013 年 12 月 19 日，关于艺术节的报道共 3254 篇，其中包括《人民日报》的 1704 篇和《人民日报》海外版 1550 篇。这组数字说明，艺术节在近些年成为一个越来越热门的话题，也越来越受到社会、媒体的关注。时到今日，艺术节已经发展成为一种独立的、新兴的节庆品种，一种独特的、世界性的文化现象。

笔者认为，在艺术节迅速成长为当代城市新宠的时候，有必要保持着冷静的头脑，寻着艺术节的发展轨迹，推本溯源，对艺术节这一文化现象有一个正确的认识，提醒人们在举办艺术节的时候，始终不能忘记艺术节的生命之源离不开人类最原始的文化情感，艺术节的根基是人类自身的内在需求。

二、艺术节庆的历史缘起

随着人类文明的进步和发展，节庆活动有着非常久远的历史。但艺术节，这一人类社会新兴的一种现代性节庆活动出现的时间则比较晚。在 18 世纪以前，没有用艺术命名，并把艺术表演作为核心内容的艺术节。在人类文明发展的早期阶段，人类的艺术活动只是作为一些节庆活动的附属品，比如节日庆典、祭祀仪式或者宗教活动，是服务于各类节庆活动的，艺术活动的形式和内容则是以各种节庆活动的主题为核心。现代艺术节存在的最初形式，是古代节庆活动中的艺术表演，经过了数千年的演变历程，才从古老的节庆艺术当中慢慢脱离出来，成为一种新的、独立的节庆品种。

古希腊哲学家、思想家柏拉图曾说："众神为了怜悯人类，这个天生劳碌的种族，就赐给他们许多的节庆活动，借此消除他们的疲劳，赐给他们缪斯①，

---

① 缪斯：古希腊神话中科学、艺术女神的总称。

以阿波罗和地奥尼修斯为缪斯的主人，以便他们在众神的陪伴下恢复元气，恢复人类原本的样子。"柏拉图的这段话表明了众神为了让劳碌的人类消除疲劳，恢复元气，所以赐予很多节庆活动，赐予了艺术。人类的生活中需要节庆这样一种生活，而节庆中必然少不了艺术活动的参与，节庆的出现一开始就伴随着艺术元素，艺术活动作为必不可少的基本要素逐渐融入人类的社会活动之中。

据史料记载，虽然人们对艺术节的起源有一些不同的观点，但较为普遍的说法是"西方起源说"，即艺术节起源于古希腊的酒神节。酒神节是在公元前 7 世纪为纪念希腊罗马宗教中的酒神巴克斯（狄俄尼索斯）而出现的。通过演唱被称为"酒神赞歌"的即兴歌来祭祝酒神狄俄尼索斯。酒神节的规模进一步扩大是在公元前 6 世纪，原有的酒神赞歌发展成人数较多的合唱队的形式，随后又出现了歌曲、戏剧表演等内容。

漫长的人类文明史，也是一部艺术的发展史。随着各种艺术形式和不同艺术形态不断发展和成长，进入 18 世纪，尤其是在启蒙运动的影响下，艺术也进入一个新的阶段。艺术活动不再只是服务于节庆活动的附属品，而是具备了自己独立的地位，完成了从节庆艺术到艺术节庆的转换，艺术节成为区别于其他艺术范式的节庆活动，以艺术命名的早期艺术节就诞生在这一时期。比如，1715 年由英国的三个城市格拉斯特、赫尔福德和华尔斯特共同创立的三城音乐节，成为迄今为止最早的单一门类的艺术节。随后，英国诺福克与诺威治艺术节于 1772 年相继诞生。三城音乐节和诺福克与诺威治艺术节的诞生，意味着以艺术作为核心的、具有独立地位的艺术节诞生了，标志着西方现代艺术节的开端。

现代艺术节根据规模、内容、主题等不同标准，分为不同类别。按照内容和规模，可分为单一型（或专题型）艺术节和综合型艺术节。如德国拜鲁特伊音乐节、波兰贝多芬国际音乐节、英国 BBC 逍遥音乐节、法国奥兰治歌剧节等等均属于以音乐为主题的专题型艺术节；英国爱丁堡国际艺术节、法国阿维尼翁国际艺术节、美国下一波艺术节、希腊国际艺术节、德国柏林艺术节、法国巴黎金秋艺术节、澳大利亚墨尔本国际艺术节等等则属于综合型艺术节，其内容更加丰富，包括戏剧、音乐、舞蹈，甚至还有美术展、科学展、图书展、故事节等等。按照主题进一步细分，可分为音乐节、歌剧节、戏剧节等，如琉森音乐节、慕尼黑歌剧节、乌镇戏剧节等等。

值得注意的是，有人把艺术节庆归于一种新型的节日，但笔者认为，虽然艺术节是由节庆活动演变而来，它和传统意义上的节日也有着相似的地方，但是艺术节并不属于节日的范畴。因此在研究过程中，亦不可将其与传统意义上的节日混为一谈。对于艺术节的定义，当前还未有一个统一标准，笔者较为认同的是《艺术节与城市文化》一书中对艺术节概念的阐释："指有专门的组织机构按照一定的理念、宗旨或原则来策划运作，有明晰的主题、形制、风格和定位，以表演艺术和视觉艺术为核心内容，在固定的时间，于固定的地点或空间举办的一种规模性的年度节事活动。"故本文研究的对象是基于此概念范围之内的艺术节庆活动，以表演艺术，即以舞蹈、音乐、戏剧、戏曲、杂技等艺术形式为主要内容的艺术节。

三、国内艺术节发展概述及问题

相较于西方，现代艺术节出现在中国的时间比较晚。我国 20 世纪 60 年代举办的上海之春音乐舞蹈月、哈尔滨之夏音乐会和广州羊城音乐花会可以说是国内音乐节的先导和开拓者。从 20 世纪 80 年代末开始，国内艺术节的数量、类型和规模都在迅速增加。比如，1987 年创办的中国艺术节，每年的举办地都不一样，遍布祖国的各个省份，原则上是三年举办一次，到 2013 年已经举办了十届。1993 年创立的南宁国际民歌艺术节，以继承和弘扬壮族文化艺术深受人们的喜爱。还有 1999 年创立的上海国际艺术节，每年 11 月份在上海举行，至今已经成功举办了十五届，日渐成为具有国际影响力的节庆盛会。还有近年来深受年轻人喜爱的迷笛音乐节、草莓音乐节、乌镇戏剧节等等。

进入 21 世纪，全球化浪潮带给艺术节更大的包容空间，比如，艺术节范畴不断扩大，除了音乐、戏剧、舞蹈等传统内容，范围还扩大到杂技、魔术、木偶，以及一些新兴的媒介艺术，如电子艺术、动漫艺术等也都属于艺术节范畴。而且，艺术节中的艺术门类不断增多，从最传统观的歌剧、戏剧、芭蕾、音乐会，到现在的多媒体剧、美术展、视觉艺术展等等。同时，艺术节逐渐地从单纯的艺术类活动演变发展成一种文化产业性的艺术活动。艺术节的举办往往可以带动一系列相关产业的发展，比如对当地的旅游业、餐饮业、娱乐业等一系列第三产业起到推动作用。随着近些年艺术节热现象，各种不同类型的艺术节如雨后春笋般出现在许多城市和地区。中国也不例外，正因如此，问题也随之出现。

不置可否，随着文化产业成为当今各国新的经济增长点，艺术节作为一种集规模化、集中化、参与化为一体的现代性节事活动，已然成为一种独特的、世界性的文化现象。然而，正是因为艺术节的备受关注，某些地方把举办艺术节当成求利的跳板，打着艺术节的旗号，走着"文化搭台，经济唱戏"的模式。尤其随着 20 世纪 80 年代以来国内的"艺术节热"现象，出现了诸如"环保文化艺术节""校友艺术节""国际大众艺术节""时钟艺术节""茶文化艺术节""啤酒文化节"等冠以"艺术节"头衔的各种节庆事件。正如前文所说，从严格意义上来说，这类节事活动并不能称之为真正意义上的艺术节，因为它们的内容已经偏离了传统意义上表演艺术的范畴。再比如，"家庭文化艺术节""法治文化艺术节""丹顶鹤文化艺术节暨第二节高尔夫名人邀请赛"，宣传语就是"文化搭台、经贸唱戏"，打着艺术节的幌子为经济发展铺路。还有，"中国盐湖城昆仑文化旅游艺术节"、栖霞山"红枫艺术节""莫愁湖荷花文化艺术节"，这些则旨在通过艺术节这样一个形式，宣传当地旅游。通过以上例子可以看到，人们更多的是把艺术节当作一种工具模式。时至今日，一个成功、优秀的艺术节确实能为当地吸引大量的观众，促进当地旅游、商贸等各个方面的发展。但更重要的是，我们不能忽略艺术节举办的初衷和首要目的是为了满足人的精神需求而非促进地区经济的需要。倘若模糊了艺术节的本质内涵，忽略了艺术性而过分强调商业性，只是为了追求利益而盲目地举办艺术节，那么这种举办动机和目的的扭曲与偏差，会使艺术节被过度地商业化，失去艺术节原本的意义和应有的艺术价值，失去持久的生命力，甚至出现本末倒置的现象。

如何保持艺术节持久的生命力？艺术节发展至今，已经与城市、经济、社会等等各个方面有着不可分割的密切联系。资金投入、运营方式、市场营销、推广宣传，乃至全球经济趋势都会对艺术节的发展有着或多或少的影响。但是，从艺术节本身而言，笔者认为，坚持并保持艺术节的"艺术性"是保证艺术节长久发展的首要基础，是保持艺术节持久生命力的基本条件，成功的艺术节离不开艺术的参与。

四、案例分析

　　纵观当今世界知名的艺术节，大多有着几十年甚至上百年的悠久历史，值得我们注意的是，这些艺术节一直保持着长久的生命力和吸引力。相比之下，国内某些以艺术节之名实则搞旅游开发、经济贸易的"艺术节"，就相形见绌了。脱胎于古代节庆活动的艺术节，从诞生开始，就和艺术有着密切的关系。而艺术，正是人类生活中必不可少的组成部分。如前文中所提到的柏拉图的一段话，艺术节创造的初衷正是通过一种放松、休闲、欢乐的方式，通过艺术的怡情、养性、愉悦来抚慰"天生劳碌的种族"。对于艺术节而言，首要的也是最重要的属性就是"艺术性"。所以，保持艺术节长久生命力，首先要保证艺术节的艺术性。艺术性的体现，则是要保证艺术节的首要价值应该是满足人们的精神需求，这也是其不断发展的根本动力。如果一味地抱着追求商业利润和娱乐效应的心态举办艺术节，只会扭曲了艺术节应有的气质，使其变得矫揉造作，失去真正的意义和原本的价值。许多深受人们喜爱和认同的艺术节，它们的节目宗旨大都专一且明确。比如，当今最负盛名的爱丁堡国际艺术节，诞生于第二次世界大战结束后不久，面对刚刚经历过的战争创伤，一些欧洲的艺术家希望找到一个未受战争破坏的地方，冀望重新为艺术家们建立一个可以互相交流的舞台。它的诞生就是为了抚慰人们因战争而受到重创的心灵，同时为热爱艺术的人们找一方进行艺术创作的净土。

　　艺术节的根基来源于人类自身的内在需求。因此首先需要赋予艺术节丰富的精神内涵和最原始的文化情感，坚持对艺术的尊重、对品质的追求，艺术节才能在当代文明高速发展的今天健康成长，从而保证艺术节长久不衰的生命力和艺术价值。本文将以当今两个著名的艺术节为典型案例，在进行自我审视的同时，通过分析、学习、借鉴，进一步思考艺术节与人类自身内在需求之间的关系，探究"艺术性"对保持艺术节生命力的重要意义。

（一）拜鲁伊特音乐节

1876 年，世界著名的德国作曲家威廉·理查德·瓦格纳①创办了世界上最著名的音乐节之一，拜鲁伊特音乐节，也叫瓦格纳音乐节。1876 年 8 月 13 日，瓦格纳在拜鲁特一剧院上演了他一部非常著名的四联歌剧《尼伯龙根的指环》，标志着瓦格纳音乐节的诞生。从此之后，这个在德国小城拜鲁伊特举行的音乐节，成为艺术节发展史上的里程碑。它不仅成为世界上最著名的音乐节之一，同时也是最有特点的音乐节。

时至今日，瓦格纳音乐节已经走过了 100 多年的历史，其吸引力一直持久不衰，一直是一票难求。音乐节期间的演出主要是在拜鲁伊特权典剧场进行，这个剧院是瓦格纳时期为上演他创作的综合艺术乐剧而专门建造的，虽然这个老式的剧院有诸多的不便，比如观众席之间时没有预留过道，通常要等到一排的观众全部到齐之后才能入座；而且每年的演出季在 8、9 月间，而剧场里没有空调，并且座椅之间的空间也非常狭窄拥挤，每场歌剧的演出时间在 6 ~ 17 个小时不等，因此，前来观看演出的观众都要在这样一个剧场里连续坐几个小时甚至更长的时间。尽管这样，这些丝毫不影响人们对它的喜爱和热衷。因为瓦格纳音乐节的艺术总监只有瓦格纳姓氏的人才能担任，而且在音乐节上也只演奏瓦格纳的作品，以此来保证音乐节"血统"和品质的绝对纯正。

正是瓦格纳音乐节对艺术的尊重、坚持和专业，使得这个已经走过百年历史的音乐节至今仍然具有深远的影响力和持久不衰的生命力，并源源不断地吸引着大批来自世界各地的观众。

（二）丹麦国际儿童艺术节

丹麦国际儿童戏剧节，由丹麦戏剧中心和世界青少年儿童剧院联合会共同举办，是目前世界上最大的儿童戏剧节之一，自 1971 年创办以来艺术节期间所有剧团均免费演出，其目的就是"教育儿童去做一名优秀的欣赏者"。笔者曾于 2013 年前往丹麦参加了第 43 届丹麦国际儿童戏剧节，通过实地考察和亲身参与，更加直观、真实地感受到一个艺术节的灵魂即在于它的宗旨，一个艺术节能带给人们怎样的思考和感受、人们应该带着怎样的情感和心思来参加，都

① 威廉·理查德·瓦格纳（Wilhelm Richard Wanger，1813—1883），德国作曲家，代表作品有《漂泊的荷兰人》《黎恩济》《罗恩格林》等。

和艺术节的宗旨息息相关。丹麦国际儿童戏剧节自创办以来，一直坚持"教育儿童去做一名优秀的欣赏者"的宗旨，并秉承着这样的理念：没有什么是高不可攀的。世上每一件事情都有被讨论、被演出、被理解的可能；每一个儿童都能接触到这些并能产生自己的感受和想法。在戏剧节中，演员为孩子们表演并非是要去灌输什么、引导什么，而只是以一种平等的心态去接近孩子们，用戏剧的方式为他们展示一个世界；孩子们作为观众也是如此，他们在一种非常自由和自然的气氛中欣赏戏剧演出，他们不会受到来自大人的"干扰"，便能够对戏剧产生最本真的、纯净的感触和思考。值得一提的是，这个有着几十年历史的儿童戏剧节，他们的核心团队只有 8 个人。戏剧节期间所需要的大量的工作人员都是由志愿者担任的。

除此之外，尽管参观演出是不受到任何限制的，但艺术节中依然对所有演出进行最优分类，根据演出的内容和形式有三条原则：年龄、场地、受众数量。比如根据节目内容划分不同的年龄组，分为 1～4 岁、4 岁以上、6 岁以上、10 岁以上等几个不同的组别，并针对每一场演出，标示出每部剧适合多大年龄段的孩子观看，以便于给予观众观赏建议，尽最大可能达到最佳的效果。在艺术节期间，举办城市为当地所有儿童和青少年提供免费的剧院体验。戏剧节的资金也并非通过商业途径，而是主要来自当地社区、地区文化机构、国家大剧院委员会和丹麦文化发展中心。门票的免费使更多的观众可以参与到戏剧节当中来，让更多的儿童有机会近距离地感受戏剧的魅力。这样一个完全开放的平台，也为艺术家交流、知识的分享和经验积累提供绝佳机会，为青少年提供参加励志讲座和会议的机会。只有亲身参与过才能更深刻地体会到，丹麦国际儿童戏剧节是一个真正具有艺术气质、体现出艺术价值的艺术节。

不论是拜鲁特伊音乐节还是丹麦儿童戏剧节，以及当前许多非常成功的艺术节，它们毫无例外有一个共同的特点，坚持从人们自身对艺术的需求出发，保留着艺术节诞生之初的文化情感，给予艺术节丰富的精神内涵和艺术价值。也正因如此，这些优秀的艺术节呈献给观众的是真正意义上的艺术盛宴，并以其真正的艺术魅力源源不断地吸引着世界各地的观众，保持着持久不衰的艺术生命力。

结　语

重视艺术价值的回归，绝不是为了摆出以"精神至上"的姿态来否定社会经济效益的重要性，也不是为了乌托邦式的空泛理想而挣扎，更不是要大众带着近乎敬畏神明般的审美信仰去敬畏所谓高高在上的"纯艺术"，而是因为它关系到当今社会人类精神气质的一种审美尺度、心灵能量和思想艺术。艺术节生命之源根基于人类最原始的文化情感，只有赋予艺术节最丰富的精神内涵和艺术价值，才能在现代文明高度发展的今天，抵御住功利主义、拜金主义的腐蚀，降低艺术节过度商品化、价值观扭曲的风险，可以说守住其"元神"，从而保证艺术节具有持久的生命力，艺术节的生命之源才不会干枯。

参考文献：

[1]［德］格罗塞著：《艺术的起源》，谢光辉、王成芳编译，北京出版社 2012 年版。

[2] 陈圣来：《艺术节与城市文化》，上海社会科学院出版社 2013 年版。

[3] 张胜冰：《文化产业与城市发展》，北京大学出版社 2012 年版。

[4] 张敏：《艺术节与城市发展》，《文汇报》2012 年 9 月 18 日。

[5] 顾颖：《节庆与城市》，《城市问题》2004 年第 3 期。

[6] 谢鸣：《世界十大艺术节》，《价格与市场》2001 年第 12 期。

[7] 张宝全：《艺术区：城市的记忆》，《经理日报》2006 年 11 月 29 日。

[8] 徐峻蔚：《节日文化的反思与创新》，《浙江青年专修学院报》（社会视角）2004 年第 3 期。

[9]［英］贡布里希（Gombrich, E. H.）著：《艺术发展史》，范景中译，天津人民美术出版社 1988 年版。

[10] 康定斯基（Kandinsky）著：《艺术中的精神》，余敏玲译，重庆大学出版社 2011 年版。

[11]［美］林·亨特（Lynn Hunt）编：《新文化史》，姜进译，华东师范大学出版社 2011 年版。

区域与城市

Young Scholars' Anthology of
Culture Industry

世界知名城市创意产业发展方式比较研究 *

刘　燕**

【内容摘要】本文以创意城市理论为基础，在梳理国内外文献的基础上，通过比较研究世界知名城市伦敦、纽约、巴黎、东京的创意产业发展路径、市场环境和政策措施，提炼出发展创意产业可借鉴的成功经验：遵循产业发展规律，倡导政府政策引导，开拓特色内容产业，保护知识产权，发展产业集群，营造公平市场环境，倡导公民广泛参与，扶持创意人才培养等。

【关键词】创意产业　创意城市　发展方式

创意产业①（Creative Industries）是适应经济全球化和知识经济发展趋势形成的以文化创意和内容生产为核心，依靠个人（团队）的智慧和灵感，通过技术、创新的产业化途径和营销知识产权的创新经济。创意产业最早产生于澳大利亚和英国，按照英国的界定，创意产业是包括广播、电视、动画、音频和视频、多媒体、视觉艺术、表演艺术、工艺与设计、雕塑、环境艺术、广告装潢、

---

　　* 本文为首都师范大学文化研究院"北京文化创意产业转变发展方式研究"项目成果，课题编号为 ICS－2013－B－03。

　　** 作者简介：刘燕，中国传媒大学文化发展研究院访问学者，吉林动画学院文化产业管理分院讲师，吉林大学商学院企业管理专业在读博士生。

　　① 英国政府 1998 年正式提出"创意经济"，后逐渐延伸到以创意为核心的产业组织和生产活动，即"创意产业"，英联邦国家统称为"创意产业"；欧盟委员会 2010 年发起公众在线调查项目，围绕如何更好地开发并结合创意来源于知识资源，挖掘欧洲文化创意产业潜力，欧盟国家统称为"文化创意产业"；北美统称为"创意产业"或"文化创意产业"，美国也采用"版权产业"（Copyright Industries）分类方法；亚洲地区日本把文化产业分为"娱乐观光业"和"文化产业"两类，韩国政府在 20 世纪 80 年代提出"文化内容产业"概念，中国台湾则称为"文化创意产业"，中国文化部将此定义为"文化产业"。"文化产业""文化创意产业""创意产业"内涵与外延既有差别，又有联系。本文以创意城市为主线，故统称为"创意产业"（以下同）。

服装设计、软件和计算机服务等方面的创意群体。

创意产业基于创意，创意城市依靠创意产业建成，创意城市的建成反过来又会唤起新的创意思想。创意城市与创意产业之间形成良性互动，形成一个城市和国家良好的创意氛围。创意城市的最初认识来源于维多利亚时代城市的文化和经济学者。英国创意城市研究机构 COMEDIA 的创始人卡尔·兰德里提出：城市要实现复兴，关键在于城市的创意环境、文化因素和创意基础。所以，任何一个有创意基础的城市以某种适合的方式，符合整体协调创新发展的特点，就可以成为创意城市。

促进文化经济、知识经济发展的关键是建立创意城市。要解决城市发展的结构优化问题，需要培育适合创意人才、创意团队发展壮大的城市环境，孵化创意项目，促进创意产业的兴起，给城市以新的生命力、竞争力和未来发展的想象力。20 世纪 90 年代创意经济时代的到来，引起了对创意城市理论研究的热潮。约翰·罗斯金（John Ruskin）与威廉·莫里斯（William Morris）在人类活动的创造力和接受"艺术经济学"和"文化经济学"的理论背景下，提炼出创意城市的四项特征，即"特质、氛围、人才和产业"。创意城市应具有鲜明特征的独特的城市资源，具有高度的创意、宽容的社会环境和人文关怀，吸引创意人才和创意阶层，通过创意产业发展促进城市或区域经济的发展。

加拿大多伦多大学佛罗里达教授（Florida）（2002）提出了著名的"3T"理论，即技术（technology）、人才（talent）、包容度（tolerance）是构建创意城市的关键要素。在《创意阶层的崛起》中阐述为：3T 要素之间的关系可以表示为一个城市的宽容度吸引创意人才，创意人才推动科学技术与创意产业融合发展。佛罗里达的"创意资本理论"强调：创意经济的兴起，"3T"是区域经济增长的动力，也是创意城市建设的关键因素。在"3T"理论的基础上，佛罗里达增加了第四个"T"领域资产（Territoryassets），包括自然环境、建筑设计、心理环境。资产是一个独特社区（或社群）的"氛围"，区别于其他竞争对手，具有不可替代的魅力。21 世纪，具有开放、动态和美学灵感的城市才是有竞争力的城市，高智商人群聚集在那里，优美的自然环境，同时具有良好的社会和文化氛围。城市只有具备了独特的魅力才能够吸引创意和创新的高素质移民。佛罗里达明确指出：完善城市基础设施，是领域资产建设的前提。

一、英国伦敦：国际创意产业标杆城市

第二次世界大战后，由于受战争和经济危机的双重影响，英国的传统产业萎缩。为了解决这一问题，英国政府在 20 世纪 90 年代首先选择了发展创意产业。创意产业作为一种新的经济形态迅速崛起，对国民经济发展产生越来越明显的影响。英国伦敦的创意产业成为世界标杆，完成了从世界制造工厂转变为世界创意中心的发展进程，提升了英国的核心竞争力。2011 年 12 月，英国文体部公布最新数据（Creative Industries Economic Estimate，February 2011），2009 年英国创意产业产值 363 亿英镑，占当年 GDP 增加值（GVA）的 2.89%，较上年度的 2.82% 保持了增长，细分行业中出版业对 GDP 贡献最大，达0.92%。英国创意产业就业人数为 150 万，占全部就业人口的 5.14%，较上年度的 144 万人和 4.99% 均保持了增长；创意产业年出口额占英国服务业出口额的 10.6%，其中出版业和电视广播业出口额分别占英国服务业出口总额的3.1% 和 2.6%。2011 年英国创意企业总数约有 106700 家，占全英在册企业总数的 5.13%。

（一）重视城市的合理规划

英国是世界上第一个提出推动创意产业发展政策的国家。目前已形成了适应创意产业发展的完善系统。创意产业不仅是英国除金融服务行业外的第二大产业，也是就业人口最多的行业，英国创意产业在世界具有标杆作用，这与政府大力发展和重视是分不开的。

自 1991 年以来，英国政府一直重视发展文化创意产业。1994 年工党主席布莱尔提出"新工党，新英国"的口号，开启了"新英国运动"的序幕。1997年布莱尔出任英国首相，将创意产业作为国家重要产业支撑，提出了把振兴创意产业作为英国经济的一个聚焦点。英国政府为推动创意产业发展，在政策上采取了诸多措施。

首先，政府通过完善各种机制、加强组织管理，对创意企业人才培养、资金支持、生产管理和文化创意产品从研发、生产、销售到出口等方面实施全面系统的支持。1998 年，英国政府出台文件，通过推广出口、技能培训、帮助融

资、减免税费、开放规则、保护知识产权和容许每个地区保留本地文化发展政策的自主权，大力推动创意产业发展。其次，规划创意产业蓝图，探讨在经济层面的文化影响力。再次，推动政府和民间携手合作，以促进创意产业发展。

（二）培育创意人才发展环境

2008 年 2 月，英国发布《新经济条件下创意英国的新人才战略报告》，提出要激发每个人的创造力，以创造一流的创意企业，培养一流的创意人才，并提出 26 项详细的行动计划和相应的目标。其中包括耗资 2500 万英镑费用的"发现你的天赋"项目的实施，对儿童和青少年进行每周 5 小时的文化教育，对 14～25 岁有创造力的个人进行技能培训，到 2013 年，培训了 5000 名学员；技术战略部提供 1000 万英镑支持创意产业的研究和开发，及时将创意产业知识转换到各个行业中去，实现新技术的经济价值。政府积极实施"创造性的伙伴关系计划"，以帮助儿童和他们的老师参与创作项目，促进创意企业和学校建立互惠互利的合作伙伴关系，形成了"企业家和管理能力工作组"，以帮助学生发展他们的业务管理能力，满足创意企业的需要。

（三）加强知识产权保护

政府努力保护知识产权，对创意产业的发展产生非常重要的影响。创意产业作为智力密集型产业，需要投入大量的人力和财力，产生的知识产权属于开发商，政府有效保护知识产权，可以帮助创意产业投资者获取投资收益，从而保护他们发展创意产业的积极性。英国非常重视知识产权保护工作，2004 年创立实施产权服务的新方法，首次实现专利商标局与一般律师事务所跨领域合作，在同一品牌下向客户提供知识产权服务。

（四）加强创意产业基础研究

1998 年英国推出了《创意产业的政策文件》，明确提出创意产业和产业分类的概念，政府提出支持创意产业发展、员工技能培训和知识产权保护等方面积极努力的方向。2004 年，《创意产业经济评估》（*Creative Industries Economics Estimates*）公布了创意产业产出、出口和就业的统计数据，介绍了行业的发展。这些研究为英国政府制定创意产业政策提供了完整的信息支持，从而保证了政策的一致性、连贯性和有效性。

（五）着眼于数字技术对创意产业的影响

政府采取一系列措施，积极推动创意产业数字化的发展。数字技术不仅大大缩短了创意产业的创作过程，降低了创作成本，提高了创意产品的质量，同时也促成了创意产品销售渠道和消费者消费习惯的深刻变化。

（六）重视公民参与创意生活

政府采取了一系列措施，包括开放所有的博物馆、所有的数据文件等数字化，通过教育和培训来支持公民创意生活的发展，为公民体验创意文化提供机会，让人们享受生活，同时也为创意产业的发展提供了坚实的基础。

（七）建立专业机构——创意产业发展推介中心，服务于创意产业发展

该机构通过建立创意产业资源中心，广泛地收集各种出版物、期刊、数据库和其他创意产业相关的信息，整理所有收集到的信息并张贴在网站上，供人们浏览下载，有针对性地向个人和企业提供全方位的基本服务。

二、美国纽约：以版权产业、高科技支撑为特征的创意城市

纽约作为全球最大的国际城市，也是美国最大的金融、商业、贸易和文化创意核心企业集聚的城市。从 1998 年至 2002 年，纽约创意核心产业就业率增长了 13.1%，而其他行业只增长了 6.5%；美国创意产业人才的 8.3% 聚集在纽约，包括 1/3 的男演员、27% 的服装设计师、12% 的电影导演、10% 的布景设计师、9% 的建筑设计师和 7% 的画家；目前在纽约有 2000 多个非营利文化艺术机构，500 多个艺术展观，约 2300 名设计服务供应商，1100 多家广告公司，近 700 家出版社、杂志社，145 个电影制片和摄影工作室。纽约的创意产业高度发达，得益于政府为创意产业的发展提供了良好的外部环境，从而形成了纽约独特的创意产业集聚和发展模式。美国的版权产业是世界上最发达的，版权产业已成为美国行业最大、最有活力并带来巨大经济效益的产业。

（一）政府重视版权保护

20 世纪 70 年代后，美国为了维护其经济利益，促进版权产业全球竞争力的研发和推广，开始全面实施版权战略，加强版权保护。美国政府通过制定和颁布《著作权法》《半导体芯片保护法》《跨世纪数字版权法》《电子盗版禁止法》等一系列有关版权保护的法律和法规。美国政府机构中设有版权办公室、美国贸易代表办公室（USTR）、商务部国际贸易局和科技局、版权税审查法

庭、海关和其他有关行政部门。此外，为适应版权产业发展，美国政府还成立了一些直属政府部门的工作小组来加强监管和保护版权。

（二）投资多元化，技术投入大

投资多元化是美国创意产业发展的重要特征。联邦政府主要通过国家艺术基金会、国家人文基金会和博物馆学会给予文化艺术业以资助，州和市镇政府以及联邦政府的一些部门对文化创意也提供资金。美国社会文化艺术团体得到的资助主要来自公司、基金会和个人捐助等，数额比政府资助的规模要大得多。1997年用于艺术和文化资金总额为175.83亿美元，包括社会赞助37.6亿美元，政府直接资助20.96亿美元。与此同时，美国政府专注于技术投资。例如，在电影和电视行业，每一个影视界的科技成果，几乎都同步进入电影和电视的创作和传播。在大众传播媒介，如印刷复制、录音录像、电子出版、网络传输、数字应用范围广泛，高科技成为美国创意产业领域延伸到世界的"桥梁"和"利器"。

（三）按市场规律实行商业运作

美国创意产业持久发展的重要保证是按照市场规律进行商业运作。美国影视业、图书出版、音乐录音已经形成了广泛的全球销售网络，取得了在很多国家和众多电影院、出版机构及连锁店的控制权。在经济全球化的发展过程中，采用全球战略的美国跨国文化企业集团，如迪斯尼、新闻集团等从资金、技术、信息等要素的全球自由流动中受益，在拓展海外销售市场中，占据有利的国际竞争地位，获得高额垄断利润，其影响越来越大。

（四）遵循创意产业本身的发展规律，给予公开、公正的优惠政策

纽约鼓励多元化投资机制和多种经营，鼓励投资于创意产业和文化机构。据统计，纽约拥有超过500家的私人艺术团体，他们与公共艺术机构享受几乎平等的待遇。此外，纽约文化机构分为营利性和非营利性两种类型，它们的比例大约各为50%。

（五）不断完善有利于创意产业发展的市场机制

通过法律、法规等手段来规范文化市场的运行，逐步建立起一套完善、成熟的市场机制，为创意产业发展创造了良好环境。美国的《联邦税法》中，明确规定了公益性文化组织、公共电视台和广播电台都免征所得税，并减免资助者税收，保证了文化产业发展所需的充足资金。此外，《著作权法》《电子盗版

禁止法》等一系列版权保护法规，为纽约文化创意产业的健康发展提供了保证。

（六）扶持创意人才的培养和发展

纽约市设立和扶持了大量非营利性创意人才教育培训机构，如朱莉娅特学校、帝舍艺术学校和帕洛特研究中心等。纽约市政府还普遍设立了中小学美术课，不仅为城市未来发展培养了创意人才，也培养了创意产业潜在的消费者。

（七）通过扶持一系列艺术服务机构，促进创意产业发展

纽约有很多为创造性或创新性的艺术公司提供服务的机构，如美国平面艺术研究协会、美国广告代理商协会、国家视觉艺术互助协会等。这些组织提供服务的范围很广，如新技术和业务技能培训、行业传播和交流活动等。此外，美国有很多艺术服务机构的基地在纽约，他们进行特殊技能培训、发展艺术团体等，最大限度地满足创意产业创造性和艺术性的需求。

三、法国巴黎：设计产业浪漫之都

法国是浪漫文化的代表、高雅艺术的摇篮、享誉全球的创意产业大国。自17 世纪初以来，法国在文学、工业设计、艺术设计等领域具有世界领先地位。深厚的文化底蕴和丰富的物质文化遗产，成为法国文化产业发展的基石。20 世纪 70 年代起，随着城市经济的成功转型，巴黎作为法国的历史文化和经济中心，以其独特的优势出现了文化产业蓬勃发展的势头。新世纪之初，巴黎大力发展创意产业，在空间和领域上不断跨越行业界限，促使文化创意与相关产业融合发展。作为政府干预型的市场经济国家，法国本身就是一个艺术大国，所以发展的重点是以文化和艺术为主轴。

据2013 年11 月《法国创意论坛》公布的《文化创意产业经济观察》研究报告数据表明：文化创意产业是法国国民经济的重要支柱产业之一，对提升法国的国际竞争力和影响力起到重要作用。报告以 2011 年法国文化产业统计数据为基础，并综合多项相关研究成果，对法国文化创意产业涉及的绘画与造型艺术、音乐、表演、电影、电视、广播、电游、图书、报刊 9 个领域进行了全面调研分析。法国文化创意产业营业额总量已达到 746 亿欧元（其中直接营业额

614 亿欧元，间接收益 132 亿欧元）。总营业额的 80% 来源于文化产业的核心环节如创意、生产、发行等，20% 来自于与上述 9 个领域有着紧密关系的服务性收入。此外，法国文化创意产业占国内生产总值的 2.8%，比重低于美国的 6.4%，超过德国和欧盟的 2.6%。作为创意产业的重点产业之一——设计产业，在法国取得飞速发展，拥有良好的国际声誉。设计领域包括产品设计、时装设计、时尚设计、企业形象设计、视觉传达设计、环境设计、包装设计、设计研究等。产品设计占所有设计公司业务量的 60%，这些公司利润率相对低的是产品设计，利润率相对较高的是包装设计。据法国工业设计促进协会的统计，法国设计业年营业额约 30 亿欧元。全国 55% 的设计公司聚集在巴黎，提供了全国创意设计产业 76% 的工作岗位。

（1）政府发展文化产业政策的基本目标是创造就业机会，促进国民经济发展。政府主导推动新一轮的经济发展，对文化产业实施保护政策：①设立文化产业信贷。②文化分权和文化外省合同制。③提供固定的经济补贴和成立专门的基金会。

（2）抵御美国文化的渗透。"法国艺术机构"继续以强势的作风推动艺术和文化事务政策，以弥补市场机制的缺陷，不断修正策略，确立占领有代表性的文化艺术高地。法国一方面对自己传统文化有自豪感，另一方面也对来自外国文化的强大竞争感到无助，面对英语文化的流行，法国强调自己母语的优势，1994 年，法国推出《杜邦法》，针对每个行业面临英语文化侵蚀的状态，要求在新闻媒体和网络中保卫法语地位。法国既重视文化产业发展，更强调文化发展，强调文化和国家形象如何彼此结合。

（3）艺术教育始终作为一个独立的体系结构，大学培养未来的艺术、市场和传播人才，协会、大学和其他机构相互影响，以取得更大的成就。

（4）鼓励国民参加文化活动。提供机会让所有法国人和在法国的人都有机会免费参观文化遗产，如巴黎博物馆，"世界遗产日"开放总统府、总理府、议会两院等场所。

（5）传统与现代结合。由于 20 世纪 60 年代的工业郊区化，许多行业在小巴黎传统产业领域获得广阔的发展空间。但是，即使面临新兴国家巨大的竞争压力，一些巴黎的传统产业仍然具有竞争优势。因此，巴黎文化产业的发展，是一个传统文化基因深深烙印在现代城市经济的过程。

四、日本东京：动漫创意产业的典范

日本是一个成熟的市场经济国家，主要依靠市场机制发展创意产业，但政府主导的特点显而易见。根据日本国家文化战略，东京的文化战略指导思想是：以魅力和文化作为城市的生命线，建立东京文化资源和创意活动的有机组合结构，以创建充满创意文化的文化名城。东京通过了《利用民间力量促进特定文化设施建设的临时措施法》《文化方面旅游城市建设法》等其他文化设施建设有关法律，按照人口密度配备基层文化设施，制定不同层次的文化设施建设标准，以法律手段规定文化设施的基本标准、资金来源、管理责任、各级文化设施的范围等。

日本的创意产业以动漫产业为核心，素有"动漫王国"之称，是世界上最大的动漫生产国和出口国，目前全球播放的动漫中日本动漫超过60%，年营业额230万亿日元，成为日本第二大支柱产业。日本旅游和创意产业统称为娱乐观光业，是日本经济的重要支柱产业。早在2000年，日本创意产业的规模达到85.05万亿日元，占国内生产总值的17%，娱乐部门营业额占其中市场份额为57.18万亿日元，电影和音乐的收入分别列居世界第二，CD销售额约5389亿日元，占全球总销售额约17%。目前，日本已成为在游戏软件生产的第一大国。东京日益成为日本乃至世界的动画王国。日本传统崇尚"可爱"文化，以漫画、卡通造型，创造出惊人的价值。日本的动画片和漫画遍布世界各地。动漫产业输出已超过汽车工业，占日本国内生产总值的10%以上。在政府的政策支持下，东京营造创意产业发展的合适环境，成为"亚洲时尚之都"，爵士乐、流行音乐、戏剧等艺术形式日趋成熟，开始跨越语言的限制，传播到世界各地。

（一）政府积极推动和努力支持创意产业发展

1995年，日本提出21世纪文化立国方略。2001年，日本政府明确10年建成世界第一知识产权大国。同年出台了《东京旅游产业振兴规划》。2003年，日本制定观光立国战略。日本政府已经建立了一个强大灵活的"政府引导系统"，以避免采取强硬的法律约束，建立政府与企业之间的相互信任。政府提供各种信息、相关配套政策，引导和帮助企业发展，发挥龙头、仲裁员、银行家和企业的保护者的角色，给创意产业的发展注入强大的生命力。

（二）健全创意产业的法律法规

其中，最具代表性的法律《著作权法》于 1970 年颁布，到目前为止已经修订 20 次，于 2001 年更名为《著作权管理法》。此外，根据创意产业发展的新形势，又制定了《IT 基本法》《文化艺术振兴基本法》等新的法律。

（三）发展创意产业和创意城市相互融合

日本十分重视创意城市建设。东京、神户、名古屋等城市都提出了创意产业和创意城市的发展规划并组织实施。东京主要聚集和发展动漫、音乐、演出等创意产业门类，其规模和产值约占全国的 60%；仙台是电影业的主要生产地，该市提出要依靠电影业发展相关创意产业集群；名古屋紧邻丰田的总部所在地丰田市，周围遍布汽车设计和零部件供应商，因此提出打造为以汽车设计为中心的创意城市。创意产业和创意城市建设的发展相结合，以优势产业为核心的产业集聚，是日本创意产业发展的一大特点。

综上所述，伦敦、纽约、巴黎、东京作为世界知名的创意城市，在发展文化创意产业和建设创意城市的实践方面具有许多共同点，但也有各自的特色，总结成功的经验主要表现在以下几个方面：

1. 遵循产业发展规律

创意产业是城市经济发展到一定阶段的必然选择，代表着产业发展的方向，是实现经济结构调整和发展方式转型的重要途径，但并不是所有城市都具备这一条件。

2. 倡导政府政策引导

创意产业都是在政府的倡导、培养、支持下，实现快速发展，创建了一个有利于创意产业发展、吸引创意人才基本的环境，这对于创意产业的发展尤为重要。

3. 开拓特色内容产业

创意产业要有特色和着力点，要有各自的内容产业。创意产业覆盖的范围广，各个国家和地区的发展是有选择性的，不可求全求大。

4. 保护知识产权

建设激发"创意"的法律和制度环境，加强知识产权保护是创意产业良性发展的先决条件，这样才能保护创意企业和创意人才的热情。

5. 发展产业集群

要实现创意产业的良性发展，必须形成产业链，并提供相关配套服务，形成产业集群和产业链，这样才能具有竞争优势。

6. 营造公平市场环境

鼓励多元化投资机制和多种经营模式，建立成熟的市场运行机制。

7. 倡导公民广泛参与

通过教育和培训来支持公民创意生活的发展，为公民体验创意文化提供机会，让人们享受生活，也为创意产业的发展提供坚实的基础。

8. 扶持创意人才培养

构建完备的艺术教育体系，支持创意人才发展，形成多元化教育培训模式，为创意产业培养潜在的消费者。

参考文献:

［1］黄阳:《我国创意城市评价研究》，硕士学位论文，华侨大学，2012 年。

［2］王立丽:《北京—伦敦文化创意产业发展模式比较研究》，硕士学位论文，北京服装学院，2012 年。

［3］李思屈、李涛:《文化产业概论》，浙江大学出版社 2010 年版。

［4］黄辉:《巴黎文化产业的现状、特征与发展空间》，《城市观察》2009 年第 3 期。

［5］［美］理查德·E. 凯夫斯:《创意产业经济学——艺术的商业之道》，孙绯等译，新华出版社 2004 年版。

［6］李庆本:《欧盟各国文化产业政策咨询报告》，大象出版社 2002 年版。

［7］斯科特:《城市文化经济学》，董树宝、张宁译，中国人民大学出版社 2010 年版。

［8］林拓:《世界文化产业发展前沿报告》，社会科学出版社 2004 年版。

［9］方忠:《中韩文化创意产业经济效应比较研究》，博士学位论文，福建师范大学，2010 年。

［10］汪曼:《发达国家文化创意产业发展经验及对我国的启示》，《中共合肥市委党校学报》2010 年第 2 期。

［11］Howkins, John. *The Creative Economy: How People Make Money from Ideas.* London: AllenLane, 2001.

［12］Richard Florida. *The Rise of Creative Class.* NewYork: Basic, 2002.

［13］Greg Hearn, Stuart Cunningham, Diego Ordonez. Commercialisation of Knowledge in Universities: The Case of the Creative Industries. *Prometheus*, 2004（7）.

[14] Scott. *The Cultural Economy of Cities*. London: Sage Press, 2000.

[15] Martinelli. *The Changing Geography of Advanced Producer Services*. London: Belhaven Press, 1991.

[16] Daniels. Some perspectives onthe Geographyof Services. *Progress in Human Geography*, 1989（3）.

[17] Bagchi Sen. Service Employment in Large, Medium, and Small Metropolitan Areas in United States. *Urban Geography*, 1997（3）.

[18] Landry Charles. Helsinki Towards a Creative City, Helsinki Urban Facts, 2001.

[19] Scott Allen. The Cultural Economy of Cities（Theory, Culture and Society Series）, Sage, 1999.

[20] Storper Michael. *The Regional World: Territorial Development in a Global Economy*. New York: The Guildford Press, 1997.

昆明艺术园区与城市文化建设探究*

艾　佳**

【内容摘要】艺术园区这一形式在中国兴起十五年左右，尤以北京、上海、深圳、广州等地最为兴盛。昆明是中国首批用旧工业厂房改建艺术园区的城市之一，也曾创下过在国内外颇具影响力的园区品牌。然而当地文化创意产业发展相对缓慢，市场基础薄弱，能够向艺术园区输入的资源并不丰富，艺术园区反向城市输出的艺术作品、文化活动也比较有限，因此与大众文化生活、城市文化建设之间长期处于较为疏离的状态。

【关键词】艺术园区　城市　大众文化

　　艺术园区的兴起，与各个国家、城市的工业化进程有着密切联系。在城市化进程中，陈旧的工业设施被淘汰，曾经位于各个城市中心区域的厂房、仓库迁移至郊区，在城市中遗留了大片工业废地。20 世纪 70 年代，纽约大批艺术家入驻被城市遗弃的工业厂区，宽敞明亮的空间、低廉的房租、随意的群聚生活都与艺术家的习性十分契合，一个个集创作、交流、表演、居住于一体的文化社区发展了起来。这一形式在世界各地均有呈现，中国的艺术园区的成形大约在 20 世纪末，初期以工业遗存转型改造为当代艺术家聚集地为主要模式，而后带动了新建园区的发展。各个园区中呈现的内容日益多样，不再拘泥于为先锋艺术家们提供创作及作品展示的场地，而逐渐成为城市当中进行艺术交流、创意展示以及相关文化消费的平台与空间。本文所探讨的对象即是这些"占据一定空间区域，用于艺术家实现自身价值与理想，展示艺术创作成果的开放式

---

　　* 本文是云南省教育厅科学研究基金项目"昆明艺术园区与城市文化建设探究"（2014Y360）结项成果。

　　** 作者简介：艾佳，云南艺术学院教师，云南大学文化产业研究院民族文化产业硕士。

空间"①。

一、昆明主要艺术园区的时代背景

21 世纪到来的短短十余年中，中国文化艺术发展历经了不同的时代阶段。昆明虽处于中国西南地区，当代文化艺术步伐较为缓慢，但却是国内首批改建艺术园区的城市之一，一度在国内外享有高知名度。首个艺术园区——创库艺术主题社区（简称创库）投入运营之后，又陆续建设（改建）开放了袁晓岑艺术馆、金鼎 1919 艺术高地（简称金鼎 1919）、拾翠滇文化中心（简称拾翠）、同景 108 智库空间（简称 108 智库）等 4 个位于昆明主城区的艺术园区。这 5 个艺术园区目前风格类型各异，但究其历程，无一不折射出十余年来中国文化产业发展的特点，这些时代因素也造就了昆明艺术园区生存环境的复杂性。

（一）工业遗产的转型与 Loft 风格艺术园区的流行

20 世纪 60 年代，中国曾经历了一个大规模在西南边疆进行工业建设的时期。西南边疆地区包括云南、贵州、四川、陕西、甘肃等地，建成了一大批工业厂房，其数量之多、产值之高，几乎可以与沿海、中心城市在历史上逐步形成的工业基地相提并论。然而，20 世纪 90 年代开始，中国经济结构发生转变，大量过剩的工厂在技术革新与产业优化中被整体淘汰，厂房与设备由于难以继续发挥经济作用，不得不在时代变革中被废弃。经历了 10 年左右的闲置期，在向西方国家学习借鉴工业遗产的转型方式之后，20 世纪末，一批用旧厂房改建的 Loft 风格艺术园区在中国各大城市中出现，成为当代艺术家们聚集与创作的空间，也拉开了中国工业遗产转变为艺术园区这一时代潮流的帷幕。位于昆明机模厂旧址的创库，即是中国首批 Loft 风格艺术园区之一，不仅为之后北京 798 艺术园区的改建提供了经验，在全国范围内也是一个颇具影响力的园区品牌。位于昆明市轻工机械厂旧址，于 2010 年改建完成投入运营的金鼎 1919，以及位于云南轴承厂旧址，于 2014 年 5 月改建完成投入运营的 108 智库，同样

---

① 戴斌等：《论艺术园区的功能演化与都市旅游产业成长——以北京三大艺术园区为例》，《北京第二外国语学院学报》2007 年第 7 期。

都沿袭了 Loft 设计风格，在改建过程中，既保持了原有建筑的质朴风貌，在整体色彩、空间装饰上又兼具现代简约、利落的气质。

（二）当代艺术的发展

艺术园区的形式由西方国家传入，以画家村为雏形，其源起自然与当代画家是分不开的。"当代画家需要集中地创作、展示和销售自己的作品，需要交换艺术和市场信息，需要共同吸引消费者的关注和光顾。因此，艺术园区就应运而生。"[1] 1999 年左右，创库创立之初，知名画家叶永青、唐志冈、潘德海等人的入驻，为创库品牌形象的建立与传播起到了关键性的作用，至今仍作为创库核心工作室存在的 TCG 诺地卡画廊，也以当代艺术交流为主要活动。2006 年建成开放的袁晓岑艺术馆，旨在向著名画家、雕塑艺术家袁晓岑先生致敬。袁先生本身从事的是绘画、雕塑等传统艺术，但其毕生造诣对当代艺术及艺术家们有着极大的影响力，袁晓岑艺术馆开放后也持续举办着来自各个国家与地区的当代艺术作品展。在金鼎 1919 中，苔画廊、联合映画等品牌工作室所从事的也都是当代艺术行业。

（三）文化产业的发展

中国的文化产业是在 2000 年左右快速发展起来的，为满足市场需求，孵化更丰富的文化艺术产品，为更多的文化艺术人才提供创作与交流的空间，一大批文化产业园区在各个城市诞生了。据不完全统计，截至 2010 年，我国仅泛长三角地区各级文化产业园区与计划或在建中的文化创意产业园区总和就已达到 318 个。[2] 在文化产业园区发展的大潮中，促进了云南省各级部门对艺术园区生存与发展的重视。金鼎 1919 在建设规划之初，政府便给出了 25 年不动的承诺。108 智库既是昆明市重点扶持的文化产业项目，也是 2013 年五华区重点文化产业项目，得到了政府的大力支持。

（四）民族民间文化亟待重视

云南是一个多民族共同生活的地区，民族民间文化遗存十分多样。在时代发展的背景下，这些丰富的民族民间文化资源急速减少，文化遗产的传承在现代生活、经济方式的冲击下空间日益紧缩，也引发了文化艺术领域众多人士的

---

[1] 王嘉：《中国当代艺术与艺术园区》，《新闻爱好者》2010 年 10 月。
[2] 向勇、刘静主编：《中国文化创意产业园区实践与观察》，红旗出版社 2012 年版，第 18 页。

关注。位于创库的源生坊工作室，长期致力于民族民间文化的传承与保护，以不定期邀请民间艺人到源生坊小型实验剧场中进行表演的方式，向市民展示丰富多彩却濒临消亡的民族音乐、乐器、舞蹈等传统技艺。位于翠湖公园莲华禅院的拾翠，定位为非物质文化遗产的扶持与优化，在园区内恢复了龙云戏台、非遗体验区、云南文化展示墙等，便于市民全面深入感受滇文化的魅力所在。

纵观十余年来昆明艺术园区的发展历程，几乎每个园区都在不同的时代契机下诞生，也体现了云南文化产业发展历程中各个节点的特征。不同的时代环境决定了园区在创立之初的风格定位，也深深影响了其生存发展的轨迹。从规划立意上看，各个艺术园区应当比较容易与城市文化发生联系，通过营建文化空间的形式，创建文化地标，丰富市民生活，促进区域艺术文化交流，推动城市文化多样性发展。然而通过近些年的观察却不难发现，昆明市内的艺术园区与城市之间的互动比较单薄，二者长期处于较为疏离的状态。这些疏离一方面表现在艺术园区与市民文化生活的关系上，另一方面则表现在艺术园区与城市文化建设上。

二、昆明艺术园区与市民文化生活的疏离

国内艺术园区的诞生绝大多数与当代艺术家们有着直接关系，但并不意味着艺术园区只服务于少数当代艺术家。国内的数百个规模各异的艺术园区的发展，与当地的文化资源、消费水平、娱乐习惯、公共文化氛围都有着极大的关联，也都呈现出各自的特色。例如对于北京市民而言，798艺术园区内能够参观、欣赏各类艺术展览，参与艺术文化活动，同时园区内开设了多家咖啡厅、餐厅、书吧，是市民日常休闲所选择的去处。上海M50创意园中除多家画廊外，品牌服饰店、书店、音像店也聚集于此，年轻人在此聚会、购物并不鲜见。台北华山创意园区、松山创意园区、高雄驳2艺术特区每年举办数以百计的展览，将世界各地最顶尖、优秀的艺术设计作品带到台湾，同时也是当地市民周末假日所青睐的文化休闲空间、学生接受文化艺术教育的场所。可见，除了促进国内外先锋艺术的交流，艺术园区对于融入市民文化生活、植入生活美学观念也起到了非常关键的作用。

昆明艺术园区在发展历程中，举办过众多文化活动，尤其在中西方艺术交流方面搭建了开放的平台。但从长期来看，艺术园区在与市民大众的日常生活互动方面仍然存在着一定距离，具体体现在以下几个方面：

1. 市民认知度不高

昆明较具代表性的 5 个艺术园区建成开放年份各异，运营时间最长的为创库，最新的是改造完成仅数月的 108 智库。然而对许多市民来说，这些艺术园区仍比较陌生。

表 1　昆明艺术园区投入运营时间

园区名称	投入运营时间
创库	1999 年
袁晓岑艺术园	2006 年
金鼎 1919	2010 年
拾翠	2013 年
108 智库	2014 年 5 月

究其原因，第一，是由于地处城市非主干道的区位限制。如图 1 所示，昆明市区内的 5 个艺术园区，除袁晓岑艺术园外，创库、金鼎、108 智库、拾翠等 4 个艺术园区均位于二环路内，属于靠近市中心的位置。袁晓岑艺术园所在的红塔西路 26 号靠近滇池、海埂大坝，也是本地市民休闲与外来游客观景的热门地点。这些原本是艺术园区的区位优势。然而位于二环路内的 4 个艺术园区，只有拾翠位于人流量非常大的翠湖公园中心，其余 3 个园区都分布在市区非主干道上。具体地说，创库位于西坝路 101 号，金鼎 1919 位于金鼎山北路 24 号，108 智库位于滇缅大道旁昆建路 5 号，均不属于城市主干道。偏离主干道一方面为艺术家的创作提供了清静的空间，另一方面也暴露出艺术园区所进行的活动不容易为广大市民所了解的弊端。第二，是标识体系不够完善。创库、金鼎等艺术园区在改建时，外观的材质、颜色基本沿袭了旧式仓库的风格，整体偏暗。加上周边都是老式社区，在视觉上并不显眼。园区在主干道上未设置较为明晰的指示标牌，也影响了辨识度。

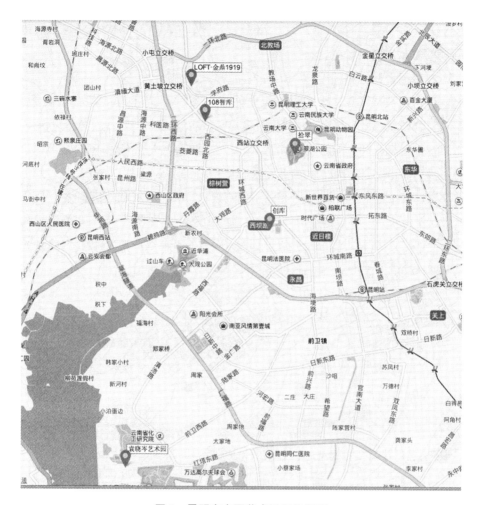

图 1　昆明市主要艺术园区位置图

2. 市民参与度不高

云南的土地培育了一批在国内外艺术领域颇具知名度与影响力的当代艺术家，比如叶永青、唐志冈、潘德海、毛旭辉等。然而众所周知，西南地区少数民族众多，民族民间文化丰富，但当代艺术缺乏整体氛围与成熟的市场，与市民的日常生活存在距离。因此，园区内所举办的活动，尤其是当代艺术作品展示、国内外艺术家交流等，一定程度上说仍是单向传达，互动性并不强，不易引起市民的广泛响应与参与。关注人群大多限于艺术家的圈子，以及年轻学生群体。袁晓岑艺术馆内自然环境优美，建筑设计独特，因而吸引了不少年轻夫妇前往拍摄婚纱照，但馆内常年展出的袁晓岑作品却鲜有市民关注，不定期举办的画展观看人群也寥寥。

3. 社区带动性不高

昆明的艺术园区周边大多是老年人住户居多的旧式社区，园区内外所反映的生活面貌截然不同。园区内的艺术家与艺术活动大多与当代艺术、创意设计相关，娱乐休闲场所也是以年轻消费群体为主要服务对象的酒吧、餐馆等。而园区外的居民则多数习惯于传统生活方式，休闲活动以下棋、麻将、散步为主，二者之间存在的隔膜是非常明显的。这种隔膜实际上并不利于区域文化氛围的营造，对艺术园区应当发散的社会效应来说也是一种削减。从台湾近年发展文化创意产业的经验来看，通过营建社区文化带动整体文化建设是众多政策当中极为重要的一项。"1994 年开始实施的台湾社区营造政策，施政对象从县市层级更下放，深入到社区与居民，目标在鼓励社区居民经由文化议题的参与，凝聚共同体意识，是解决传统文化流失、地方产业凋零等问题的'社会改造工程'。"① 通过社区营造，烘托文化艺术氛围，实质上是一种环境教育，对提升居民素质起到潜移默化的影响。

三、昆明艺术园区与城市文化建设的疏离

纵观国内外各知名艺术园区，其承担的功能应当是多个层面的。除了为市民提供感受艺术、提高文化素养的空间，也是城市文化创意产业发展状态的体现，同时还可以带动多个相关产业的发展，比如文化旅游、娱乐休闲等。北京798 艺术园区作为一个大型综合类文化艺术园区，包含 400 多家文化机构，涉及艺术、传媒、网络文化、休闲娱乐、咨询服务等行业类别，每年举行电影节、演唱会、时装秀、艺术节等上百场活动。上海田子坊依托着旧弄堂的特色建筑，各类设计工作室、古玩店、民间工艺特色小店、创意产品小店、咖啡厅、餐厅入驻后中西文化交相辉映，不仅为艺术设计师们提供了一个展现、交流的平台，

---

① 陈郁秀等著：《文创大观——台湾文创的第一堂课》，先觉文化出版公司 2013 年版，第 149～150 页。

也由于周边环境、配套设施的成熟，而成为著名的文化地标与旅游热点。昆明艺术园区在发展进程中，与其他产业并未产生较强的关联度，在文化设施的带动建设方面也并不明显。具体表现在以下几个方面：

（一）对周边文化空间建设拉动作用不明显

昆明的艺术园区大多数本身规模较小，限于环境因素，也不具备向外扩展的区位条件，例如创库、金鼎1919、108智库都处于旧社区中，拾翠嵌于公园内部，袁晓岑艺术馆周边则是高档住宅区，周围都缺乏闲置土地，因此难以体现出对周边文化空间建设的带动作用。一个成熟的艺术园区，与艺术家队伍、艺术品市场应当是彼此促进的。日益扩大的艺术家队伍与艺术品市场，必然滋生更多的文化空间与之相适应。比如在北京798艺术园区的带动下，周边已经逐步形成了酒厂国际艺术园区、一号地艺术园区、草场地艺术园区、环铁国际艺术区、索家村和费家村艺术村落等十余个文化艺术集聚园区。[1] 位于深圳笋岗的家居设计的展示和销售集散地，近些年来不断向周边有序扩展，陆续形成了艺展中心、艺茂中心、艺览中心、艺赏中心等片区，共同构建了笋岗工艺城。

（二）对旅游产业推动不明显

云南的旅游产业本身就比较成熟与发达，无论是自然地理风光，或是民族文化体验，都有非常饱满的在地资源。因而一方面看来，规模小、内容少、旅游配套设施不完备、民俗风情薄弱的艺术园区通常不在游客制订的行程规划之内。另一方面看来，昆明的艺术园区大多在创立之初的定位，本身就是艺术文化创作与交流，而不是服务于旅游业。2013年改造完成开放的拾翠虽以挖掘与保护非物质文化遗产为主要方向，民族民间文化资源有所体现，但作为旅游景点来说，能够向游客提供的内容仍是非常单薄的。综合看来，昆明的艺术园区与旅游产业，就成为两条平行线，没有发生融合与互动。然而国内外艺术园区与旅游业互相促进的案例并不鲜见。"那些能够成功地招揽会议人口和度假人口的都市，不止提供了基本的旅游业下部组织如旅馆、餐馆、会议中心、交易中心，它们同时还提供了多元性的休闲、商业、文化和艺术空间。在旅游业的市场里，这些都市被认为是充满活力、刺激、有趣，具有独特风味的地方。"[2]

----

[1] 孙洪波：《浅谈北京798艺术区的发展现状》，《神州》2012年5月，第207页。
[2] 哈罗德·史内卡夫著：《都市文化空间之整体营造——复合使用计划中的文化设施》，刘丽卿、蔡国栋译，创兴出版社有限公司1996年版，第11页。

例如西安曲江新区文化旅游产业区，以盛唐文化为重点，建设了大唐芙蓉园、大唐不夜城、唐城墙遗址公园等系列项目，共同拉动了旅游业的发展。有设计之都美誉的泰国曼谷以文创市集众多而著名，加都加周末市场已具有很高的国际知名度，除此之外，加都加附近废弃的火车仓库也被改为设计师品牌集聚的火车市集，河岸的旧式码头已成为颇有名气的河滨夜市，这些场域除了不断激发本土设计师的创意活力，为当地民众营造具有国际视野的文化消费空间，推动当地文化创意产业的发展之外，作为外来游客必到之处，业已构成了旅游业的重要组成部分。

（三）对年轻艺术家的培育作用不明显

在对创库、金鼎 1919 等地进行实地走访的时候了解到，为艺术家提供创作工作室原本都在园区规划之内，然而受成熟艺术品市场、艺术创作氛围的吸引，众多知名艺术家入驻一段时间后已经逐渐离开昆明的园区，到北京、上海等地发展，而新兴的、年轻的艺术家又因为难以负担租金而无法入驻，导致大量空间场所"空巢"现象。据了解，2014 年 5 月刚刚开始运营的 108 智库，面积 60～80 平方米，按场地为 80 平方米进行估算，最低月租金为 4800 元。对于知名度不高的年轻艺术家而言，成本仍有些高昂。艺术家是创作的原动力，也是激活艺术园区的生命力，推动城市文化、艺术、创意发展的实际力量。租金成为艺术家入驻的门槛，长期看来是对艺术创作环境的一种负面影响。追溯一下 SOHO 艺术园区在美国纽约的兴起便不难发现，合适的园区对于艺术家而言，起到的作用并非是一个办公区而已。"20 世纪 70 年代，这块被城市遗弃的地区被伟大的艺术家们发掘了新的生命力：仓库宽敞通畅、大窗自然采光、房租极其低廉，有时甚至一个月的租金只要十五美元。不富裕的艺术家和设计师们逐渐入驻 SOHO，无数的创意和艺术作品在这里迸发……"① 低廉的房租、同类的聚集、自由的空间，对于尚未在市场上得到高度认同的艺术家而言是非常重要的创作条件。

（四）对艺术教育的补充作用不明显

在城市建设的进程中，昆明市内的人口不断增加，因此做出了大学向城外迁移的规划。大约从 2009 年开始，昆明市内多所高校，包括艺术院校，开始整

---

① 张煜：《反思纽约 SOHO 艺术园区》，《大众文艺》2013 年 5 月，第 104 页。

体迁往离昆明市区数十千米外的呈贡大学城、杨林大学城等。原本应当成为艺术园区重点关注人群的数十万大学生群体，在交通、信息上与艺术园区产生了极大的隔膜。在大学城片区，艺术园区、展览馆、剧院、博物馆目前基本处于空缺状态，可以预见，这些文化空间的建设、完善仍需要一段不短的时间来逐步进行。而反观国内其他城市，中央美术学院距离北京 798 艺术区仅 3.7 千米，北京联合大学、北京中医药大学等与艺术园区之间也不超过 10 千米路程。上海市黄浦江两岸的文创园区则以免费或低租金的形式直接吸纳高校入驻。只有 3.6 万平方千米，2300 万人口的台湾，数年来建设了 400 多个地方文化馆，北、中、南部设立了五大核心创意园区以及多个公共文化空间。在台湾的艺术园区、博物馆，随处可见前来参观的学生，可以说，台湾的艺术教育从幼儿园时期就开始了。以上各个城市在建设艺术园区的过程中，对学校、教育的重视都已非常明显，也为昆明提供了可借鉴的角度。

可以看出，昆明艺术园区在文化产业发展的每一个重要节点中，方向上都紧跟着中心城市的步伐，顺应时代潮流的态势。毫无疑问，艺术园区这一形式为艺术家，尤其是青年艺术家的才能展示起到了重要作用，但由于各个地区文化底蕴不甚一致，昆明艺术园区在具体成效上仍与其他城市有较大差异。

四、昆明艺术园区的未来路径

昆明处于中国西南地区，文化资源与底蕴、市民的文化消费水平与习惯，与东部、中部地区情况迥异。因而在营建艺术园区过程中，必须正视存在的差异，探寻与自身特征相符的路径。

(一) 以民族民间文化为核心资源

艺术园区不能脱离在地文化而存在。云南有着非常丰富的民族民间文化资源，最具优势的也正是民族民间文化资源。这些资源大多散落在乡镇村寨，但并不意味着与当代城市、城市当中的艺术园区之间有着不可调和的矛盾。在将民间文化资源引入城市的时候，需要关注两个方面：一是营建适合民族民间文化展示的空间氛围，比如展厅的整体设计与布置等，能够同时兼顾时尚审美与传统元素。二是提高民族民间文化资源的优质产品转化率。众所周知，民族民间工艺品在国内旅游市场中具有重复性高、创意性低的特点，真正能够将民族文化与现代设计结合起来进行推广的品牌目前并不多。艺术园区中所呈现的产品，必须与机械化大规模生产的中低端旅游工艺品有所区别，提高艺术水准与质量。著名舞蹈家杨丽萍便是一个将民族民间文化引向都市，继而引向世界的一个成功案例。杨丽萍在 2014 年 4 月推出同名品牌跨界设计产品，包括手包、笔记本、服装等，设计上均体现了云南民族文化特色以及杨丽萍的时尚品位。拾翠是云南省内第一个以传承与展示非物质文化遗产为主要方向的艺术园区，目前已入驻了云陶、良绣、翠凝等多个致力于民族文化与时尚设计相结合的品牌。

（二）营建园区文化消费环境

由于昆明艺术品市场并不成熟，市民对艺术的认知也较为有限，艺术园区仅仅依靠纯粹的艺术作品展示与艺术活动举办来获取生存资本，是较为困难的。因此多数园区如创库、金鼎 1919 等，在创立之初就设计了餐厅、酒吧等休闲娱乐消费场所的入驻，一是通过餐饮业吸引市民关注，二是保障园区内的消费。然而在培育期内发生业态失衡也是昆明艺术园区并不鲜见的现象。随着艺术家与工作室相继离开，园区被各式餐馆、酒吧所充斥，继而艺术成为一具空壳，真正可进行艺术文化消费的场合十分缺乏。台湾的台北松山文创园区、华山文创园区、高雄驳 2 艺术特区等，餐饮类经营所占比例极小，甚至完全没有，园区内的消费主要由展览门票、展览主题周边产品、文化产品（如图书、音像制品）、创意设计产品（如服装、饰品、家居用品）等构成。既展现了艺术家、设计师的创意能力，又培养了市民良好的文化消费理念与生活美学理念。"人们注重生活细节和生活创意，善用文化元素及本地资源进行原创设计的生活日用品和食品比比皆是，如稻米、茶叶、竹子这些原生态材料。"① 泰国曼谷的 Terminal 21（21 航站楼）、TCDC（创意设计中心）等，本身就以 Shopping Mall 的形式存在，由于云集了众多设计师的优良作品，令消费真正具备了"文化"的意味。昆明艺术园区在运营的过程中，应当注重吸纳、孵化具有特色的文化艺术产品，以真正的文化消费带动文化素养的提高，而非过多注重通过餐饮带动人们对艺术的关注，以避免餐饮代替人们对艺术的关注。

---

① 徐明松：《生活美学，人文城市》，《公共艺术》2014 年 1 月，第 92 页。

（三）突出艺术园区的差异性

近年来，国内外众多艺术园区的发展步伐都非常迅速，往往在一个城市当中的多个艺术园区，分别具有各自的主题与风格。例如日本箱根雕塑公园与立川公共艺术园区都是艺术主题公园的典范。众多世界级艺术大师的雕塑作品，以及来自国内外的大量装置艺术作品在园区里聚合，呈现了一场顶级艺术盛宴，也因此吸引了各地游客到地参观欣赏，极大地拉动了旅游观光业。深圳市的数十个园区也体现了较强的主题性，如田面设计之都偏向工业设计，无论是产品展览，还是租赁的办公区，都是为工业设计服务的。笋岗工艺城则偏向家居设计，上千个家居饰品的店面中，汇集了国内外众多优秀家居设计师的作品。昆明的艺术园区规划上总体沿袭的仍是艺术园区兴起初期的思路，即集艺术家创作空间、文化机构、画廊、剧场、餐饮为一体。值得注意的是，昆明的艺术园区规模普遍不大，创库占地约 11 亩，金鼎 1919 占地约 16 亩，拾翠约 4 亩，108 智库约 12 亩，各个园区的空间是较为有限的。因而，更需要在有限的空间中营造各自的主题与特色，避免形式的重复建设与内容的重复展现。

五、结　语

昆明创库，是拉开中国艺术园区发展大幕的品牌之一，曾在亚洲乃至全世界颇具盛名。至今约十五年的时间中，中国各类主题、各种规模的艺术园区快速扩张，已达上千个之多，昆明却成为这条轨迹上发展较为缓慢的城市。昆明市内 5 个主要艺术园区，风格较为重复，艺术家不稳定，几乎没有形成文化消费，无论是与城市居民的生活，还是对城市文化建设而言，艺术园区与之都处于比较疏离的关系中。追溯其原因，以当代艺术交流为定位，以艺术家为核心，以餐饮业为带动文化消费的力量，都阻碍了艺术园区的发展、公共文化氛围的形成。

要改变这样的状况，令艺术园区在推动城市文化建设、提高市民艺术素养、营建公共艺术空间与氛围上发挥其作用与影响力，还必须经过一个比较长的培育期。昆明艺术园区历经了十五年探索，正逐步寻找到合理的发展路径。2014年 5 月刚刚启幕的 108 智库，在短短几个月里已经组织了数场创意市集、艺术品展览、画展、文化论坛等活动，与艺术院校师生的互动十分丰富，陶艺工作室、皮制工艺工作室、文化沙龙等也正在陆续进驻中，展示了比较明朗的发展态势。拾翠打造的民族民间工艺品牌愈发受到市场认可，也举办了多次文化交流活动，在政府、企业、艺术家、学者之间搭建沟通的平台，共同为云南民族民间工艺的保护与传承献计献策，同时，也显现了传统文化融入时尚生活思路下，实践操作的一种方式。未来，还应当由政府、园区、艺术家、市民共同努力，包括提升居民文化消费意识，引导市民关注民族民间文化，营建社区文化等等，逐步达到艺术园区由形式到内容都能够提升城市文化形象，深入市民日常生活的阶段。

参考文献：

［1］翁剑青著：《城市公共艺术——一种与公众社会互动的艺术及其文化的阐释》，东南大学出版社 2004 年版。

［2］汪民安、陈永国、马海良主编：《城市文化读本》，北京大学出版社 2008 年版。

［3］李建盛著：《公共艺术与城市文化》，北京大学出版社 2012 年版。

［4］朱青生著：《没有人是艺术家，也没有人不是艺术家》，商务印书馆 2000 年版。

［5］刘惠媛著：《世界顶尖博物馆的美学经济》，原点出版社 2009 年版。

［6］［美］皮埃尔·约特·德·蒙特豪克斯著：《艺术公司——审美管理与形而上营销》，王旭晓、谷鹏飞、李修建等译，人民邮电出版社 2010 年版。

首都发展新区传统文化资源力与文化创意产业力分析*

许立勇　王瑞雪　杨珅珅**

【内容摘要】首都发展新区作为首都四大功能区域之一，是未来北京城市发展的重心所在，是首都新型城镇化进程中的重要一环。《国家新型城镇化规划（2014—2020）》提出了"文化传承、彰显特色"的原则，如何传承弘扬传统文化至关重要。本文构建"传统文化资源力"与"文化创意产业力"二力模型，综合运用四象限分析方法，对房山、昌平、通州、顺义、大兴的传统文化资源与文化创意产业匹配进行分析，试图提出首都发展新区文化建设的路径及建议，以对全国的城镇化文化建设提供借鉴。

【关键词】首都发展新区　传统文化资源力　文化创意产业力　二力模型四象限分析法

首都发展新区作为首都功能区域之一，包含房山、昌平、通州、顺义、大兴五个区和亦庄开发区，是承接北京城市中心区功能转移的重要区域，也是北京传统文化资源比较集中的区域，文化创意产业是"活化"传统文化资源的现实路径，二者的互动关系在某种程度上反映了区域传统文化的活力。

---

* 本文为 2014 国家财政项目"新型城镇化视域下文化建设指标体系及采集分析系统研发"（立项号：CASTI–2013–03）、中国艺术科技研究所内自主项目"新型城镇化进程中文化建设关键性指标构建——对首都新城文化要素分布及布局的分析"成果。

** 作者简介：许立勇，国家行政学院文化政策与管理在职博士后，（文化部）中国艺术科技研究所助理研究员，中国区域科学协会理事、区域文化专业委员会秘书长，文学博士，研究方向为文化科技、区域文化产业。王瑞雪，（文化部）中国艺术科技研究所研究人员，东北财经大学区域经济学硕士，研究方向为区域经济、区域文化产业。杨珅珅，南开大学经济学院风险管理与保险学专业本科学生，研究方向为区域经济。

一、首都发展新区传统文化资源与文化创意产业二力模型

传统文化资源是文化资源的重要组成部分,是文化资源中保护、弘扬的核心部分。吕庆华认为,文化资源可以分为文化历史资源和文化现实资源。① 欧阳友权同样将历史资源、传统文化作为文化资源核心要素,他将文化资源定义为"能够突出原生地区的文化特征及其历史进步活动痕迹,具有地域风情和文明传统价值的一类资源,包括历史遗迹、民俗文化、地域文化、乡土风情、文学历史、民族音乐、宗教文化、自然景观等"②。而文化创意产业,有时又称创意产业 (Creative Industries),作为新世纪最有潜力的新兴产业之一,其对文化传承、城市建设的作用日益凸显,甚至"能盘活一个衰落的城市"③。文化创意产业已经渗透到各行各业,成为近年来各国经济发展中不可或缺的部分。面对经济水平提升,居民需求层次上升,文化产品"供不应求"的状况,文化资源急需创意开发,"中国梦""文化强国""文化主权"等国家战略的实施也要求对传统文化资源进行传承与保护。

传统文化资源通过创意开发转化为产业,其核心价值得到挖掘与实现。传统文化资源与文化创意产业之间存在内生的互动机制。首先,文化作为"资源",具有资源的双重性质,即稀缺性和追求效率性。而文化创意产业具有边际成本递减、边际效益递增的特点④,文化创意产业是对资源利用最具效率、最有前景的路径。其次,传统文化资源是文化创意产业发展的基石,厉无畏指出"创意滋生的土壤应该是中国丰厚的文化资源"。传统文化资源反映了人们过去的经验、认识、智慧、情感与操守,这些都是创意的源泉。⑤ 古今中外一切优秀文化成果,都是文化创意的潜在资源。

内生之外更多地受到外生变量的推动,传统文化资源与文化创意产业之间的互动切合了"外生"要求。传统文化资源与文化创意产业之间在内生机制、

---

① 吕庆华:《文化资源的产业开发》,北京经济日报出版社 2006 年版,第 50 页。
② 欧阳友权:《文化产业概论》,湖南人民出版社 2007 年版,第 186 页。
③ 《"中国创意产业之父"厉无畏:创意能复活一座城市》,《武汉晚报》2013 年 12 月 11 日。
④ 人民网强国论坛,http://fangtan.people.com.cn/GB/147553/358761/index.html。
⑤ 王志标:《传统文化资源产业化的路径分析》,《河南大学学报》(社会科学版) 2012 年第 2 期。

外在要求双重作用下，应该互动互助，形成"正向"的耦合关系。

本文基于传承、弘扬传统文化原则，建立"传统文化资源力"及"文化创意产业力"的互动模型，探索首都发展新区传统文化资源与文化创意产业之间的有效互动机制。

（一）传统文化资源力

传统文化资源包含了某种创意内容，是人类过去创意劳动的凝结，反映了人们的经验、认识、智慧、情感与操守。传统文化资源可分为物质形态与非物质形态两类，即物质文化遗产与非物质文化遗产。根据联合国教科文组织大会通过的《保护世界文化和自然遗产公约》规定，文化遗产包括历史建筑、历史名城、重要考古遗址和有永久纪念价值的巨型雕塑及绘画作品。2003 年联合国教科文组织第 32 届会议提出"非物质文化遗产"范围：口头传统和表现形式；表演艺术；社会实践、仪式、节庆活动；有关自然界和宇宙的知识与实践；传统手工艺。一个地区传统文化资源存量，即文化遗产的数量的多少，反映了传统文化资源被利用与开发的潜力。

基于客观、可得、可比的数据，文化遗产指标选用市（区）级以上重点保护单位数据，非物质文化遗产指标选用市级非物质文化遗产数据计算传统文化资源力指数，计算公式如下：

$$C_i = \frac{w_i}{w} q_w + \frac{f_i}{f} q_f \tag{1}$$

公式中，C_i 代表 i 辖区传统文化资源存量比重，即传统文化资源力指数，本文 i 分别选用首都发展新区及各分区；$\frac{w_i}{w}$ 代表 i 辖区传统文化遗产存量（数量）占北京市所有文化遗产存量（数量）比重；$\frac{f_i}{f}$ 代表 i 辖区非物质文化遗产存量占北京所有非物质文化遗产存量比重；q_w 代表文化遗产在文化资源中的权数，q_f 代表非物质文化遗产在文化资源中的权数。因为权数判断复杂，且标准不统一，简化研究，本文近似地认为，$q_w = q_f = 1/2$。

除现存数量之外，北京许多文化遗产，例如古镇等在现有城镇规划及发展中不受重视，面临着消逝的危机。而一个地区对传统文化资源的维护及保护力度将直接影响着传统文化资源的恢复及消逝速度，进而影响其未来的数量及潜力的发挥。本文对式（1）做出以下调整。

$$C_i = \frac{1+a}{1+A} \times \left(\frac{w_i}{w}q_w + \frac{f_i}{f}q_f \right) = p_i \times \left(\frac{w_i}{w}q_w + \frac{f_i}{f}q_f \right) \qquad (2)$$

其中，

$$a = -v + k \times pm \qquad (3)$$

$$A = -V + k \times PM \qquad (4)$$

a 代表 i 辖区的文化遗产增加速度，v 代表 i 辖区在没有任何保护措施下的文化遗产消逝速度；pm 代表 i 辖区保护文化遗产保护举措的各项影响传统文化资源增量的合力；A 代表北京的文化遗产增加速度；V 代表在没有任何保护措施情况下，北京的文化遗产消逝速度；PM 代表北京包括文化遗产保护举措的各项影响传统文化资源增量的合力；k 代表文化遗产保护措施合力对传统文化资源的乘数效应；p_i 代表各项影响文化资源消逝与恢复的综合效应乘数，假设区域文化资源保护受重视程度和 p_i 值大小成正比，文化遗产消逝速度与 p_i 值大小成反比。

C_i 越大，代表 i 区传统文化资源力越强，传统文化资源开发潜力越强；反之，越弱。

（二）文化创意产业力

对文化创意产业的界定是目前学术界的热点问题。英国创意产业工作组给出的定义是"源于个人创造性、技能与才干，通过开发和运用知识产权，具有创造财富和增加就业潜力的产业"。《北京市文化创意产业分类标准》中将文化创意产业定义为"是以创作、创造、创新为根本手段，以文化内容和创意成果为核心价值，以知识产权实现或消费为交易特征，为社会公众提供文化体验的具有内在联系的行业集群"。文化创意产业包括九大门类，分别是软件、网络及计算机服务，新闻出版，其他辅助服务，广播、电视、电影，广告会展，设计服务，旅游、休闲娱乐，文化艺术，艺术品交易等领域产业。

为了衡量文化创意产业力强弱，本文选择文化创意产业年实际收入值数据，计算文化创意产业力指数，公式如下：

$$CY_i = \frac{Y_i}{Y} \qquad (5)$$

式中，CY_i 代表 i 区域文化创意产业收入值比重，即 i 区域文化创意产业力指数；Y_i 代表 i 区文化创意产业年收入值，本文选用北京市发展新区及五个分区规模以上文化创意产业实现收入数值；Y 代表各区域文化创意产业实现收入合计，本文选用北京市整体文化创意产业实现收入合计作为分母。

CY_i 越大，代表 i 区文化创意产业力越强；反之，越弱。

一般情况下，"传统文化资源力"与"文化创意产业力"在外在、内在机制作用下，互动机制运作良好，"二力"正向相关，即"传统文化资源力"水平高，则"文化创意产业力"水平也高；反之，则相反。

下面结合首都发展新区的实际数据来进行验证。以下文中涉及"传统文化资源力"与"文化创意产业力"分别用 C_i、CY_i 代替。

二、首都发展新区传统文化资源力分析

搜集房山、通州、顺义、大兴、昌平数据及五区、首都合计数据，代入传统文化资源力指数公式 $C_i = \dfrac{w_i}{w}q_w + \dfrac{f_i}{f}q_f$，即式（1），可以得到文化遗产比重 $\dfrac{w_i}{w}$、非物质文化遗产比重 $\dfrac{f_i}{f}$ 及传统文化资源力指数 C_i，如表1。

表1　北京市及首都发展新区传统文化资源力分析

	文化遗产（市级以上重点文物保护单位）	文化遗产比重 $\dfrac{w_i}{w}$	非物质文化遗产	非物质文化遗产比重 $\dfrac{f_i}{f}$	传统文化资源力指数 C_i
房山	16	0.045	3	0.014	0.030
昌平	8	0.022	6	0.028	0.025
通州	7	0.020	6	0.028	0.024
顺义	3	0.008	4	0.019	0.014
大兴	2	0.006	3	0.014	0.010
首都发展新区	24	0.101	22	0.104	0.103
首都	357	1.000	211	1.000	1.000

数据说明：非物质文化遗产数量由从北京市市级非物质文化遗产首批至第三批数据汇总得来；其他相关数据分别来源于北京文博网 http：//www. bjww. gov. cn/、房山信息港 http：//www. bjfsh. gov. cn/。

北京市现拥有市（区）级以上文物保护单位 357 处，拥有市（区）级以上非物质文化遗产 211 项，北京代表了首都传统文化资源整体水平，可假定其 C_i 为 1。

接着将首都发展新区各分区数据分别代入传统文化资源力公式，得到结果为：房山区有市级重点文物保护单位 16 处，非物质文化遗产 225 项，在北京市占有比重分别为 4.5%、1.4%，房山的 C_i 大小为 0.03，在五个分区中排名第一；昌平区拥有市级重点文物保护单位 8 处，市级非物质文化遗产 6 项，在北京市占有比重分别是 2.2%、2.8%，C_i 为 0.025，在五个分区中排名第二；通州区现有市级文物保护单位 7 个，市级非物质文化遗产 6 项，在北京市占有比重分别是 2%、2.8%，C_i 为 0.024，排名第三；顺义区，现有市级重点文物保护单位 3 处，市级非物质文化遗产 4 项，分别占北京比重 0.8%、1.9%，C_i 为 0.014，排名第四；大兴区有市级重点文物保护单位 2 处，市级非物质文化遗产 3 项，分别占北京比重为 0.6%、1.4%，C_i 为 0.01，排名最后。

综上，在没有考虑消逝与恢复的综合效应乘数时，房山、通州、昌平 C_i 较高，文化资源相对丰富；顺义、大兴相对较弱。对首都发展新区五个区的数据求和进行分析，五区总共有市级以上文物保护单位 36 处，市级以上非物质文化遗产 22 项，在北京市总体比重分别为 10.1%、10.4%，C_i 为 0.103。

北京是一座有着八百多年历史的文化古都，在片面经济发展背景下，北京文化资源消逝程度明显。解放初期统计，北京有大小胡同 3600 余条，而时至今日，胡同数量已不足 800 条。[①] 在过去无序的开发中，城市发展新区的文化遗址遗产也曾受到威胁，传统文化资源力也受此影响，中国大运河项目通州段处于下游位置，运河水域污染比较严重，东边的城市污水直接流入通州段运河，这对通州运河文化遗产的开发潜力起着负面影响。近年来，首都城市发展新区认识到优秀传统文化的作用和意义。《昌平区国民经济和社会发展第十二个五年规划纲要》《通州区国民经济和社会发展第十二个五年规划纲要》《房山区国民经济和社会发展第十二个五年规划纲要》《顺义区国民经济和社会发展第十二个五年规划纲要》及《大兴区国民经济和社会发展第十二个五年规划纲要》

---

① 《逐渐消逝的城市肌理　老北京胡同游东线攻略》，http：//sd. ifeng. com/travel/jingdian-ntuijian/detail_ 2014_ 03/04/1928260_ 0. shtml。

分别提出"加强对明十三陵等重大文化遗产的保护","加强对运河水系内历史风貌和文物古迹的保护,整理保护非物质文化遗产,增强城市的文化魅力","构筑多元融合的城市文化性格"目标,推出"建设特色文化新城"战略目标及"人文新区"要求。在具体工作办法方面,大兴区提出"加强文物古迹保护,探索文物古迹保护的新模式,开展非物质文化遗产收集、申报和传承",提出"与全市第二轮修志安排同步,编修《大兴区志(1991—2010)》,逐年编辑出版《大兴年鉴》,各镇(街道)村要重视快速城镇化进程中的镇(街道)志、村志搜集整理工作,适时规划建设区方志馆"的明确要求。

城市发展新区规划的实施对文化资源恢复形成的正的乘数效应,与城市化、现代化及工业化的消逝效应进行博弈,以此来影响 p_i 乘数值,本文认为,对文化资源恢复的规划及措施还不完善,文化资源现在的消逝效应大于恢复效应,$0 \leqslant p_i \leqslant 1$。但由于消退及修复效应测定的复杂性,且城市发展新区的各分区均对文化资源进行了明确的传承与保护规划,本文近似认为城市发展新区的五个分区的传统文化资源力 p_i 均为等值常数 p。为了简化研究,本文先将 p 假设为1。因此经过修正后的传统文化资源力仍旧参照表1结果。

三、首都发展新区文化创意产业力分析

分别搜集 2010—2012 年首都及首都发展新区五区的文化创意产业数据,并对五个区的数据加总得到首都发展新区文化创意产业数据,代入文化创意产业力指数公式 $CY_i = \dfrac{Y_i}{Y}$,即式(2),结果列为表2。

表2　北京市及首都发展新区文化创意产业力分析

地区　　年份　指数	2010 年			2011 年			2012 年		
	文化创意产业产值(亿元)	文化创意产业产值占比	文化创意产业力指数	文化创意产业产值(亿元)	文化创意产业产值占比	文化创意产业力指数	文化创意产业产值(亿元)	文化创意产业产值占比	文化创意产业力指数
房山	131.40	0.0177	0.0177	156.80	0.0174	0.0174	87.3	0.0085	0.0085
昌平	73.40	0.0099	0.0099	89.30	0.0099	0.0099	102.8	0.0100	0.0100

续　表

年份 地区 指数	2010 年			2011 年			2012 年		
	文化创意产业产值（亿元）	文化创意产业产值占比	文化创意产业力指数	文化创意产业产值（亿元）	文化创意产业产值占比	文化创意产业力指数	文化创意产业产值（亿元）	文化创意产业产值占比	文化创意产业力指数
通州	78.00	0.0105	0.0105	92.60	0.0103	0.0103	92.7	0.0090	0.0090
顺义	96.20	0.0129	0.0129	76.29	0.0085	0.0085	94	0.0091	0.0091
大兴	39.28	0.0053	0.0053	44.50	0.0049	0.0049	56.1	0.0054	0.0054
首都发展新区	418.28	0.0562	0.0562	459.49	0.0510	0.0510	432.9	0.0420	0.0420
首都	7442.30	1.0000	1.0000	9015.40	1.0000	1.0000	10313.6	1.0000	1.0000

数据来源：《创意城市蓝皮书：北京文化创意产业发展报告（2011）》和《创意城市蓝皮书：北京文化创意产业发展报告（2013）》。

2010 年北京市文化创意产业单位共实现收入 7442.3 亿元，同比增长 24.3%；2011 年，北京文化创意产业全年实现收入合计 9015.4 亿元，同比增长 21.1%；2012 年，北京文化创意产业全年实现收入合计 10313.6 亿元，同比增长 14.4%。

2010 年，首都发展新区五区文化创意产业实现收入合计 418.28 亿元，占北京市文化创意产业收入的 5.62%，CY_i 为 0.0562；2011 年首都发展新区五区文化创意产业实现收入合计 459.49 亿元，占比 5.1%，CY_i 为 0.051；2012 年首都发展新区五区文化创意产业实现收入合计 432.9 亿元，占北京文化创意产业实现收入的 4.2%，CY_i 为 0.042。表 2 显示发展新区五区的 CY_i 分别如下。

房山区截至 2010 年年底文化创意产业规模以上企业收入总计 131.37 亿元，同比增长 100.79%，占全市 1.77%，代入公式（2），得出 2010 年房山 CY_i 为 0.0177，在首都发展新区五区中排名第一；2011 年年底，房山区规模以上文化创意企业实现收入 156.8 亿元，同比增长 19.3%，占全市 1.74%，CY_i 为 0.0174，在五区中仍旧排名第一；截至 2012 年年底，房山区规模以上文化创意企业实现收入 87.3 亿元，比上年下降 44.3%，占全市比重为 0.85%，CY_i 为 0.0085，排名下降，变为第四。

昌平区 2010 年规模以上文化创意企业实现收入 73.4 亿元，同比增长 21.2%，占比 0.99%，CY_i 为 0.0099，昌平指数在首都新区五个区排名第四；

2011 年，昌平区规模以上文化创意产业实现收入 89.3 亿元，文化创意产业收入占比 0.99%，CY_i 为 0.0099，在五区中排第三；2012 年，昌平区 176 家限额以上文化创意产业单位实现收入 102.8 亿元，同比增长 15.1%，占比 1%，CY_i 为 0.01，在首都新区中排名上升到第一位。

通州区不断引导文化创意产业快速发展，突出"首都新区、历史名镇、北方水城"的特色。表 2 显示，2010 年通州区规模以上文化创意企业实现收入总计 78.02 亿元。通州文化创意产业收入占北京市 1.05%，2010 年通州的 CY_i 大小为 0.0105，在首都发展新区的指数中排名第三；2011 年，通州区规模以上文化创意产业全年实现收入 92.6 亿元，比上年同期增长 18.7%，占北京市比重为 1.03%，CY_i 为 0.0103，在五区中排名第二；2012 年通州区规模以上文化创意产业法人单位实现收入 92.7 亿元，占北京市比重为 0.9%，CY_i 为 0.009，在首都发展新区五区中的排名又回落到第三。

顺义区以建设文化强区为目标，将文化创意产业作为提升区域竞争力和文化软实力的重要依托。2010 年，顺义区规模以上文化创意企业实现收入总计 96.2 亿元，文化创意产业实现收入占比 1.29%，CY_i 为 0.0129，在首都发展新区五区中排名第二；2011 年，顺义区规模以上文化创意产业企业实现收入 76.29 亿元，在北京市占有比重为 0.85%，CY_i 为 0.0085，在五区中排第四；2012 年，顺义区规模以上文化创意产业法人单位共实现收入 94 亿元，占北京市比重为 0.91%，CY_i 为 0.0091，其指数大小在首都发展新区中上升为第二。

大兴区，2010 年规模以上文化创意企业收入总额为 39.28 亿元，在全市文化创意产业占比 0.53%，CY_i 为 0.0053，在首都发展新区五个区排名第五；2011 年，大兴区规模以上文化创意产业实现收入合计 44.5 亿元，占比 0.49%，CY_i 为 0.0049，在五区中排名第五；2012 年，大兴区规模以上文化创意产业实现收入合计 56.1 亿元，比上年同期增长 26.2%，文化创意产业占比 0.54%，CY_i 为 0.0054，其指数在首都发展新区五区中排名不变，仍旧是第五。

四、首都发展新区传统文化资源力、文化创意产业力匹配分析

首都发展新区的"传统文化资源力（C_i）"与"文化创意产业力（CY_i）"

是否协调发展与科学运行？本文借用四象限分析法对首都新区的 C_i 与 CY_i 进行匹配分析。

（一）首都发展新区"二力"匹配四象限分析法

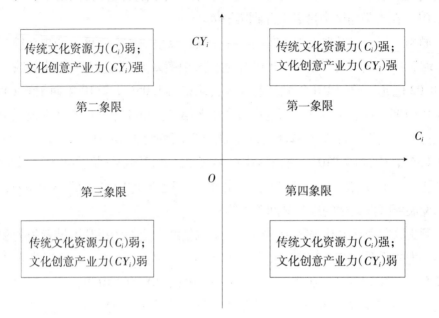

图1 首都发展新区传统文化资源力、文化创意产业力匹配四象限坐标系

在首都发展新区 C_i 与 CY_i 匹配四象限坐标系（图2）中，横轴（X 轴）代表 C_i，纵轴（Y 轴）代表 CY_i。从坐标中心沿着横轴向右代表传统文化资源力（C_i）强，反方向区域代表传统文化资源力（C_i）弱；同理，从坐标中心沿着纵坐标向上代表文化创意产业力（CY_i）强，反之弱。

按照首都发展新区"二力"四象限坐标中的指标属性进行划分，可以划分四种匹配组合，即可以将坐标平面划分为四个象限，如图2：第一象限，C_i 强，CY_i 强，此象限 C_i 与 CY_i 匹配；第二象限，C_i 弱，CY_i 强，此象限 C_i 与 CY_i 不匹配；第三象限，C_i 弱，CY_i 弱，此象限 C_i 与 CY_i 匹配；第四象限，C_i 强，CY_i 弱，此象限 C_i 与 CY_i 不匹配。

（二）首都发展新区"二力"匹配分析

结合首都新区房山、通州、顺义、大兴、昌平五个区的 C_i 及 CY_i 作为两个重要属性，进行分类关联分析（见表3）。

表3　2010—2012年首都发展新区传统文化资源力和文化创意产业力指数

年份 / 指数 / 地区	2010年		2011年		2012年	
	传统文化资源力指数	文化创意产业力指数	传统文化资源力指数	文化创意产业力指数	传统文化资源力指数	文化创意产业力指数
房山	0.03	0.0177	0.03	0.0174	0.03	0.0085
昌平	0.03	0.0099	0.03	0.0099	0.03	0.0100
通州	0.02	0.0105	0.02	0.0103	0.02	0.0090
顺义	0.01	0.0129	0.01	0.0085	0.01	0.0091
大兴	0.01	0.0053	0.01	0.0049	0.01	0.0054
坐标中心（均值）	0.0205	0.0099				

注：数据来源于表1、表2。

2010—2012年首都发展新区 C_i 与 CY_i 匹配四象限气泡坐标图（见图2、图3、图4）显示，气泡分别散落于不同象限。在坐标图中，增加一个系列为坐标原点，坐标原点横坐标为 C_i 均值，即0.0205，纵坐标为2010—2012年 CY_i 的均值，即0.0099。

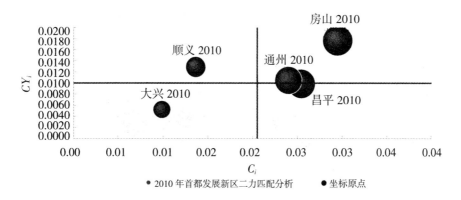

图2　2010年首都发展新区传统文化资源力、文化创意产业力匹配分析

2010年（见图2），房山区、通州区 C_i 与 CY_i 匹配气泡位于第一象限，C_i 强，CY_i 强，房山区、通州区 C_i 与 CY_i 较匹配，且房山"二力"优于通州；顺义

区 C_i 与 CY_i 匹配气泡落于第二象限，C_i 弱，CY_i 强，不太匹配；大兴区 C_i 与 CY_i 匹配气泡位于第三象限，C_i 弱，CY_i 弱，较匹配；昌平区的 C_i 与 CY_i 匹配气泡落在第一、第四象限之间，气泡中心在 X 轴上，C_i 较强，而 CY_i 只达到均值水平，说明昌平区的二力匹配水平有待提高。

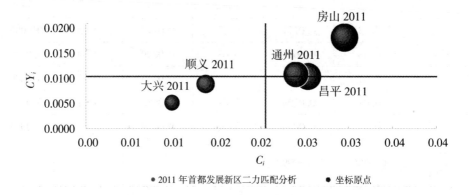

图3　2011年首都发展新区传统文化资源力、文化创意产业力匹配分析

2011 年（见图 3），房山区、通州区匹配气泡仍落于第一象限，但是相较 2010 年，房山、通州的 CY_i 均有下降，分别降低 0.0003、0.0002，降幅分别为 1.7%、1.9%；顺义区的气泡下降到第三象限，CY_i 降低 0.0044，降幅为 34%；大兴区配比气泡仍落于第三象限，CY_i 相较 2010 年降低 0.0004，降幅为 7.5%；昌平匹配气泡在平面坐标上位置不变，仍位于第一、第四象限之间。

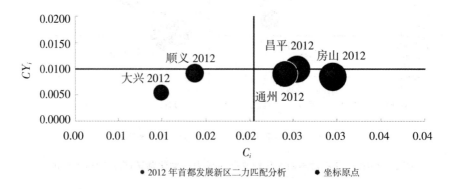

图4　2012年首都发展新区传统文化资源力、文化创意产业力匹配分析

2012 年（见图 4），房山区、通州区匹配气泡位置由第一象限移到第四象限，房山区 CY_i 比 2011 年减少 0.0089，通州区 CY_i 降低 0.0013，降幅分别为 51%、12.6%；顺义区的匹配气泡落于第三象限，C_i 弱，CY_i 比 2011 年增加 0.0006，增幅为 7%；大兴区 C_i 与 CY_i 匹配气泡落于第三象限，C_i 弱，CY_i 弱，比 2011 年增加 0.0005，增幅为 10%；2012 年，昌平区 CY_i 提升 0.0001，提升幅度为 1%，C_i 与 CY_i 匹配气泡上升到第一象限。

将 2010—2012 年 C_i 与 CY_i 匹配气泡放在同一个坐标平面上（见图 5），可以清晰地看出 2010 年到 2012 年 C_i 与 CY_i 匹配气泡的位移及分布。①

房山区、通州区、顺义区 C_i 与 CY_i 匹配变化最为明显，其中随年份变化，房山区的气泡位移最大。房山区 2010 年、2011 年配比气泡落于第一象限，在 2012 年落于第四象限，2012 年 CY_i 比 2010 年下降 0.0092，下降幅度为 52%，房山区对传统文化资源的开发还没有形成稳定的机制及模式。通州区 2010 年、2011 年匹配气泡均在第一象限，在 2012 年落入第四象限，2012 年 CY_i 比 2010 年降低 0.0015，降低幅度为 14%，通州区的文化创意产业发展的可持续性有待提高。顺义区 2010 年匹配气泡位于第一象限，在 2011 年、2012 年落于第三象限，2012 年比 2010 年 CY_i 减少 0.0038，比 2011 年 CY_i 增加 0.0006，变化幅度分别为 29%、7%，顺义区的文化创意产业受 C_i 较弱限制，CY_i 不强。

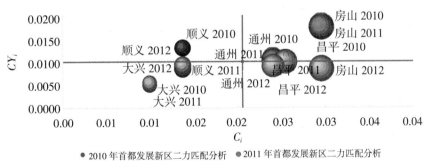

图 5 2010—2012 年首都新区传统文化资源力与文化创新产业力匹配分析

昌平区、大兴区匹配气泡位移变化不明显。昌平区 2010 年和 2011 年匹配

---

① 图 5 坐标原点、横坐标与纵坐标均与图 2、图 3、图 4 一致。

气泡重叠，均位于第一、第四象限横轴上，C_i 强，而 CY_i 等于均值，2012 年 CY_i 增加 0.0001，增加幅度为 1%，昌平区匹配气泡中心提升到第一象限，相对于较强的 C_i，CY_i 是较低的，上升空间很大。大兴区 2010—2012 年 C_i 与 CY_i 的匹配气泡均落于第三象限，位移不明显，大兴区 2012 年 CY_i 比 2010 年减少 0.0004，比 2011 年增加 0.0005，变化幅度分别为 7.5%、10.2%。大兴区 C_i 与 CY_i 均不高，虽然匹配度较高，但是相对于第一象限的强强匹配，还有优化空间。

（三）首都发展新区"二力"匹配现状成因分析

为什么首都发展新区的"传统文化资源力（C_i）"与"文化创意产业力（CY_i）"整体上并不呈正相关关系？本文发现五区受到行政主体、经济条件、文化科技融合等主客观条件限制，传统文化资源与文化创意产业发展步伐出现区域性差异，首都发展新区传统文化资源与文化创意产业的互动融合机制还未形成。

第一，传统文化资源约束性强，产业化能力低。如昌平区的物质文化遗产和非物质文化遗产资源虽然丰富，但是这些遗产存在较强的资源约束性，处于"严格保护"的状态，很多只被允许进行公益性的民众活动，对其进行进一步开发利用难度大，产生的经济效益有限。

第二，缺乏顶层设计，文化创意产业政策还不完善。完善的政策是文化创意产业发展的重要保障，首都发展新区五区的文化创意产业政策多是在全区扶持产业的政策中列了一些文化创意产业政策条款，对文化创意产业尤其对传统文化资源的开发等方面，在产业培育、市场准入、税收减免、人才建设等方面的政策还很缺乏。另外，首都发展新区如房山区规模以上企业数量少且分布不均，抵御市场风险能力低，市场活力受限。可以考虑引入中小型文化创意企业，积极培育创意活力与社会氛围，重点培育区域自身的文化创意企业。

第三，产业基础薄弱，文化创意产业内结构有待升级。首都发展新区作为承接北京城市中心区功能转移的重要区域，是北京城市未来发展的重心，目前处在转型升级关键时期，一些传统的产业逐步退出市场，高新企业逐渐成为区域主导，文化创意产业处于起步阶段，企业的平均规模小，运营质量不高，融资能力有限，龙头企业数量少，且能力有限，还不能形成有效的集聚效应；旅游业景区级别低，数量相对不多，且景区收入主要来源于门票收入，对经济贡献率不高。

第四，文化科技融合机制薄弱，传统与现代融合不够，创意元素缺乏。目前首都发展新区文化与科技融合度不高，文化与科技融合机制还未形成，普遍缺乏公共平台，包括信息平台、服务平台、数字化媒体销售发布平台，版权维护机制、互联网展览与文化产品真伪鉴定、投融资服务等支持严重缺乏。

结　语

综上，本文构建"传统文化资源力"与"文化创意产业力"二力匹配模型，基于此模型对首都、首都发展新区及房山、昌平、通州、顺义、大兴五区的"传统文化资源力"及"文化创意产业力"进行分析，综合运用首都发展新区"传统文化资源力"与"文化创意产业力"匹配四象限方法进行分析。

首都发展新区的"传统文化资源力"与"文化创意产业力"受到区域主客观条件的影响，如顶层设计不完善、产业基础薄弱、传统文化资源约束性较强等原因，"二力"互动机制运行不足，"传统文化资源力"与"文化创意产业力"并不呈现整体的正相关关系，首都发展新区"二力"匹配度还有很大的提升空间。针对此现状应该尽快优化首都发展新区文化创意产业结构，加快对传统文化的现代性转化，加强文化科技融合等，尽快引进与培养文化人才。同时需要解放思想，创新机制，"活化"传承，变"历史包袱"为创意动力，形成符合区域特点的特色文化创意产业形态。在新型城镇化进程中，如何传承与弘扬传统文化并形成区域发展特色，还需进行探索。

参考文献：

[1] 吕庆华：《文化资源的产业开发》，北京经济日报出版社 2006 年版。

[2] 欧阳友权：《文化产业概论》，湖南人民出版社 2007 年版。

[3] 厉无畏：《中国创意产业之父厉无畏：创意能复活一座城市》，《武汉晚报》2013 年 12 月 11 日。

[4] 王志标：《传统文化资源产业化的路径分析》，《河南大学学报》（社会科学版）2012 年第 2 期。

香港尖沙咀地区文创与科技、商业融合

——对上海建设浦江两岸文创聚集区的启示*

黄墨寒**

【内容摘要】 在文化大发展、大繁荣的方针指导下，在后世博建设的契机下，上海计划将原世博园区（浦东、浦西）以及徐汇滨江地区打造成黄浦江两岸隔江相望、互动发展的文创聚集区。这三个文创聚集区的发展目标以及得天独厚的地理位置优势与世界闻名的香港尖沙咀地区非常相似。因此，通过对尖沙咀地区的历史沿革和特点分析，对上海建设浦江两岸文创聚集区具有一定的借鉴价值。

【关键词】 尖沙咀　上海　浦江两岸　文创聚集区

一、引　言

随着中央推动文化大发展、大繁荣的提出，以及上海后世博建设的发展契机，上海正逐步建设沿黄浦江两岸，以原世博园区（浦东、浦西）、徐汇滨江为核心的多个文创聚集区。其中，原浦东世博园目前已有的大型文化设施包括中华艺术宫和梅赛德斯—奔驰文化中心，原浦西世博园则以上海当代艺术博物馆为核心，徐汇滨江则计划建造多个剧院与美术馆，结合西岸音乐节、西岸建筑与当代艺术双年展等大型文化艺术活动，打造西岸文化走廊。

----

* 本课题获得文化创意产业创新与合作研究院、上海戏剧学院青年科研项目的资助。

** 作者简介：黄墨寒，巴黎高等商学院（HEC Paris）在读管理学博士，上海戏剧学院创意学院艺术管理专业教师，青年艺术评论人、策展人、文创产业经营人，研究方向为营销、文创产业管理、文创产业与城市经济。

这些位于美丽的黄浦江畔的文创聚集区与香港尖沙咀地区在发展目标与地理位置等方面非常相似。尖沙咀，从一个荒芜的小村落，通过建设交通、商业、文创，发展成为香港主要的游客区和购物区，对上海浦江两岸的文创聚集区具有相当的启发、借鉴作用。

二、尖沙咀地区简介

尖沙咀是香港九龙西油尖旺区的一部分，位于九龙半岛西南端，与香港岛的中环及湾仔隔着维多利亚港相望，是香港主要的娱乐、文艺、旅游及购物区域之一，区内设有多座博物馆和文化中心。从地理学的角度看，尖沙咀是九龙半岛南端的一个海角，毗邻红磡湾。

三、尖沙咀地区发展历程

1860 年，根据《北京条约》，界限街以南的九龙半岛被割让给英国，包括整个尖沙咀。英国占领尖沙咀后，在该处兴建军营及水警总部，又开始填出尖沙咀西部海傍做海运用地。

自 1888 年开办了天星小轮后，尖沙咀借以逐渐繁荣起来，也成为外国人的新兴住宅区。

尖沙咀曾经是九广铁路的终站。自九广铁路香港段于 1910 年 10 月 1 日通车后，尖沙咀的火车站于 1913 年动工，尖沙咀钟楼作为火车站的一部分，于 1915 年完工。尖沙咀遂成为当时香港交通的枢纽。

而 1928 年开业的半岛酒店，是当时全亚洲最豪华的酒店之一，也成为当时九龙半岛的地标建筑。

20 世纪 70 年代，原尖沙咀以东的红磡湾西岸进行填海工程，发展出现时尖沙咀东及红磡的用地。而随着尖沙咀的发展，尖沙咀火车站主楼于 1978 年拆除，迁往红磡后扩大地盘，原址建起香港太空馆和香港文化中心，钟楼在市民的要求下保留下来，仍然屹立在九广铁路尖沙咀火车总站的位置上。现在，钟楼被香港文化中心门前的广场环抱，并且成为香港的地标建筑。火车站搬迁后，部分曾被路轨占用的地方亦被重新发展，包括新世界中心及尖沙咀东一带。

以下是尖沙咀的历史年表：

在 19 世纪初期，尖沙咀只是一个很荒芜的小村落。

1884 年，位于尖沙咀的香港天文台落成启用；香港水警总部建成。

1888 年，天星小轮启用，开始提供往来香港岛及九龙半岛的渡轮服务。

1910 年，由尖沙咀通往广州之九广铁路通车。

1911 年，尖沙咀码头重建完成。

1916 年，尖沙咀火车站落成启用。

1920 年，尖沙咀码头巴士总站落成启用。

1928 年，香港现存最古老的酒店——半岛酒店开业。

1966 年，海运大厦落成启用。

1970 年，九龙公园落成启用。

1978 年，新世界中心第一期落成启用。

1979 年，香港地铁尖沙咀站落成启用。

1980 年，新世界中心第二期落成启用；同年 10 月 7 日香港太空馆落成启用。

1987 年，九龙仓将海洋中心、海运大厦、马哥孛罗香港酒店商场和港威商场所有广东道物业统称为海港城购物区。

1988 年，中港城落成启用。

1989 年 11 月 8 日，香港文化中心落成启用。

1990 年 11 月 8 日，香港科学馆落成启用。

1991 年 11 月 15 日，香港艺术馆落成启用。

1997 年，名店城落成启用。

1998 年 9 月 28 日，香港历史博物馆落成启用。

2004 年，香港星光大道落成启用；同年 10 月 24 日九广东铁尖东站落成启用。

2009 年，九龙西铁线通车，由香港水警总部改建而成的 1881 Heritage 开幕。

同年 12 月 K11 及 iSQUARE 商场开业。

四、尖沙咀地区特点分析

与香港，乃至世界上大多数的文创商业区相比，尖沙咀具有如下特色：

（一）不容错过的特色与精彩纷呈的热点交相辉映

米其林指南（Le Guide Michelin）是全球公认的美食及旅游指南，将收录其中的餐厅分为 3 个级别，即三星级餐厅："值得专程为之而制订旅行计划，前去品尝的最佳餐厅"；二星级餐厅："即便是绕远路也值得一去的餐厅"；一星级餐厅："在附近有众多餐厅时的优先选择"。

在尖沙咀，游客也能很容易找到这些不同档次的场所，如不容错过的维多利亚港夜景、游客首选的香港最大面积的购物中心——海港城、值得一去的星光大道、香港文化中心、香港艺术馆、香港太空馆等，当然，还有若干米其林星级餐厅。

（二）文创、科技、商业紧密结合，互相助力

尖沙咀并不是一个纯粹的商业区，也不是一个纯粹的文创艺术聚集地。尖沙咀是一个具有多种功能、满足多元需求的综合社区。这里有大量的旅游景点、豪华酒店、购物中心、文创、科普场馆和公共空间/绿地。这些文创、科技、商业元素，互相融合，吸引着各种不同年龄、性别、国籍、喜好、教育背景的人群，满足他们在一天内不同时段或不同出发点的需求。

美国在 20 世纪末的旧城改造，特别是市中心的改造过程中，就提出了"都市娱乐中心"的概念，极力推崇把文创、科技、商业融合在市中心的集购物、休闲、娱乐、旅游等目的为一体的对步行和自行车游客友善的大型综合体中，并在随后的旧城改造中广为建设。布劳恩就曾指出，并在之后被多次引用，商业部分需要娱乐（文创）部分来吸引人流，娱乐（文创）部分也需要商业部分的收入来支撑整体开销。① 而之后学者的研究也认可并强调了"都市娱乐中心"在振兴老旧的中心城区中的作用。

---

① Raymond Braun，"Exploring the Urban Entertainment Center Universe"，*Urban Land*，1995（8）：11 – 17.

不约而同地，佛罗里达也在他的书中强调了旅游景点、文化艺术活动、夜生活、历史建筑等因素在吸引和积聚人气方面的重要作用。①

与尖沙咀的整个大环境相似，尖沙咀的各类场所也将文创、科技、商业融合到一起。例如：每天晚上 8 点让许多游客惊叹不已的大型镭射灯光音乐汇演《幻彩咏香江》，由维多利亚港两岸总共 44 座摩天大楼与地标建筑合作举行，透过互动灯光及音乐效果，展示维港充满动感和多姿多彩的一面，是艺术与科技结合的成果。另一个例子是区域内的购物中心，不仅仅是 K11 购物艺术馆，其他大型购物中心，如海港城等，也在商场内外融入相当的艺术、创意、设计元素，并时常邀请乐队进行演奏，以吸引时尚潮流人群前来消费、驻足。同时，这里的人流和艺术活力也吸引了一些本地的艺术家在建筑外进行有偿/无偿的才艺表演。

（三）交通便捷，四通八达

尖沙咀可以说是香港公共交通最为方便的区域。从前文的尖沙咀发展历程中可以看到，除了地铁、巴士总站、天星游轮外，从澳门以及中国大陆（珠海）的客运码头以及游轮码头，即中港城，也在尖沙咀的核心区域。

（四）建筑相对集中，游玩方便快捷、省时省力

尖沙咀的核心区域位于维多利亚港沿岸比较紧凑的一块区域中。在此区域中，不仅有香港文化中心、香港艺术馆、香港太空馆三大文化、科普建筑，也聚集了海港城、K11 等购物中心，还有半岛、喜来登、马哥孛罗等豪华酒店，这些建筑都在普通人几分钟的步行圈中。因此，来到这里的人得以很轻松地在休闲、文创、购物、娱乐、餐饮、夜生活中无缝切换。

（五）同时吸引本地居民和外地游客

尖沙咀以其多姿多彩的生活内容吸引了本地居民和各地游客两大人流来源。对游客来说，维多利亚港的美景、高档的酒店和众多的购物场所对他们来说有致命的吸引力。对本地居民来说，商场、餐厅、文化艺术场馆也是休闲生活的不二选择。

（六）通过持续的精彩活动吸引人流与关注

尖沙咀地区大大小小的精彩活动不断，小到各个商场、文化中心举办的各

---

① Richard Florida. *The Rise of the Creative Classs – Revisited*：*Revised and Expanded*. New York：Basic Books，First Trade Paper Edition edition，2014，pp. 287 – 300.

种活动，大到类似 2013 年 5 月 2 日举世瞩目的橡皮鸭登陆维港的国际热点。这些活动一方面吸引了大量的人流，另一方面，通过相关的新闻报道、社交媒体、口耳相传，一次又一次地为尖沙咀地区做着营销推广，形成了相当的经济效益和社会效益。

五、对上海建设浦江两岸文创聚集区的启示

纵观尖沙咀地区的发展历程和区域规划，对浦江两岸三大文创聚集区的规划建设有如下的启示和借鉴：

（一）促进文创、科技、商业的结合

就目前浦江两岸三大文创聚集区的现状来看，虽然都有重量级的文化设施、机构、活动来拉动人气，但商业配套明显不足，可供市民休闲、消费的场所极度匮乏，其造成的结果有二：一是参观、参与者来了就走，没有给该地区带来消费，也没有给该地区带来长时段的人流（在上海参观 2 小时的美术馆与在尖沙咀参观、餐饮、休闲、购物、娱乐一整天相比）；另一种更可怕的情况是，潜在的参观、参与者由于该地区无法满足其餐饮、休闲、购物、娱乐的多元需求而转投其他地区（上海 K11 在莫奈展期间排长队与同期的中华艺术宫鲁本斯展门庭若市就是一个明显的案例）。

退一步讲，文创人才也不是不食人间烟火的仙子，他们也需要在咖啡馆、餐厅、酒吧、宾馆和本地商店中休闲消费、获取灵感、集思广益、碰撞思维、试验创意。

因此，除了开发区域内的文创设施以外，政府还必须引进一些或大型或著名或有特色的商业综合体入驻。2014 年 4 月 23 日，浦东世博园内的世博轴更名为"世博源"，成为上海全面开放的最大购物中心，就是一个可圈可点的重大举措。同等重要的，在这些地区得天独厚的沿岸风光带上，政府还应该规划一些集中的餐饮、酒吧、休闲区域。

（二）健全交通与配套设施，提升易于进入性

浦江两岸三大文创聚集区的另一个重大问题就是交通便利性的缺失。例如，这 3 个地区的地铁都是新建的、人流相对较少的线路，并且从车站到重大的场

馆都有一定的步行距离。考虑到游客、弱势群体、拖家带口等情况，在区域交通和配套设施上，与人性化较强的香港尖沙咀地区比，还存在一定的差距。

（三）打造不容错过的拳头产品

提及旅游演出，上海首推《ERA 时空之旅》；提及夜间观光，上海首推"浦江夜游"；提及购物，上海必谈恒隆、陆家嘴、徐家汇、静安寺、南京路步行街、五角场；提及夜生活，上海必谈新天地、衡山路。这些不容错过的必去地点、必游活动纷纷带动着所在地区的人气和消费。浦江两岸三大文创聚集区除了坐拥两大重量级美术馆——中华艺术宫、上海当代艺术博物馆，和梅赛德斯—奔驰文化中心，以及一些大型文化艺术活动之外，并没有太多让人优先选择甚至即便是绕远路也值得一去、值得专程为之制订旅行计划的设施或活动。

（四）本地居民与外地游客两手抓

目前第一次来上海旅游的人群主要的目的地还是在外滩、陆家嘴、人民广场、新天地等处，打造并推广上海的新吸引点，需要一个长期建设投入过程。将交通枢纽或游客集散点、旅游大巴下客处迁移到相关地区，可能是一个行之有效的方法。另一个有效的方法，是可以效仿尖沙咀的规划，在区域内引进大量高星级宾馆、精品酒店等高端商旅人士入住率比较高的住宿设施，直接缩短本区域与游客之间的空间距离。

在吸引本地游客方面，除了便捷的交通外，还需在区域内大力引入居住、工作的空间（如住宅区、写字楼、创意园、高校等），并提高入驻率，尤其是吸引年轻的、受过高等教育的、富有活力和消费力的人群在本区域生活、工作、学习，形成就近消费、就近参与的人气效应。区域内的企业可以吸引员工在区域内生活、消费，区域内的企业和员工还可以吸引更多的为企业和员工服务的机构入驻，这些服务型机构又能吸引更多的企业和工作人员，形成人气的良性循环的聚集。

这里特别指出研究型大学和艺术类院校入驻的意义。虽然学术型机构直接的商业价值较低，但是以高校为核心，首先聚集了大量的人气（学生、教职人员等等）并因此引发大规模消费，再进一步，由研究型大学带动创新创业，由艺术院校带动文创产业，从而形成有效的产业聚集。此外，以高校为核心的区域在人与人之间还能形成更强、更高效的联系，加速信息传播与交流。佛罗里达的理论和美国全球最有影响力也是历史最悠久的智库之一的布鲁金斯研究院在 2014 年最新的研究报告——《创新地区的崛起》中都强调了研究型大学在创意社区崛起中的巨大作用。①

（五）持续的活动与推广

在这一点上，徐汇滨江是做得比较成功的，近两年来，每年在此举办的音乐节、双年展、创意市集、马拉松等各类大型文化体育活动，源源不断地将文创爱好者和体育爱好者吸引到美丽的滨江，将滨江的风貌和发展展示给热爱生活的人群，并吸引他们经常性地前来。如今，无论是傍晚还是周末，都能在徐汇滨江的沿岸景观带上看到各色来此休闲、娱乐、运动的人们。

（六）相对集中的区域规划

与活动上的成功相比，徐汇滨江在这方面，由于其先天区域形状上的不足，造成了各场馆和建筑的分散布局，从最北的徐汇滨江规划展示中心到最南的西岸建筑与当代艺术双年展现场，蜿蜒超过 5 千米的路程。同样的，浦东、浦西的世博会原址，也由于区域范围大、空地多等"优势"，造成了建筑和设施的分散。如何在空旷的区域进行相对集中的规划、定位和开发，可能是有关部门需要重视的问题。

此外，佛罗里达在他 2014 年新版的著作《创意阶层的崛起》中批判了传统的中心城区重生手段，即建造体育场馆、大型购物中心等，而推崇一种更简单、经济的方式，即通过诸如创造公园、自行车道、街道文化等小投资来提升社区环境，提高社区中的日常生活水平，打造一个开放、活力、多样化的环境。街道级别的文化，即道路两边的小型文化设施和休闲娱乐设施以及围绕这些商家产生的人流和活动，如画廊、剧院、咖啡、本地特色商店、餐厅等，能够从心理上缩短步行的距离，让游客更愿意步行穿梭在社区中，不仅体验，也同时成为街道级别的文化的一部分。因此，在联结重点场馆的沿线布局一系列小型文化设施和休闲娱乐设施，并帮助他们经营得有活力、有特色，需要引起重视。

（七）借力国际知名品牌并落到实处

虽然浦江两岸三大文创聚集区各自每年都举办不少文创活动，例如大型展览、音乐节等，但是大多是自己创办活动，试图建立自有品牌，而不是引入具

---

① Richard Florida. *The Rise of the Creative Classs – Revisited*: *Revised and Expanded*. New York: Basic Books, First Trade Paper Edition edition, 2014, pp. 309 – 312.

有全球影响力的品牌或者活动（相比全世界媒体和游客关注的维港橡皮鸭事件）。作为世界文化城市的上海，需要放眼全球，用国际视野来规划建设文创聚集区，在国际舞台上与纽约、伦敦、巴黎、新加坡、东京、香港等国际一流大都市对话，吸引全球的目光和来客，而不仅仅满足于在本地、本市、本国的影响力。创建自有品牌固然意义非凡，在现阶段需要拉动人气的阶段，还是将国际一流品牌和活动引进来，并通过这样的平台拓展跨国合作比较切实可行、见效迅速。

六、结 论

尖沙咀的发展固然有其特殊的历史原因。但是，纵观其发展的历程和目前的现状，还是颇有可圈可点之处。尤其在浦江两岸规划和建设文创期的初期，乃至运营阶段，特别是在文创与科技、商业的结合以及区域内规划、交通布局、活动策划、招商引资等方面，对政府和开发商而言，都有学习和借鉴的价值。

参考文献：

［1］萧国健：《油尖旺区风物志》，油尖旺区议会，1999 年，第 176 页。

［2］Richard Florida. *The Rise of the Creative Classs – Revisited：Revised and Expanded.* New York：Basic Books，First Trade Paper Edition edition，2014.

［3］Tim van Vrijaldenhoven. *Reaching Beyond the Gold：The Impact of Global Events on Urban Development.* Rotterdam：010 Publishers，2007.

［4］B. Joseph Pine II，James H. Gilmore. *The Experience Economy.* Boston：Harvard Business School Press，Updated edition，2011.

［5］Bruce Katz，Julie Wagner. *The Rise of Innovation Districts.* Washington D. C. ：The Brookings Institution，2014.

［6］Raymond Braun，"Exploring the Urban Entertainment Center Universe"，*Urban Land*，1995（8）.

［7］John S. Bender. *An Examination of the Use of Urban Entertainment Centers as a Catalyst for Downtown Revitalization.* ［dissertation］. Blacksburg：Virginia Polytechnic Institute and State University，2003.

［8］ Edwin Heathcote，"Are creative people the key to city regeneration?" *The Financial Times*，2014.

［9］ Kevin Roose. "5 Reasons Cities Are Getting Better, and Everywhere Else Is Getting Worse"，*New York Magazine*，2014.

吉林省文化品牌发展模式及路径研究

张智远*

【内容摘要】 虽然吉林省目前已经拥有一批国内知名的文化品牌，但他们的影响力还是很小的，主要原因是其规模、集聚和品牌效应还有待进一步拓展和提升。而且吉林省文化产业还缺少一定数量的龙头企业以及响当当的文化品牌，这是吉林省文化品牌下一步亟待解决和大力发展的瓶颈问题。这方面还真正需要大量人力、物力、资金、政策等的投入、倾斜和扶持以及因地制宜的发展策略。而首当其冲的是要解决吉林文化品牌发展的模式及战略问题。

【关键词】 文化品牌效应　雁型模式　长白文化品牌战略

一、概　述

目前，国内外关于文化品牌的研究成果可谓汗牛充栋，但是专家和学者们多是针对世界性的大品牌或者某个国家的知名品牌展开研究的。直接针对像吉林省这样一个省份或者局部品牌的研究就不是很多了。本文将首先对涉及吉林省文化品牌的学术研究进行一个系统的梳理，然后提出可借鉴的成果，最后提出吉林省文化品牌发展的模式及路径方向，以期能够助推吉林省文化品牌腾飞和走向世界。

----

* 作者简介：张智远，吉林财经大学国际经济贸易学院副教授，主要从事产业经济学和跨文化管理研究。

二、吉林省文化品牌研究现状

针对吉林省文化品牌的研究，在吉林省省内还是有一定量的专家和学者进行了大量的研究，但是他们研究的角度各异，提出的观点和建议也各有所长。以下将从四个方面进行阐述和分析。

（一）吉林省文化品牌发展存在问题的研究

邴正、丁晓燕（2007）研究发现吉林省文化精品欠缺，缺乏全国知名的品牌，尚无全国乃至世界有影响且有吉林特色的文化精品展示活动。林君（2010/2011）认为吉林省应该找准结合点，打造文化产业品牌，并且吉林省文化还要"走出去"打品牌、塑形象。宋扬（2011）建议吉林省的文化产业要发展，就必须发挥竞争优势，明确品牌产品主导地位。赵小娜（2011）认为创新是文化品牌的生命力所在。郭文军（2011）发现吉林省文化产业也存在诸多如龙头企业数量少、缺少品牌、缺少名家大师和领军人物等问题。吕萍（2012）发现吉林省的满族文化旅游资源多姿多彩，遗憾的是，这些资源并未得到充分的开发与利用，更缺乏过硬的文化品牌。李建柱（2013）认为吉林省许多品牌聚集区和文化产业聚集区在推动区域经济社会发展中的综合效用尚未得到深入挖掘，致使吉林省在国内国际文化竞争中处于不利地位，更不是文化创意品牌生产强省。

这些研究的成果很好地反映了吉林省文化品牌发展的现状，也提出了一些建设性的改进方法，但是，从总体上来看，还是有许多地方值得进一步深入挖掘和系统化论证分析。

（二）吉林省文化品牌发展业绩的研究

宋莉（2007）研究得出，2006年，吉林省着力打造了一批体现吉林风情、东北特色的优秀文化品牌。在全国各类艺术评比中，我省艺术院团夺得了多个大奖。艾杰（2009）综述认为吉林电视剧已成为吉林省亮丽的文化品牌，长影集团是吉林省闻名海内外的一张名片以及吉林出版集团跃居中国出版业第一方阵。雷中原等（2011）通过新华每日电讯报道针对吉林特点，在文化体制改革和文化产业发展上，吉林省提出了四个结合。实施这"四个结合"，使吉林文化产业从过去的"短板"逐渐转为老工业基地转型"新引擎"，文化产品由过去的"绿叶"逐渐转为"精品原创"，文化企业也从以往的"塑造品牌"逐渐转为"品牌输出"。陈楠（2012）得出吉林省已培育出如伪满皇宫博物院、长影世纪娱乐城、动漫集团、二人转等拥有一定规模、有一定品牌效应的文化企业与新兴文化产业品牌。修远（2012）总结说吉林省文化产业已由初级阶段进入加速发展的新时期，涌现出一大批具有自主创新能力、知名品牌、自主知识产权的文化企业和企业集团。

虽然吉林省目前已经拥有了一批国内知名的文化品牌，但是他们的发展规模和集聚效应还有待进一步拓展和提升。尤其是吉林省文化品牌还缺少真正的龙头企业及响当当文化品牌的带动，这是吉林省文化品牌下一步亟待解决和大力发展的瓶颈问题。这方面真正需要大量人力、物力、资金、政策等的投入、倾斜和扶持。

（三）吉林省文化品牌发展综合类研究

丁晓燕、赵玉琳（2003）撰文提及吉林省文化产业的发展并涉及文化品牌的发展。《经济日报》的张小国等（2009）报道吉林省发展文化产业的区位优势和资源优势并不明显，但这里的文化景致却别有一番风光，被称为文化产业中的"吉林现象"。隋剑英等（2012）认为吉林省拥有一批特色优势品牌和精品力作，吉林省应该依托长白山黑土等地域文化，全力打造特色文化品牌。刘丽娟（2013）认为当前吉林省应加快影视产业的发展步伐，整合影视资源，打造精品品牌和多元化的产业链。吉林省影视产业缺乏核心品牌或特色影视作品的支撑，影视产业难以同国内外大型影视企业竞争。

对于吉林省文化品牌的综合发展，以上的专家和学者提出了很好的发展理念，但是在此基础之上，还需要更上一层楼地进行整合和梳理。需要从吉林省文化产业发展的整体布局出发，进行文化产业上层格局的良好规划，从而打造吉林优势文化品牌，提升吉林省的竞争力和综合实力。

（四）吉林省文化品牌发展建议类研究

郝圣亮、伊秀丽（2010）研究建议吉林神让传统产业变身，让新兴产业领跑，让文化品牌成就产业之路。李淼（2011）研究建议吉林省应当发展长白山文化，形成长白山文化品牌。邴正（2011）接受采访时说吉林省要着重树立文化品牌。赵小娜（2011）以吉林省为例研究得出文化产业的最高价值是创造品牌，品牌是文化产业快速发展的重要引擎。付俊龙等（2011）认为应该打造具有吉林特色的文化产业，为长吉图建设树立自己的文化品牌。孙宇晖（2012）提出利用长吉图通道促进文化由单一向多元演进，以特色项目创新品牌文化等对策。马学谦（2013）研究认为应充分利用吉林省的各种文化资源并由此产生知识产权，形成文化品牌。杨旭（2013）提出借鉴张家港模式构建延吉民族特色文化品牌。季明辉（2013）觉得吉林省应该着力打造在国际、国内都有较大影响力和知名度的特色文化品牌，以名品牌来提高特色文化产业市场竞争力。

以上研究和成果分别从不同的角度对吉林省文化品牌的问题和发展进行了很好的研究，但是他们大多只是就某个角度进行的，而本课题将在此基础之上综合性地研究和探索推进吉林省文化品牌大力发展的多种途径。

三、吉林省文化品牌发展的模式及路径分析

（一）文化品牌核心竞争力效应

文化品牌能够体现文化的核心竞争力，对文化产业有着巨大的提升和带动作用。其有以下五个方面的效应：一是整合效应，能够最大限度地整合文化资源，优化资源配置；二是聚集效应，能够有效吸引人流、物流、资金流和信息流；三是增值效应，能够大幅度提高产业增值能力，实现利润最大化；四是辐射效应，能够带动形成产业链条，拓展市场发展空间，催生更多的市场主体；五是放大效应，能够大幅度提高市场占有率，扩大区域文化的影响力和知名度。因此吉林省的文化产业要想赢得市场，就必须走品牌化建设之路，打造具有强大竞争力的文化品牌，充分发挥品牌的经济竞争力和文化感召力。

（二）吉林省文化产业发展的目标

根据2010年5月吉林省委宣传部下发的《关于宣传文化工作为加快经济发展方式转变做贡献的实施意见》，我省将大力发展广播影视、新闻出版、演艺娱乐、动漫游戏、数字传输、网络服务、文化博览、休闲娱乐、艺术培训、艺术品经营等十大重点文化产业，打造3~5个在全国有较大影响的大型文化企业集团，建设10~20个各具特色的文化产业聚集区，力争在"十二五"时期，使文化产业增加值占全省GDP的比重达到6%以上，成为我省国民经济新的支

柱产业。这就要求我省在文化产业的发展上加大文化产业整合上市、优化结构、打造有影响力的文化品牌等方面进行战略性的调整和提升。其中文化品牌的发展可以从以下几个方面有所突破。

（三）吉林省文化品牌发展模式探析

1. 深化文化体制改革步伐

虽然2006年吉林省召开了全省文化体制改革工作会议，并制定下发了《吉林省文化体制改革实施方案》。但是文化体制的实效性还有待进一步具体落实和展开。因此，可以通过如下的方式继续加大我省文化体制改革的步伐：①进一步加快政府改革的力度，放大文化企业发展空间；②简化政府各项审批制度；③加大财政扶持和支持的力度；④鼓励民有资本参与各级国有文化企业；⑤继续完善各级文化市场综合执法机构的建设。

2. 打造品牌"雁型结构"发展战略

吉林省文化品牌的发展可以借鉴日本经济学家赤松要所提出的"雁行模式"。也就是将吉林省文化产业和品牌的发展相应地分为"雁首""雁翼"和"雁尾"三个部分。雁首是指"长白山文化品牌"；雁翼是指"传媒、影视、网络"等已具有一定知名度、规模及潜力的品牌；雁尾是指"旅游、休闲、演艺、娱乐"等大众文化品牌。具体就是以"长白山"优秀的文化和自然资源为中心，借助长吉图开发开放先导区的建设，充分挖掘长白山文化的内涵，奠定长白山文化建设、传播的坚实基础，尽快建立长白山文化产业带或者集聚区，大力推进长白山文化资源与旅游产业的深度融合，再加上2014年吉林省"长白山学者"遴选活动的升华，一个享誉全国的"长白山文化品牌"就会闪亮登场了。其次是以长影集团、吉林出版集团、吉林广电网络集团、吉林日报报业集团、吉林省歌舞集团、吉林动漫集团、吉林省吉剧团、东北风艺术团、吉林市歌舞团、长春电影节、长影世纪城等一批已经小有名气的文化企业来支撑起雁翼主体部分。最后是利用各个地区的历史文化等资源全力发展大众型、旅游文化型、历史文化型、休闲娱乐型等文化品牌，如红色旅游、冰雪节、吉林雾凇、查干湖冬捕等等。

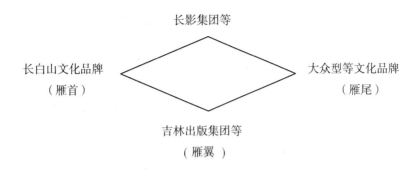

图1　吉林省文化品牌发展"雁行结构"新模式

3. 搭建多层次文化宣传平台

正像红花还需绿叶配一样，再好的文化品牌也需要有一系列良好的宣传手段来帮助做大做强。吉林省的文化产业和品牌的宣传可以有效地借助以下几种宣传平台来不断地扩大吉林省文化品牌在国内外的影响：①中国东北亚博览会；②"2011感知中国·俄罗斯行——吉林文化周""2012感知中国·韩国行——吉林文化周"、2013蒙古行——中国吉林文化周等系列活动；③国外、国内、省内等各级别的新闻媒体及会展中心等场所；④网络途径；⑤口碑相传。

4. 推进公共文化服务体系建设

公共文化产业及其产品的发展都离不开一个健康、系统、完善的服务体系。因此吉林省可以建立统一、开放、竞争有序的现代化文化市场体系，加大文化知识产权保护力度，健全吉林省文化品牌的评价体系，完善吉林省文化品牌的激励机制，制定前瞻性的文化法律和法规。

5. 突出生态和创意文化品牌

当今世界，各国都在追求低碳、环保、绿色等生态的发展模式，文化产业和品牌的发展也应该毫不例外。另外，文化品牌的发展要想具备长久的竞争力和潜力，具有创意理念是非常必要的。具体如下：①兼收并蓄，博采众长，增强吉林省文化产品及品牌的时代感和吸引力；②建立鼓励文化品牌的创意机制和体系；③强化文化产业创意人才队伍的培养；④学习借鉴国内外文化品牌发展创意的成功经验。具体如图2所示：

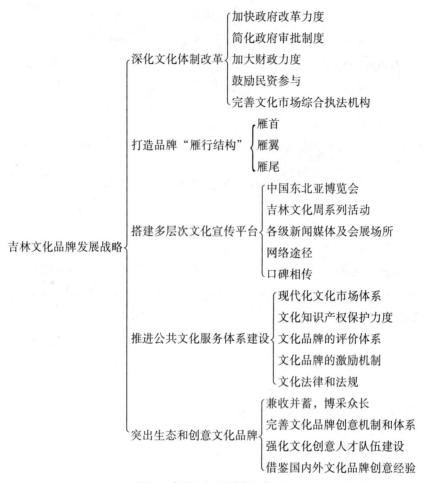

图2　吉林文化品牌发展战略

四、结　论

　　本课题在许多学者和专家研究的基础之上，进一步在理论上向前走了一小步，即借鉴"雁行理论"，将其活用到吉林省文化品牌的发展和开拓上，提出了吉林省文化品牌发展的"雁行结构"新模式。通过"长白山文化品牌"这块金字招牌的打造和提升，加上"长白山学者"学术领域的帮衬，再借助长白山天然的美丽风景、池水山色、品牌学术，人与自然浑然一体，这样吉林省文化品牌就有了向纵深发展的巨大潜力和美好前景。

吉林省文化品牌的发展在以上几种途径有机结合的基础之上，希望能够在文化产业的各个领域打造一批又一批国内、省内甚至国际性的文化产业的著名品牌，并由此给吉林省的发展带来良好的文化效应、经济效应和社会效应，达到三效合一的发展目标，早日助飞吉林省的文化产业。

参考文献：

［1］艾杰：《辉煌吉林60年之文化篇——文化改革催开万树奇葩》，《新长征》2009年第10期。

［2］邴正、丁晓燕：《吉林省产业发展的制约因素及对策》，《新长征》2007年第9期。

［3］邴正：《坚持特色文化建设》，《吉林日报》2011年12月9日。

［4］陈楠：《吉林省文化产业发展的战略思考》，《新长征》2012年第5期。

［5］常雅维、林晶晶：《吉林文化的新命题：为民生求发展——访吉林省文化厅厅长林君》，《中国文化报》2011年3月3日，第10版。

［6］丁晓燕、赵玉琳：《吉林地域文化与经济发展》，《社会科学战线》2003年第5期。

［7］付俊龙、李金宝：《发挥吉林省文化资源优势　推动长吉图建设》，《劳动保障世界》2011年第2期。

［8］郭文军：《大力发展文化产业　加快吉林经济发展》，《企业文化》2011年第6期。

［9］郝圣亮、伊秀丽：《春风化雨润生机——吉林省文化产业"转方式、促发展"走笔》，《新长征》2010年第11期。

［10］季明辉：《关于吉林省特色文化产业的调查与思考》，《吉林工程技术师范学院学报》2013年第4期。

［11］李建柱：《论区域特色文化产业发展的困境与对策——以吉林省为例》，《延边大学学报》（社会科学版）2013年第10期。

［12］刘丽娟：《促进吉林省影视产业发展的对策》，《经济纵横》2013年第9期。

［13］吕萍：《吉林省满族文化旅游资源开发刍议》，《社会科学家》2012年第3期。

［14］李群：《以品牌建设提升文化产业》，《求是》2009年第7期。

［15］李淼：《吉林省文化产业发展的分析与选择》，《政府管理创新理论与实践研讨会论文集》，2011年。

［16］刘晓梅：《吉林文化产业方兴未艾》，《中国经济时报》2010年1月29日，第4版。

［17］雷中原、李凤双、郎秋红等：《吉林：文化产业发展突破天花板》，《新华每日电讯》2011年5月14日，第1版。

［18］马学谦、张旭、范春燕等：《谈地域文化资源的创意开发——以吉林省文化资源为例》，《新长征》2013 年第 3 期。

［19］彭静、魏宝涛：《打造知名文化品牌策略研究》，《今日南国》2010 年第 3 期。

［20］邱兆敏、孟凌云：《提升层次　打造品牌　把吉林文化更好地推向世界——"2013 蒙古行中国吉林文化周"活动综述》，《吉林日报》2013 年 9 月 29 日，第 1 版。

［21］孙宇晖：《论吉林省文化产业的发展》，《花桥外国语学院学报》2012 年第 2 期。

［22］隋剑英、李向晖、刘海凤等：《吉林省文化产业研究》，《产业经济》2012 年第 2 期。

［23］宋莉：《我省文化建设正站在一个新的起点上——吉林文化要走向世界》，《长春日报》2007 年 2 月 28 日，第 8 版。

［24］宋扬：《吉林省发展文化产业的对策研究》，《政府管理创新理论与实践研讨会论文集》，2011 年。

［25］杨旭：《构建延吉民族特色文化品牌之思考》，延边大学，2013 年。

［26］赵小娜：《关于培育文化产业知名品牌的几点思考》，《戏剧文化研究资讯》2011 年第 6 期。

［27］赵小娜：《培育长春文化产业知名品牌的对策建议》，《长春市委党校学报》2011 年第 4 期。

［28］修远：《党的十六大以来吉林省文化产业改革发展的历程及成就》，《吉林省社会主义学院学报》2012 年第 3 期。

［29］张培奇、胡惠林：《探索与发展的十年：十六大以来我国文化产业学术研究述评（下）》，《学术论坛》2013 年第 2 期。

［30］张小国、徐立京、李亮等：《探寻文化产业"吉林现象"崛起的支点》，《经济日报》2009 年 9 月 23 日，第 14 版。

［31］张智远：《吉林文化品牌"雁形"发展战略研究》，《吉林日报》（理论版）2014 年 11 月 18 日。

文化与城市化

U40

Young Scholars' Anthology of
Culture Industry

新型城镇文化建设的理论支撑与研究展望*

范　颖**

【内容摘要】 文化建设是我国新型城镇化的重要使命。本文在文献梳理的基础上归纳了新型城镇的文化内涵与特征，回顾了以往有关城市发展与文化建设的关系、文化产业对城镇发展的产业推动作用、文化事业对城镇发展的精神引领作用以及新型城镇化进程中文化建设的策略和路径等主要研究成果，并在此基础上对未来新型城镇文化建设研究的发展方向进行了展望。

【关键词】 新型城镇化　文化建设　文化产业

一、引　言

自 1978 年到 2013 年，我国的城市数量已经从 193 个增至 658 个，建制镇从 2173 个增至 19410 个，城镇常住人口从 1.7 亿人增加到 7.3 亿人，城镇化率从 17.9% 提升到 53.7%①，有超过半数的中国人口进入城市，人口城镇化已经取得了巨大的成绩。

但是，人口城镇化不能代表城镇化的全部。文化建设的缺位给城镇化带来了不少问题，比如："大跃进"式的造城运动使得城镇缺乏文化特色；农民在转变身份后仍然缺乏文化认同，处于"离土不离乡"和"进厂不进城"的状

* 本文为 2014 国家财政项目"新型城镇化视域下文化建设指标体系及采集分析系统研发"、中国艺术科技研究所内自主项目"新型城镇化进程中文化建设关键性指标构建——对首都新城文化要素分布及布局的分析"（CASTI‑2013‑03）成果。

** 作者简介：范颖，北京大学艺术学院 2011 级文化产业研究方向博士生，研究方向为文化产业和文化贸易。

① 《国家新型城镇化规划（2014—2020）》，http：//news. 163. com/14/0317/08/9NHBGA 5O00014JB6. html。

态；文化遗产被破坏和遗弃，非物质文化遗产资源流失严重后继乏人等等。

2014年3月17日，中央颁布《国家新型城镇化规划（2014—2020）》，将文化建设纳入新型城镇的建设规划，包括公共文化服务体系的构建、增强城市创新能力、推进智慧城市和人文城市的建设等，旨在发挥文化引领社会道德风尚、促进城市经济发展的作用，提升我国的城镇化质量。

本文拟对国内外新型城镇文化建设的研究进行回顾和整理，并对未来研究进行展望，以期为深化该领域的研究和推进我国新型城镇化的实践提供借鉴和启示。

二、新型城镇的文化内涵与特征

（一）中国的城镇化与西方的城市化辨析

"城镇化"与"城市化"均译自英文"Urbanization"，是一个词的不同译法，但由于我国农村人口众多，镇多面广，运用"城镇化"比"城市化"更为准确、严密，符合中国城市化道路的特殊性。[①] 传统的城市化是发达国家的城市化模式，体现在工业化与城市化同步进行，以经济增长为先，带来了文化冲突和环境破坏等一系列问题，而中国的城镇化是经济体制改革推动的，是生产要素和商品打破壁垒自由流动、聚集并形成全国统一市场体系的过程，应从一开始就注重经济、社会、文化和生态的协调发展。[②]

由于国内外有关城镇发展与文化建设的研究，大多使用的是"城市"一词，所以本研究在梳理适用于新型城镇文化建设的理论和文献时，仍沿用原文用词。

（二）新型城镇化的文化内涵与特征

"城镇化"在《中华人民共和国国家标准：城市规划术语标准》中的定义是："人类生产与生活方式由农村型向城镇型转化的历史过程，具体表现为农

---

① 项继权：《城镇化的"中国问题"及其解决之道》，《华中师范大学学报》（人文社会科学版）2011年第1期，第1~8页。
② 花建：《新型城镇化背景下的文化产业发展战略》，《东岳论丛》2013年第1期，第124~130页。

村人口向城镇人口转化以及城镇不断发展与完善的过程。"可见，人口转移只是城镇化的表象，生产和生活方式的转型与融合才是城镇化的实质。新型城镇化的"新"，在于以人为本，由过去片面注重追求城市规模扩大、空间扩张，改变为以提升城市的文化、公共服务等内涵为中心，真正使城镇成为具有较高品质的宜居之所。①

三、新型城镇文化建设的理论支撑和文献回顾

对于城镇化与文化建设的关系，中外学者相继做出了很多分析和论述，笔者总结了以往的研究，发现关于新型城镇文化建设的主要理论支撑可以归纳为以下四类。

（一）城镇发展与文化建设的关系

1. 人文是城市的重要功能和发展目的

面对工业革命和城市化所带来的环境破坏以及人文缺位的现象，西方城市规划界从 19 世纪末开始回归"人本主义"，强调要以"城市即人民"的核心理念来发展城市。城市人本主义大师帕特里克·格迪斯（Patrick Geddes）认为城市的发展既要重视物质环境，又要重视文化传统与社会问题，应从人类生态学的角度研究城市的成长动力。② 而美国著名社会哲学家刘易斯·芒福德（Lewis Mumford）认为，城市是文化的容器，而且这个容器所承载的生活比这容器更重要。他把"文化贮存，文化传播和交流，文化创造和发展"称为"城市的三项最基本功能"③。

城市化应该是社会结构体系中城市和农村这两个子系统在社会现代化进程中的升级、分化和重新组合的过程，必然引起文化的冲突和融合。④ 从文化层面来说，城市化是城市文明的普及和共享。因此，新型城镇化，既是农村人口

---

① 曹昌智：《新型城镇化与历史文化名城保护》，《中国名城》2013 年第 5 期。
② ［英］格迪斯著：《进化中的城市——城市规划与城市研究导论》，李浩等译，中国建筑工业出版社 2012 年版。
③ ［美］刘易斯·芒福德著：《城市文化》，宋俊岭等译，中国建筑工业出版社 2009 年版。
④ 贾高建：《社会整体视野中的城乡关系问题》，《中共中央党校学报》2007 年第 4 期，第 23～27 页。

转化为城市人口的过程，也是农村地区的生产、生活方式向城市社区的生产、生活方式转化的过程，更是一个由乡村社会、乡村文明逐步变为现代城市社会和城市文明的自然历史过程。

2. 文化建设对城市发展具有促推作用

戴维·斯罗斯比（David Throsby）在《经济学与文化》中提出了"文化资本"的概念，认为其区别于物质资本、人力资本和自然资本，能同时创造经济价值和文化价值。他认为文化资本对于城市生活至少存在四种互不排斥的作用：第一，特殊的文化设施本身就包含了影响城市经济的重要文化特征和文化魅力，比如比萨斜塔；第二，"文化区"往往会成为一种区域发展模式，比如都柏林的"文化区"；第三，文化产业可能构成城市经济的重要组成部分，比如纽约百老汇；第四，文化可能利用城市及其居民所特有的文化特征和文化习俗，通过培养社会认同、创造力、凝聚力和活力对城市发展产生更加广泛的影响。[①]

文化是城镇的魅力所在，也是新型城镇建设的重要资源，可以提供精神动力和智力支持，并转化为产业力量助推城市经济发展。黄鹤在《文化规划——基于文化资源的城市整体发展战略》一书中回顾了西方城市发展策略的转变——从追求经济发展转变为运用文化规划来促进城市整体发展，致力于社会目标、经济目标和美学目标的并重，兼顾文化资源和文化活动的合理空间布局，对中国城镇的规划建设具有一定的参考价值。[②] 屠启宇、林兰（2012）提出文化规划是城镇规划的重要组成部分，应贯穿于公共规划与政策的制定，并在分析中国城镇文化规划问题的基础上，提出了文化规划的三大导则。[③]

（二）文化产业对城镇发展的产业推动作用

1. 促进生态文明和城市的可持续发展

由于人类赖以生存的资源日益短缺，生态文明这种"自然—人类—社会"复合生态系统共生共荣、协调发展的社会文明形式得到推崇。而1987年联合国世界环境与发展委资会（WCED）在《我们的共同未来》报告中将人类社会发

---

① ［澳］戴维·思罗斯比著：《经济学与文化》，王志标、张峥嵘译，中国人民大学出版社2011年版。

② 黄鹤：《文化规划——基于文化资源的城市整体发展战略》，中国建筑工业出版社2010年版。

③ 屠启宇、林兰：《文化规划：城市规划思维的新辨识》，《社会科学》2012年第11期，第50~58页。

展要坚持的"可持续性原则"定义为"满足当代人的需求，而又不损害其子孙后代满足其需求能力的发展"，也是对生态文明的一种呼应。

我国的新型城镇化进程应努力改变传统粗放型的城市发展模式，建立低耗、低碳、高效、集约、宜居的新型城市发展模式，促进城市集约发展和绿色发展。① 文化产业作为知识密集型产业，是推进新型城镇生态文明建设和可持续发展的重要抓手，花建（2013）认为应发挥文化产业"渗透、包容、引领、联动"的作用，推动产业的转型升级、自主创新，带动城镇的生态化和可持续发展。

城镇的可持续发展不是简单解决节能减排、污染防治问题，或者促进经济增长，它本质上是一个发展方式问题，是用经济、文化、社会与生态环境统筹的全面协调可持续理念指导城市发展。

2. 促进经济发展和改善人力资本结构

新型城镇化的动力机制是复杂的，俞万源（2012）认为文化产业可以促进城市经济效益的提高，创造就业机会和提高人口与劳动力素质，改善人力资本结构带动产业结构升级优化，是城市发展的重要动力之一。② 而花建（2013）认为文化产业要对新型城镇化做出贡献，必须突出四个重点：发挥文化引领和提升作用，推动产业和城镇双转型；壮大文化产业主体，培育新型企业家群体；鼓励社会各界参与，推动产业要素的流通和各种财富的涌流；再造城镇空间形态，从产业园区走向文化城区。向勇（2013）认为以开掘文化资源、发展文化城镇为目标的"文化造镇"是新型城镇化的重要模式之一，他以台湾南投县埔里镇桃米村为例，阐述用文化产业和创意思维去改造传统的物质要素，不仅可以推动经济发展，而且可以将村民培养为"创意阶层"，将城镇变成产业生产、居民生活、展现文明的三重空间。③

文化产业与其他产业的重大区别之一，就在于它在推动经济发展的同时，可以改善城镇的人力资本结构。将城镇居民作为人力资源的根基，传承他们的

---

① 李国平、谭玉刚：《中国城市化特征、区域差异及其影响因素分析》，《社会科学辑刊》2011 年第 2 期，第 106～110 页。

② 俞万源：《城市化动力机制：一个基于文化动力的研究》，《地理科学》2012 年第 11 期，第 1335～1339 页。

③ 向勇：《中国式"文创造镇"战略的理念与原则》，《文化产业》2013 年第 5 期，第 20～21 页。

文化并提供适宜的环境和适合的设施来促进他们自身的不断发展，可为城镇带来持续的生机和活力。

3. 推动新型城镇向创意城市、人文城市发展

查理斯·兰德利（Charles Landry）在《创意城市——如何打造都市创意生活圈》一书中，提出了"创意城市"的概念。他认为创意城市是利用艺术文化所具备的创造力来挖掘社会潜力，创造性地解决城市问题的一种模式，城市整体的创新取决于城市的创意基础、创意环境和文化因素，并提出了构成创意城市的基础七要素。① 而日本创意城市研究者佐佐木雅幸认为创意城市应具备六个条件：一是艺术家与科学工作者的创意，同时一线劳动者与手工艺工作者也需要开展创意活动；二是一般市民要具备能够享受艺术文化的充裕收入和自由时间；三是具备各种大学、技术学校、研究所和剧场等充实的文化设施；四是环境政策是城市发展政策的重要组成部分；五是城市发展政策要考虑经济与文化平衡发展；六是在城市综合发展政策中创意文化政策占有一席之地。②

除了创意城市，中外学者还提出过很多城市发展模式，比如"人文城市""田园城市""休闲城市""智慧城市""慢城"等等，均是为了解决片面发展所带来的城市问题。与创意城市相近，这些城市发展模式在尊重城市独特文化资源、重视人文历史元素的挖掘利用的同时，坚持"以人为本"，通过加强城市人文建设来激发人民的文化参与热情，提升城市的文化竞争力。

（三）文化事业对城镇发展的精神引领作用

1. 公民文化权与公共文化服务

联合国的《世界人权宣言》和《经济、社会、文化权利国际公约》归纳了文化权的基本要素：参与文化生活的权利、保护文化认同的权利、享受科技进步及应用所带来的好处的权利、保护民族与国际文化财富和遗产的权利、保护文化作品的精神及物质利益的权利、公开和私下应用自己语言的权利、受教育权利等。③

---

① ［英］查尔斯·兰德利著：《创意城市——如何打造都市创意生活圈》，杨幼兰译，清华大学出版社 2009 年版。
② 刘平：《国外创意城市的实践与经验启示》，《社会科学》2010 年第 11 期，第 26～34 页。
③ ［新加坡］阿努拉·古纳锡克拉主编：《全球化背景下的文化权利》，张旄强译，中国传媒大学出版社 2006 年版。

卜希霆、齐骥（2013）认为新型城镇化的文化建设，要关注文化民生，重视公共文化服务的均等化、普适化、大众化，从而以文化关怀驱动城镇化，实现生产方式、生活方式、思维方式的现代化。[①] 林琳、李永道（2013）以济南市历城区为例，提出了公共文化服务应注重塑造道德风尚、打造文化品牌、激发群众参与热情以及提高公共文化服务人才队伍素质的建议。[②]

文化民生和文化惠民是新型城镇化进程中文化建设的基本要求，是构建公共文化服务体系的重要指导原则。公共文化服务不仅仅是图书馆、文化馆等硬件设施的建设，还包括软性文化服务的提供，重要的是鼓励群众参与文化建设和分享成果。

2. 文化多样性与非物质文化遗产保护

世界文化与发展委员会在《我们的创造的多样性》报告中提出，发展不仅包括得到商品和服务，而且包括过上充实的、满意的、有价值的和值得珍惜的共同生活，使整个人类的生活多姿多彩。而联合国教科文组织在《文化政策促进发展行动计划》中指出："文化的繁荣是发展的最高目标。""文化的创造性是人类进步的源泉。文化多样性是人类最宝贵的财富，对发展是至关重要的。"

随着城市化的推进，很多城镇的文化生态正在遭受破坏，文化多样性正在消失。孟航（2013）认为城镇化是改变各民族人口地域分布的过程，无疑会对民族文化的流传和多样性造成影响，建设有特色的民族城镇、带动民族风俗习惯和价值观的发展是务实的文化实践，有助于民族文化的保护和传承。[③] 程丽云、徐美群（2011）对赫哲族的主要聚居区——佳木斯市开展个案研究，探寻在城镇化进程中如何开展赫哲族非物质文化遗产的保护工作。[④] 张林燕（2013）从七个方面提出了甘肃民间美术保护、继承与城镇化建设和谐发展的措施。[⑤]

[①] 卜希霆、齐骥：《新型城镇化的文化路径》，《现代传播》2013 年第 7 期，第 119～123 页。

[②] 林琳、李永道：《新型城镇化视阈下农村公共文化服务体系建设的路径探析——以济南市历城区为例》，《济南职业学院学报》2013 年第 6 期，第 1～4 页。

[③] 孟航：《文化实践与民族地区的新型城镇化道路》，《中国民族》2013 年第 12 期，第 10～13 页。

[④] 程丽云、徐美群：《城镇化进程中赫哲族非物质文化遗产的保护》，《佳木斯大学社会科学学报》2011 年第 3 期，第 88～90 页。

[⑤] 张林燕：《非物质文化遗产保护与城镇化建设和谐发展的研究》，《生产力研究》2013 年第 12 期。

非物质文化遗产的传承，将直面新型城镇化的冲击。将非遗的传承列入新型城镇文化建设的总体规划，通过抢救性保护、文化生态保护区的整体性保护和生产性保护等不同的形式，为我们未来的文化发展留住多样性，等到合适的时机到来，它们也许会像昆曲一样，焕发出新的生机和光彩。

3. 文化自觉与文化转型

面对全球经济一体化和城市现代化浪潮，基于中国传统乡土社会的文化反思，费孝通提出"文化自觉"是指"生活在一定文化中的人对其文化有'自知之明'，明白它的来历、形成过程、所具的特色和它发展的趋向……自知之明是为了加强对文化转型的自主能力，取得决定适应新环境、新时代时文化选择的自主地位"①。

中国城市化进程中出现的"千城一面"以及物质文化遗产的建设性破坏，是缺乏文化自觉和文化自信的后果。张鸿雁（2013）认为城镇化必然要面对传统文化与现代文化的冲突与融合，为了避免全盘西化丧失自我和单纯依靠技术和资源的畸形现代化，中国的新型城镇化应从"城市文化自觉"层面上进行主体建构，并提出递进式的建构层级。② 文化自觉的最高境界是"各美其美，美人之美；美美与共，天下大同"，只有充分认识到自己本土文化美在何处，才能在现代多元文化中确立自己的位置，建设出富有特色、符合人民群众需要的新型城镇。

在城镇文化自觉的同时，乡村文化面临的则是文化转型。张雪筠（2005）认为农村传统的依赖人格、等级观念、小农意识、封闭保守等心态只有通过文化转型，才能建立起与现代社会相匹配的以权利性、公民性、法治性为核心的文化系统。③ 在新型城镇化过程中，必须通过文化融合、社会组织等方式，帮助进入新城镇的农民尽快建立适应城市生产生活方式的社会网络和文化认同，最大限度减少社会不适感，降低城乡之间的文化和价值冲突。

（四）新型城镇化进程中文化建设的策略和路径

加强文化建设，是我国新型城镇化的重要任务和迫切需求。国内诸多学者

---

① 费孝通：《论人类学与文化自觉》，华夏出版社 2004 年版。

② 张鸿雁：《新型城镇化进程中的"城市文化自觉"与创新——以苏南现代化示范区为例》，《南京社会科学》2013 年第 11 期，第 58～65 页。

③ 张雪筠：《"城市性"与中国城市化进程的文化转型》，《东方论坛·青岛大学学报》2005 年第 4 期，第 108～110 页。

提出了新型城镇文化建设的策略和路径，比如范周（2013）认为，发展以人为第一资源、以生态文明为核心诉求、以市场经济为市场手段的文化产业，建设新兴业态与文化产业融合的特色乡镇，塑造以城市群为单位的文化产业空间布局，培育综合素质全面提高的新市民，将公共文化服务融入城市建设，是新型城镇化发展的重要路径。[1] 巩慧（2013）以蓟县为例，提出新型城镇进程中的文化建设要做到：在城市规划中凸显文化元素，为城市发展科学定位；提升文化服务水平，打造良好的人文环境；大力发展文化产业，促进文化繁荣发展；文化传承与创新并重，正确处理好文化遗产保护与城镇发展的关系。[2] 少数民族在城镇化过程中，要面对民族文化差异带来的就业和文化适应问题，对此柳建文（2013）认为少数民族新型城镇化的策略与模式包括：以"产城融合"为动力推进城镇发展；以民族文化生态为支点规划城镇；以社会融合为导向构筑城镇生活模式；以制度建设引领和保障城镇化进程。[3]

可见，新型城镇的文化建设问题是错综复杂的，既包括中国文化如何得以保护与传承的发展命题，又包括市民文化身份的转换以及文化认同的问题，还包括城镇产业结构调整以及少数民族的文化适应等问题。问题与策略之间，需要更严密的理论论证和普遍的实践检验，方能归纳出新型城镇文化建设的模式与路径。

四、未来研究展望

综上所述，现阶段对于新型城镇文化建设的研究，大部分围绕着文化建设对城市发展的意义、文化事业的精神引领作用和文化产业的产业驱动作用以及新兴城镇文化建设的战略思考。如何将这些宏观层面的研究进一步推进，为我国新型城镇化进程中的文化建设提供借鉴，笔者认为可以从以下四个方面进行

---

[1] 范周：《关于我国城镇化与文化发展的思考》，《现代传播》2013 年第 8 期，第 55～58 页。

[2] 巩慧：《打造"有韵味"的城市——浅析新型城镇化进程中的文化建设》，《求知》2013 年第 8 期，第 36～38 页。

[3] 柳建文：《新型城镇化背景下少数民族城镇化问题探索》，《西南民族大学学报》（人文社会科学版）2013 年第 11 期，第 16～22 页。

尝试和突破。

第一，构建新型城镇文化建设指标体系。城镇规模不同，文化资源不一，文化建设的目标和任务则应有所差异。为了避免"大跃进"式的文化硬件设施建造，也为了能够更好地满足新型城镇居民的文化需求，有必要建立新型城镇文化建设指标体系，通过对文化要素的梳理和指标的对比分析，为公共文化设施的兴建、公共文化服务的提供以及文化遗产的保护等文化建设工作提供规划依据。

第二，拓展新型城镇发展模式的研究广度，深化文化建设的研究层次。西方的城市化模式并不完全适用于我国的城镇化建设，而日本的"造乡"运动、台湾的"社区总体营造"运动，在民间文化的保护与传承、文化城市的创意创新等方面有不少可以研究和借鉴的发展模式。此外，目前对于新型城镇文化建设的研究，大多集中在战略层面，对于艺术院团、文化企业、文化园区等主体在新型城镇化进程中的成长机制，还有待后续研究的跟进。

第三，加强新型城镇文化建设实证研究的深度和广度。目前相关理论大多运用在分析个别城镇的成功案例上，普适性有待验证。未来的研究需要在政策制定和城镇实践两个层次上加强理论的实际运用，而且可以从不同区域的城镇发展模式和特点进行深度研究和探讨。

第四，将社会学、心理学等学科的理论和方法运用到新型城镇居民的研究中。比如，可以从城镇居民的文化消费入手，探究其社会身份认同的问题。新型城镇化的核心是"人"的城镇化，城乡居民生产方式和生活方式的转变至关重要，新型城镇居民的文化心态是文化建设质量的重要考量。

参考文献：

[1] 项继权：《城镇化的"中国问题"及其解决之道》，《华中师范大学学报》（人文社会科学版）2011年第1期。

[2] 花建：《新型城镇化背景下的文化产业发展战略》，《东岳论丛》2013年第1期。

[3] 曹昌智：《新型城镇化与历史文化名城保护》，《中国名城》2013年第5期。

[4] ［英］格迪斯著：《进化中的城市——城市规划与城市研究导论》，李浩等译，中国建筑工业出版社2012年版。

[5] ［美］刘易斯·芒福德著：《城市文化》，宋俊岭等译，中国建筑工业出版社2009

年版。

［6］贾高建：《社会整体视野中的城乡关系问题》，《中共中央党校学报》2007 年第 4 期。

［7］［澳］戴维·思罗斯比著：《经济学与文化》，王志标、张峥嵘译，中国人民大学出版社 2011 年版。

［8］黄鹤：《文化规划——基于文化资源的城市整体发展战略》，中国建筑工业出版社 2010 年版。

［9］屠启宇、林兰：《文化规划：城市规划思维的新辨识》，《社会科学》2012 年第 11 期。

［10］李国平、谭玉刚：《中国城市化特征、区域差异及其影响因素分析》，《社会科学辑刊》2011 年第 2 期。

［11］俞万源：《城市化动力机制：一个基于文化动力的研究》，《地理科学》2012 年第 11 期。

［12］向勇：《中国式"文创造镇"战略的理念与原则》，《文化产业》2013 年第 5 期。

［13］［英］查尔斯·兰德利著：《创意城市———如何打造都市创意生活圈》，杨幼兰译，清华大学出版社 2009 年版。

［14］刘平：《国外创意城市的实践与经验启示》，《社会科学》2010 年第 11 期。

［15］［新加坡］阿努拉·古纳锡克拉主编：《全球化背景下的文化权利》，张旒强译，中国传媒大学出版社 2006 年版。

［16］卜希霆、齐骥：《新型城镇化的文化路径》，《现代传播》2013 年第 7 期。

［17］林琳、李永道：《新型城镇化视阈下农村公共文化服务体系建设的路径探析——以济南市历城区为例》，《济南职业学院学报》2013 年第 6 期。

［18］孟航：《文化实践与民族地区的新型城镇化道路》，《中国民族》2013 年第 12 期。

［19］程丽云、徐美群：《城镇化进程中赫哲族非物质文化遗产的保护》，《佳木斯大学社会科学学报》2011 年第 3 期。

［20］张林燕：《非物质文化遗产保护与城镇化建设和谐发展的研究》，《生产力研究》2013 年第 12 期。

［21］费孝通：《论人类学与文化自觉》，华夏出版社 2004 年版。

［22］张鸿雁：《新型城镇化进程中的"城市文化自觉"与创新——以苏南现代化示范区为例》，《南京社会科学》2013 年第 11 期。

［23］张雪筠：《"城市性"与中国城市化进程的文化转型》，《东方论坛·青岛大学学报》2005 年第 4 期。

［24］范周：《关于我国城镇化与文化发展的思考》，《现代传播》2013 年第 8 期。

［25］巩慧：《打造"有韵味"的城市——浅析新型城镇化进程中的文化建设》，《求知》

2013 年第 8 期。

[26] 柳建文:《新型城镇化背景下少数民族城镇化问题探索》,《西南民族大学学报》(人文社会科学版) 2013 年第 11 期。

城市化与文化产业空间组织形式转型研究

胡洪斌*

【内容摘要】后工业社会的经济生产组织形式具有基于城市空间的弹性专业化发展趋势。作为典型性的新经济产业形态，文化产业的发展越来越需要空间集聚和柔性的组织形态。基于城市集聚的文化空间组织新形式，一方面在多元化的文化生产要素集聚的基础上，促进了创意氛围、弹性生产网络、创新效应、规模经济等空间产出效果的出现，另一方面也是城市空间再造、城市功能转型和实现新型城市化的重要方式。

【关键词】城市化　文化产业　空间组织形式　转型文化多样性

当今城市化与新经济的发展方向呈现出不谋而合的趋势，文化与经济各领域之间的融合正在不断加深，城市与文化产业发展的关系越来越密切，这也成为当代城市化进程的显著特征之一。基于城市空间集聚的文化生产体系构建，是调整城市空间布局、促进城市功能转换、实现新型城市化发展目标的重要路径。同时，我国文化产业经过十余年的发展历程，在普遍的政策扶持和推进下，各区域和各城市的文化产业都获得了较快的发展速度，但呈现出的一个重要特征是，各地方政府主导的区域文化产业发展普遍存在着不切实际的低水平重复建设、同质化竞争以及产品类型趋同性等倾向，基于城市集聚的文化空间组织形式的构建，一方面是实现各区域各城市间文化产业错位竞争和特色发展的重要路径，另一方面也是促进我国文化产业突破传统的生产组织方式，实现网络化、弹性化和规模经济效益的重要动力，是新阶段我国文化产业转型发展的重要方式。

----

* 作者简介：胡洪斌，云南大学文化产业研究院副教授，云南大学民族文化产业研究创新团队成员，主要从事文化产业理论与实践研究。

一、基于城市空间的产业集聚形态阶段性演变

作为集聚和专业化生产活动所在地，城市以重要的方式对产业发展发挥着作用。虽然我国乃至全球化经济正在进行深刻的转型与升级，但是集聚化的生产体系仍是获得外部经济性和规模报酬递增的重要方式，也是生产价值增值和贸易竞争优势的重要基础。但是，伴随经济快速转型升级的需求，基于城市空间的产业集聚形态不是一成不变的，而是不断创造着新的产业生产体系逻辑和集聚方式，以求获得最大的外部经济性和适应消费需求的转变。

随着经济生产方式的周期性变化，集聚方式也相应呈现出周期性演变规律。"演化经济学"先驱马歇尔，针对 19 世纪英国刀具工业和各种毛纺织区的观察，最早提出了"产业区"的概念。认为产业区作为与大企业相对应的产业组织模式，是同一产业中大量小企业的地理集中①，小的、垂直分离的企业形成了密集的交易网络，生产地理在一定程度上以古典的马歇尔式产业区的形式排列，构成了城市化模式的基础。伴随着 20 世纪福特式的大规模生产体系的形成，多层次、多样化的直接或间接供应主体，围绕主导厂商和增长极产业，在空间集聚上构成了新的综合体，并形成了 20 世纪发展过度的如底特律、芝加哥等大都市产业区域的经济基础。"此时在重要的产业核心区域与一系列依赖其产生的外围区域之间建立起独特的极化与滴入关系（极化/滴入关系可概括为核心区域作为高工资经济活动的集聚而发展，而外围区域变成了分散的低工资蓝领分工的库房），这在 20 世纪七八十年代的所谓'新国际分工'中达到顶点。"② 20 世纪七八十年代，工业化国家和城市的标准化大规模生产体制出现了危机，社会经济形势发生了明显逆转，后工业社会开始出现。正是在社会经济停滞增长的背景下，以中小型企业为主的"弹性专业化"城市集聚区表现出良好的发展绩效。"弹性专业化"的生产体系关注于中小企业的分工、专业化、信息网络和生产弹性，重视既竞争又合作的本地网络及其对本地独特社会文化

---

① 苗长虹：《马歇尔产业区理论的复兴及其理论意义》，《地域研究与开发》2004 年第 1 期。
② 艾伦·J. 斯科特：《城市文化经济学》，董树宝、张宁译，中国人民大学出版社 2010 年版，第 30、36 页。

的根植性，强调地方产业增长的社会、文化和制度基础，认为制度、劳动分工和学习创新之间存在紧密的相互作用，这种相互作用是区域发展的关键。①

为了适应不同阶段产业生产转型的需要，上述基于城市空间集聚的产业生产体系逻辑呈现出阶段性变化。19 世纪的作坊和工厂生产体系的集聚，虽然能保证产品的多样性和差异化，但仍然受规模小、专业化关联程度低等条件的约束，而很难达到外部经济性和规模报酬递增的产业效益。20 世纪福特式的大规模生产体系，虽然提升了生产效率和规模，但却损害了生产的多样性。而后工业社会弹性化的生产体系，一方面保证了多样化的产品生产，获得高度专业化、分工细化的好处和显著的外部经济性；另一方面，垂直非一体化的空间集聚方式，也是维持城市空间内经济主体之间竞争与合作平衡的重要基础。在新的生产逻辑下，城市作为产业集聚的空间，依然是马歇尔"产业氛围"和区域品牌形成的基本要素，同时，作为充足的专业企业和专业人才集聚的资源库，也为适应不同产业项目和产品生产需求提供了无限的组合变化可能，促使弹性化和网络化的生产结构形成，这种系统弹性的程度，将会是构建新的城市产业空间集聚逻辑的重要方式。基于城市空间的新的产业集聚形态和生产逻辑，是建立在面对面交流、信任合作和创新合作与扩散等产业环境和弹性化的生产体系的追求之上，而非完全是基于运输成本、交易成本等企业间交易成本的考虑。

二、新经济背景下城市化与文化产业空间组织形式转型发展

20 世纪后半期以来，西方发达国家纷纷进入后工业社会。后工业社会是一个从"工业化时代"走向"信息化时代"，从"机械时代"走向"创意时代"，从"增长主义"走向"可持续发展"的过程。经济高度发达、物质生活逐步富裕的发展阶段，对产品和服务的审美属性和符号属性的需求成为消费的主题，产品和服务的文化形式与文化意义成为关键性的生产策略，广泛渗透着文化属性、创意属性和符号意义的经济活动领域日益扩大。由此构成的知识经济和信

----

① 苗长虹：《产业研究的主要学派和整合框架：学习型产业区的理论建构》，《人文地理》2006 年第 6 期。

息经济成为新经济时代的根本动力，现代经济发展迫切需要由依赖资源消耗转向依赖创造更高的附加值来获得更大范围内和更长效的核心竞争力。新的发展阶段下，也为我国城市化和新经济的发展提出了新的要求和挑战。

一方面，从我国城市化发展的阶段性要求来看，"21 世纪中'城市'与'文化'的联姻是历史进步的必然，城市发展的走向必将是从'功能城市'走向'文化城市'。"① 我国很多工商业强市，由于土地资源紧缺，工业化的发展方式很难持续。低层次的发展方式、不断下滑的产业效应，以及城市服务功能滞后等问题，迫使这些地区想要在 21 世纪继续取得繁荣与发展，就必须从新的角度重新思考城市发问题，从陈旧发展模式中，转向提升产业原创和创造能力、提升无形资产投入和差异化的发展方向，转向构建一种创造性的文化。以发挥文化和创意经济的"渗透、包容、引领、联动"作用，走出一条文化产业与当地特色优势产业互动发展的道路，"就是从推动企业升级到培育新兴产业，从发展从属于企业的工业设计、创意开发、时尚服务等部门，到逐步形成面向社会的工业设计、创意开发、会展服务、时尚传播等企业，再到形成具有规模优势的文化创意产业集群"②。另一方面，从新经济的发展特征和要求来看，我国城市化建设正处于日益明显的以创意为核心竞争力的发展趋势之下，新的发展阶段显现出的显著特征是产品和服务本身被赋予了越来越多的象征价值，文化也越来越趋向于商品化，创意产业或创意经济显现出强大的发展潜力。一个值得关注的趋势是，在全球互联网、物联网等技术高度发展的今天，技术上的突破削弱了传统地理因素的重要性，产业所需的资源、资本技术和其他生产要素可以在全球范围内实现优化配置，对于传统产业来说，地理位置正在丧失其重要性。但是创意产业是具有高创新性、高知识含量的产业，拥有自主知识产权是创意产业发展的基础条件。在日益复杂、日益以知识为本并且日益充满活力的经济环境中，创意经济使得"在我们今天居住的世界里，空间作为组织经济过程的因素的重要性并不是在减弱，相反，它已经变得更加重要"③。基于城市空间的集聚化发展对新的产业效益的形成起着越来越重要的作用，这本身也是

① 单霁翔：《从"功能城市"走向"文化城市"》，天津大学出版社 2007 年版，第 217 页。
② 花建：《新型城镇化背景下的文化产业发展战略》，《东岳论丛》2013 年第 1 期。
③ 艾伦·J. 斯科特：《城市文化经济学》，董树宝、张宁译，中国人民大学出版社 2010 年版，第 30、36 页。

由新经济时代的新特性和新趋势决定的。

第一，全球化力量推动了知识、技术、信息、人才等要素在全球范围内的转移和扩散，使得国际分工由产品分工向要素分工转变，区域之间的联系更多地体现为因充当价值链某一特定环节而建立的紧密合作关系，全球生产体系的形成，使得生产得以在全球范围内展开。以互联网技术、物联网系统以及以3D打印等为代表的新经济技术支撑系统，在全球范围内的技术集成，一方面，使得创新和创意所需的物质生产功能可以在全球生产体系中获得，另一方面，创意转化为产品的物质生产功能的便利性、低成本、全球范围内的可获得性，将创意从生产中剥离出来并推至新经济发展的主导地位，同时，也让一个城市和地区以创意的集聚作为区域发展的主导力量，着力于提升城市创造力和创新力，加快高级生产要素的集聚，以提升城市能级和走向产业链高端成为可能。

第二，技术的便利性和功能完善，不仅加速了创意产出的效率，也提升了全球消费市场的可达性和可利用性，提升了多样化产品生存的可能性，这为企业以差异化的路径获取持续的市场竞争力提供了机遇和动力。同时不断提升的消费者的品位与对新颖性和创新性产品的需求，将会促使创意经济呈现出越来越高的创意产出速度和产品更新频率。因此，创意经济很难形成标准化和规模化的生产组织方式，而要求具有较高弹性的生产技术和生产组织形式。基于城市空间的创意要素集聚，可以不断吸纳创意经济所需的各类人才、企业、资金和项目，形成具有充足的专业企业、专业人才和风险投资基金等要素集聚的资源库，以围绕不断变化的市场消费需求和越来越多样化与高更新频率的创意项目，提供无限可能的组合变化，这也是新经济背景下城市创新系统形成的基础条件。

第三，创意经济不同于传统大规模和标准化的福特制生产方式，它强调原创性，更强调艺术家和创意阶层的中心地位，而高度的原创性和持续的创造力不仅仅源于个体的努力，更多地依靠各类主体相互交流和刺激。基于城市空间的创意集聚越来越成为持续性创意的源泉，首先，以多样化的项目为主导，以自组织的形式多次形成新组合，是建立城市空间内相互信任、知识交换和学习效应的最有效形式，是激发创意和创造力的有利条件。其次，"创意城市中各种团体间相互作用而形成'创意鸣'，对创造力产生和创意产业区形成具有积极作用，其中，以因文化活动消费而形成的艺术鸣作用最为重要"①。艺术家和创意阶层由于从事的创意性工作的特征，崇尚自由、多样、刺激和体验性的生活和工作方式，面对面的交流是获得信息和创新灵感的重要方式，城市多样化的文化消费空间能为创意工作者提供良好的创意情境。

第四，城市空间集聚是创意经济获得强大的集体声誉效应的重要方式，也是具有协调服务功能的政府、准政府机构的集合。"城市藉由'图像化地'呈现自我来竞争"，"自我图像迟早会吸引人的目光，并产生象征性"，"象征性创举通过构思与象征的力量，得以跳过冗长的了解过程，并避免了大费唇舌的解释"②。世界性的中心城市都有专门化的创意生产领域，如米兰时尚和工业设计、巴黎时尚设计、好莱坞电影制作等等，产品与生产地之间的内在文化和品质的联系，成为影响消费者购买决策和消费心理越来越重要的因素，城市空间的创意集聚，尤其是基于城市某一特质的创意集聚，无论是对于创意者还是消费者，都是构成认同印象的重要方式，也是形成具有地方城市特质的垄断性竞争力的重要基因。需要指出的是，城市"图像化"的集聚效应，需要与地方和当地的传统和特色相联系，而不是不加区别地模仿和跟随。基于城市空间的创意集聚也促进了各类公共服务设施和空间、优惠或扶持政策、中介组织、科研创意部门等基础性制度和机构的构建，这也是促进地方经济灵活高效运行的重要保障。

三、基于城市空间集聚的文化产业空间组织新形式的构建

基于城市空间集聚的文化产业空间组织新形式的构建，就是在特定的城市文化、产业基础、资源条件和制度背景下，围绕专门化的创意生产领域，在城市空间内集聚各类创意活动、大量创意企业和创新性人才及相关辅助机构，通过自组织的竞争与合作关系，形成具有显著外向性、网络性、多维性和弹性产

---

① 肖雁飞、廖双红：《创意产业区：新经济空间集群创新演进机理研究》，中国经济出版社 2011 年版，第 20 页。

② ［英］查尔斯·兰德利：《创意城市：如何打造都市创意生活圈》，杨幼兰译，清华大学出版社 2009 年版，第 26 页。

业化的城市特色产业生产综合体，从而与城市转型发展和城市功能转换以及产业价值链的提升形成正反馈和递归效应，就其本质而言，它是城市空间再造、功能创新和文化产业空间组织形式转型的统一。

从基于城市集聚的文化产业空间组织形式构建的要素来看。首先，城市文化基因是新空间组织形式构建的逻辑起点。"文化因时间而具有价值，因空间而具有多样性，多样性即差异性，而差异性则意味着稀缺性……时间与空间在'稀缺'中交汇、融合。这一规律规定了文化经济的价值构成。"[①] 空间、文化和经济之间彼此共生，城市特有的文化属性、产业基础、经济秩序和制度环境都可以作为确立城市特定文化生产领域的推动力量，以形成独特的地方垄断性特征和集聚诱因，这种垄断力量和集聚诱因作为城市空间再造的基因，是城市差异化竞争的核心要素。如"第三意大利"、拉斯维加斯、里约热内卢、巴黎、硅谷等大城市或地区都在全球性后工业社会中，基于城市某一特殊基因，而迅速再生城市空间，并成为文化生产的重要中心。因此，特殊的城市基因与文化产品的品质之间存在着越来越密切的联系，其作为城市空间再造的逻辑起点，也将成为城市特色文化产业生产综合体形成的逻辑终点。基于城市集聚的文化产业空间组织形式的构建，必须立足于城市的某一个重要基因，在不断扩大的全球化市场中，寻求到具有发展潜力的利基空间，作为城市创意集聚的起点和诱因，进而发展为专门领域内生产的前沿和中心。其次，生产性和生活性服务网络是基于城市集聚的文化产业空间组织形式构建的基础条件。任何产业的发展都不是孤立的自我发展形势，而是在城市甚至是更大范围内的社会生产网络中进行的，基于城市集聚的文化产业空间组织形式的构建不仅需要金融、保险、银行以及交通和现代物流等传统的生产性服务业，更需要国际性的会展平台、交流论坛、教育培训以及信息服务平台等促进人才流动、项目合作、提升地区影响力的新兴生产性服务网络。另外，生活性服务网络创意经济时代对于创意人才的吸引力不断凸显，创意工作者所从事的创意工作特征，决定了其更加倾向于选择有较大自由度，能提供完善的小型公共空间和交流集会的地区，如酒吧、咖啡厅、特色餐厅和艺术空间等，这是促进面对面交流、激发创意、产生新思想和建立联系的重要方式和条件，也是新的组织形式下社会合作网络形成

---

① 胡惠林：《时间与空间文化经济学论纲》，《探索与争鸣》2013 年第 5 期。

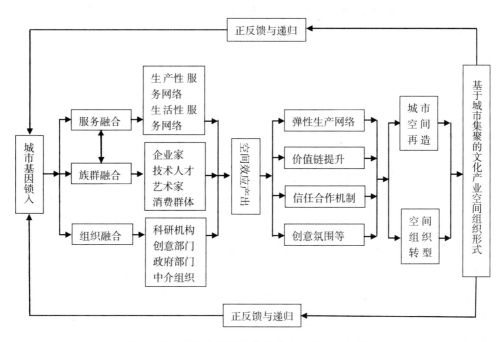

的起点。再次，组织机构是基于城市集聚的文化产业空间组织形式构建的重要保障。政府是营造宽松的社会和城市环境、培育良好的城市品牌形象、降低市场进入和退出壁垒的主导力量，政府宽松的制度环境一方面是吸引创意人才、企业、艺术家和消费群体的重要因素，另一方面，也可以促进城市内人才、技术和资源自由流动和自组织特性，以形成每个主体都有机会参与某个项目，每个人都能找到自己合适的位置的最优资源配置效果。

图1 基于城市空间集聚的文化产业生产组织体系

从基于城市集聚的文化产业空间组织形式构建的阶段来看。首先，围绕城市基因的要素集聚只是城市差异化转型和文化产业空间组织形式构建的第一阶段。基于城市基因，围绕专业化的创意生产领域，各类创意企业和创意人才开始入驻和集聚。随着产业进一步发展的需要，生产性和生活性服务网络以及组织机构开始构建。其次，创意氛围、弹性生产网络、竞争合作机制、创新效应及特色化的文化生产体系和城市品牌效应是要素空间集聚所要达到的空间产出效果，也是第二个发展阶段。反观发展较好的创意性城市的文化生产体系，虽然都有着代表着城市特质的主导型产业，但单一性的城市产业和城市功能很难形成各类要素空间集聚所要达到的网络化、弹性化空间产出效果，因此，围绕主导产业，发展多样性和多元化的产业功能，是集聚多类创意主体和消费群体的前提，进而形成具有充足的专业企业、专业人才和风险投资基金等要素集聚的资源库，以适时组成临时创意团队，满足多样性和多变的文化生产与消费需求。同时也是信任机制、合作机制、学习机制、成长机制、创新机制等动力机制的形成过程。最后，由于逐渐形成的城市声誉和品牌效应，将会不断加强以上过程的正反馈和递归效应，最终以不断强化的循环机制，促进城市空间内产业价值链的提升和新的文化空间组织形式的构建，以及城市空间再造和功能转换。

四、结　语

全球性竞争时代的文化经济具有与传统工业经济不同的发展趋势，技术的便利性没有削弱反而增强了地理空间集聚对文化经济发展的重要性，基于城市空间集聚的文化生产组织形式转型，既推动了城市经济发展方式的转变、城市产业转型升级以及城市空间再造和城市功能转换，实现了新型城镇化背景下，我国城市发展的可持续性、集约型、共享性和差异联动性。同时，也是促进我国文化产业区域布局合理化，由区域间分行业的低层次的竞争发展走向具有特色的差异化融合发展，由区域内各要素的组团隔离发展向区域内各要素的实时流动竞合发展的重要方式。

参考文献：

[1] 苗长虹：《马歇尔产业区理论的复兴及其理论意义》，《地域研究与开发》2004 年第 1 期。

[2] 艾伦·J. 斯科特：《城市文化经济学》，董树宝、张宁译，中国人民大学出版社 2010 年版。

[3] 苗长虹：《产业研究的主要学派和整合框架：学习型产业区的理论建构》，《人文地理》2006 年第 8 期。

[4] 单霁翔：《从"功能城市"走向"文化城市"》，天津大学出版社 2007 年版。

［5］花建：《新型城镇化背景下的文化产业发展战略》，《东岳论丛》2013 年第 1 期。

［6］肖雁飞、廖双红：《创意产业区：新经济空间集群创新演进机理研究》，中国经济出版社 2011 年版。

［7］［英］查尔斯·兰德利：《创意城市：如何打造都市创意生活圈》，杨幼兰译，清华大学出版社 2009 年版。

［8］胡惠林：《时间与空间文化经济学论纲》，《探索与争鸣》2013 年第 5 期。

文化断层背景下的新型城镇化问题研究

刘　敏*

【内容摘要】我国的新型城镇化是文化断层背景下的新型城镇化。研究指出，中国传统文化与西方文化的无序融合、物质和非物质文化遗产的生态空间破坏、文化供给与现实文化需求的机械对接、城镇建设与历史文化脉络的日渐断裂是文化断层背景下新型城镇化应避免的主要问题，并提出文化自觉与传承发展并举、遗产保护与开发建设并举、文脉挖掘与特色定位并举、文化引入与融合创新并举的新型城镇化发展模式和路径。

【关键词】文化断层　新型城镇化　主要问题　模式和路径

一、问题的提出

经济学家斯蒂格利茨曾经断言，"21 世纪，中国的城镇化和以美国为首的新技术革命将成为影响人类的两件大事"。2011 年，我国城镇化率首次超过50％，按照城市化阶段划分，已经初步进入城市社会。[①] 城镇化与新型工业化、信息化、农业现代化"四化"同步，将担负起我国全面深化改革、转变经济发展方式和促进产业结构优化升级的历史使命，是中国未来发展的引擎。

"新型城镇化"的最早提出可追溯到 2007 年。党的十八大明确提出了"新型城镇化"概念。2013 年中央经济工作会议进一步把"加快城镇化建设速度"列为经济工作六大任务之一。2013 年 12 月中央城镇化工作会议召开，2014 年 3月国家发布的《国家新型城镇化规划（2014—2020 年）》指出，"未来，我们

---

* 作者简介：刘敏，中国人民大学经济学院区域与城市经济研究所博士研究生，主要从事区域文化产业和城市经济研究。

① 叶裕民：《中国城市化之路——经济支持与制度创新》，商务印书馆 2005 年版。

将努力走出一条以人为本、四化同步、优化布局、生态文明、文化传承的中国特色新型城镇化道路",并在六章内容中对文化传承进行了科学阐述。新型城镇化更加突出和强调"以人为本"的理念,"新"就是以提升城市的文化、公共服务等内涵为中心,而不是过去片面注重追求城市的规模扩大和空间扩张,突出现代城镇的高品质和宜居性。"以人为本"同时也是文化的基本精神,而城市是历史文化和现代文化的重要载体,多样性的文化是城市发展的灵魂和根基,是现代城市竞争力不可或缺的组成部分,将会在我国的新型城镇化过程中发挥十分重要的作用。

然而,在日益全球化的进程中,我国传统文化与现代文化的传承和接续上存在断层或者断裂,在城镇化和新一轮"造城"运动中,许多城市逐渐丧失了地方性的、本土的、历史的文化,城市与城市间相区别的典型个性日渐丧失,地域文化上的不可替代性也逐渐消失。我国的新型城镇化是文化断层背景下的新型城镇化,文化随着社会的大幅度进步和革新总是不可避免地会出现断代和裂变,多元要素交织融合又生成新的文化内容,接续和替代原有文化准则与价值观。由于文化断层产生的一系列问题将直接作用于新型城镇化的方方面面,并集中影响城镇化的质量。

二、城镇化中文化断层现象剖析

第一,城镇化是城市发展的重要手段和推动力,文化与城镇化之间存在着十分紧密的相互关系。有学者指出,造成我国"文化断层"的主要原因有四个,即不继承、私有制、惰性以及思想垄断。现阶段我国文化断层的内涵主要体现在四个方面。一是文化根植的断层,体现在中国传统文化的根植地位被动摇,由于东西方文化交融带来的多元现代文化网络式和乘数级的交织壮大,越来越多的文化准则和价值观脱离了中国传统文化的原生土壤。二是文化传承的断层,指某些传统文化准则和价值观发生了扭曲,传统的农耕文化与现代工业文明、城市文明之间缺乏有效结合点,文化传承和接续难以为继。三是文化供需的断层,这是文化断层的微观内涵,直接反映期望的文化准则和价值观与现实的文化准则和价值观之间的差异,期望是"需",现实为"供"。四是文化认知的断层，与文化根植断层、文化传承断层和文化供需断层互为因果。

第二，文化断层与城镇化相互作用，使得城镇化呈现出独有的、极其鲜明的特点。由于城镇化的过程会带来与之相关的社会准则、制度等一系列变革，任何国家与区域的城镇化都必然出现传统文化与现代文化的冲突与融合。我国城镇化是有别于西方城市化的城镇化，既表现为不同层级城镇数量和规模的不断扩大，又表现为城镇建设和发展质量的不断提升，是一个"量""质"齐飞的过程。工业化中后期阶段和文化断层的双重背景下，必然会出现一系列误区和特有问题，在新型城镇化过程中应予以避免和纠正。同时，新型城镇化将担负起修复文化断层的历史使命，是促进文化传承的重要手段。

第三，中国传统文化与西方文化的无序融合。文化具有凝聚共识、调控秩序、强化认同、提高素养、重构价值体系的重要作用。在现代化和全球城市化背景下，我国面临着外来文化冲击和自身城镇化过程中遭遇的文化价值缺失，由于文化断层造成的文化准则和价值观的不合理扭曲会直接作用于城镇化的建设内容，城市文脉难以传承。我国文化在人类文明史上占据着及其重要的地位，究其原因，主要有两个：一是我国文化具有悠久的历史，二是悠远的时代背景之后蕴藏着鲜明的文化特色。悠久的历史和鲜明的特色造就了中国的传统文化，可以用相对固化的农耕文化来阐述。随着全球化的不断推进，文化融合的现象和特点越来越突出，尤其是西方发达的工业文明和城市文明，为我国的新型工业化和新型城镇化提供了有力借鉴。但是，中国的传统文化在现代化的过程中不可避免地受到西方文化的冲击，时至今日，已经很难用一个词语来概况中国文化是什么，新型城镇化中传统文化的特色地位和作用正在逐步弱化，城镇化建设中西合璧和西方化的痕迹越来越突出。随着技术进步和大数据时代的来临，先进存储技术和传播方式的出现在一定程度上甚至阻碍了文化的接续，并制造了文化的裂痕，保存文化的物质产品持续快速更新换代，使得现代化建设中文化的厚重感逐渐消失。

第四，物质和非物质文化遗产的生态空间破坏。由于长期恒定的文化传统的存在，它与文化习俗、政治体制、地域价值观以及地域自然条件相关联，形成了我国城市的地域特点，而物质文化遗产和非物质文化遗产作为独特和稀有的文化要素资源是地域特色的组成部分。从亚当·斯密到大卫·李嘉图，再到赫尔普曼、克鲁格曼等，绝对优势和比较优势理论不断向前发展，表明文化要素资源的独一性和特色，是获取城市发展优势的基础。然而，自 20 世纪 80 年代以来，城镇化对城市历史和文化遗存的破坏却进入一个比战争年代和"文革"时期更惨烈的时期，特别是近 10 年以来，随着城市更新、新城开发等项目的不断推进和房地产业的不断兴起，地价的不断上涨诱使许多古城古建等城市文化遗迹被毁坏。以北京胡同为例，据相关部门统计，1990—2003 年的 14 年间，北京胡同的数量就减少了 683 条，比 1965 年减少了 28%，破坏严重。再有 1995—2001 年的上海历史遗存建筑，随着城市建设的不断进行，7 年间大约拆除了 3000 万平方米，也就是说，上海大约 70% 的近代建筑都在大规模的城市开发中被拆除。在全国 125 座国家历史文化名城中，历史文化遗迹同样惨遭破坏，至今已经有将近 20 座国家历史文化名城没有历史文化街区，历史文化街区不合格率接近一半。非物质文化遗产长期没有完整的保护、培养和传承体系，城镇化带来的产业结构调整和转型升级消弭了原生的非物质文化遗产生存空间，文化生态的变迁导致传统的民俗文化与现代文化无法共融共生。

第五，文化供给与现实文化需求的机械对接。我国新型城镇化的过程必然伴随着文化市场的扩张与繁荣以及文化建设的发展，必然要求文化供给与现实文化需求的有效对接。不论是公共文化产品和非公共文化产品，古典经济学中的"萨伊定律"（供给创造需求）和需求决定供给规律在某种程度上交织存在，文化消费需求带来文化产品创新或服务创新，而文化产品创新或服务创新会带动新的文化消费需求。然而，城镇化中文化资源开发模式与现代人需求脱节现象十分严重，由于对经济效应和社会效应的过分追逐，文化产业的发展和文化产品的开发并未严格遵循供给与需求相匹配的原则，文化产品与消费者的需求不匹配，产业选择和产品设计与目标市场不匹配，文化产品目标市场定位不清晰，盲目学先进脱离自身发展实际，缺乏技术进步和人才等要素支撑，导致城镇化中出现大量烂尾文化产业项目，反而对经济社会发展起到反作用。

第六，城镇建设与历史文化脉络的日渐断裂。缺乏文化内涵的低质量城镇化会对文化传承、文化认知、文化繁荣等产生消极影响，使得文化在城镇化建设中的灵魂和命脉作用弱化，城镇建设是文化传承和繁荣发展的载体功能弱化，进一步加剧文化断层。举例来说，在漫长的文明进程中，虽然存在深浅不一的文化断层现象，但是直到近现代，我国的城市在空间格局、道路布局、建筑风格等方面始终保持着其一贯的特征，城市建设的南北轴线、方格道路网络与以木结构和大屋顶为标志的建筑风貌都是中国传统文化的集中体现，与欧美城市在建设开发中体现出的多元和多变特征形成了鲜明的对比。然后，如火如荼的城市现代化建设和新城建设，城镇文化特色日渐减弱，国家发展改革委城市和小城镇改革发展中心日前调查显示，90%的地级市正在规划新城新区，部分城市新城总面积已达建成区的7.8倍。城镇化与扩城运动并存的同时，地域文化特色逐渐消失。

三、新型城镇化的模式和路径选择

早在十八大确立的中国特色社会主义"五位一体"总布局中，文化建设就是重要内容。我国的新型城镇化是以人为本的城镇化，文化是新型城镇化的重要组成部分，也是城镇化建设的重要保障和推动力量。新型城镇化带来的是人文环境和文化氛围的聚合，在此基础上，传统的社会文化风俗习惯、信仰和价值观会进一步融合，"人本"理念会进一步体现并深化。强化文化发展理念，抱有文化发展远见，以文化建设为核心，不断提升城镇文化素养，培育新型城镇文化特色，强化文化保护、传承和发展手段，填补文化断层带来的城镇化建设畸变，高质量地推进新型城镇化。

1. 文化自觉与传承发展并举

费孝通先生在《乡土中国》一书中曾经对我国传统乡土社会文化进行反思，并对文化自觉进行论述，指出："生活在一定文化中的人对其文化有自知之明，明白它的来历、形成过程、所具的特色和它发展的趋向……自知之明是为了加强对文化转型的自主能力，取得决定适应新环境新时代时文化选择的自主地位。"我国的新型城镇化就是要扎根于文化，要求对传统乡土社会文化和现代城市文明共同反思，其中，文化自觉是基础，传承发展是举措，二者相辅相成。新型城镇化要求培养文化自觉，要基于文化意识梳理文化断层的内涵和外在表现，形成对我国传统和现代文化的科学认识。文化传承发展是要修补文化断层，把文化作为要素和内容等附着于产业、组织、表演、建筑、展示等现实载体之上，不断完善传承机制，并加大对传承人技艺传授、培训、学习等活动的经费投入和物质资助，形成文化建设规律，保证文化传承和发展的持久性。

2. 遗产保护与开发建设并举

文化遗产的保护是传承文化和修复断层的重要手段。文化遗产是重要的文化资源，但是，只有当文化资源转换为现实文化资本，以财富的形式具体表现出来，并达到文化价值积累效果的时候，才能真正意义上创造社会价值。文化遗产作为最主要的文化资源在新型城镇化中同时扮演要素和载体功能。要在遵循文化遗产保护相关政策法规的前提下，注重保护和锁定"本生态"文化环境，同时充分挖掘文化遗产的要素和载体功能，促进文化生态的衍生与再生。同时要加大对文化遗产复制和衍生产品的开发力度，与现实的文化消费需求和较为时尚的文化消费形式对接，最大限度地发挥文化遗产要素资源的产业价值和文化传播媒介作用，支撑新型城镇化中产业结构优化升级的战略需求和新型城镇面貌建设。

3. 文脉挖掘与特色定位并举

在第二次世界大战之后，西方国家的一些著名的国际化大都市，如巴黎、伦敦等，都对城市建设重新规划，对城市进行更新和再造。大规模、整容式、粗放的城市更新和再造使得原生的城市空间迅速丧失了历史的厚重感和人文的环境，城市变得索然无味。新型城镇化建设不是千篇一律的造城运动，而是一城一品的城市创造和再造运动，城市文脉挖掘和特色定位至关重要。要基于地域自然和人文历史特色，注重历史文化街区、历史文化村镇等的合理保护，与现代城市建设理念及手段融合对接，确立城市基调，用穿靴戴帽、地标建设、活动造势等方式，凸显地域文化的独一性和唯一性，彰显城市个性。

4. 文化引入与融合创新并举

新型城镇化中的文化引入包括两个方面：一是西方文化的引入和中国化，二是先进的城市文化引入农村并与乡村文化有机融合。这也是除历史因素之外，导致文化断层产生的两个最主要因素。城市本身是一个具有适应性开放系统功能的有机体，全球一体化加速了西方文化的舶来。我国新型城镇化的过程是从传统农业社会转向城市社会的过程，城市社会当中的一些文化要素和文化行为甚至文化心理结构很多来自传统乡村，具有典型的乡村文化的渗透性。要充分吸收外来文化的精华，借鉴其先进表现形式和传承方式，在根植于中国传统文化的前提下，促进其与中国现代城市文明相融合。

参考文献：

［1］叶裕民：《中国城市化之路——经济支持与制度创新》，商务印书馆 2005 年版。

［2］刘以雷：《新疆城镇化必须处理好四个关系》，http：//www. xj. xinhuanet. com/2012 - 07/12/content_ 25488548. htm。

［3］武艺：《话说"文化断层"》，http：//news. artxun. com/taozuo - 657 - 3283782. shtml。

［4］陈一筠：《城市化与城市社会学》，光明日报出版社 1986 年版。

［5］［美］刘易斯·芒福德：《城市发展史：起源、演变和前景》，宋俊岭、倪文彦译，中国建筑工业出版社 2005 年版。

［6］张鸿雁：《新型城镇化进程中的"城市文化自觉"与创新——以苏南现代化示范区为例》，《南京社会科学》2013 年第 11 期。

［7］蔡永洁：《中国城市如何重新找回特色》，《人民论坛》2013 年第 2 期。

［8］张鸿雁、邵颖萍：《率先基本实现现代化进程中的文化传承与创新——以江苏为例》，《江苏社会科学》2013 年第 1 期。

［9］刘文丰：《面向世界城市的北京文化遗产保护》，http：//news. sohu. com/20120514/n343115182. shtml。

［10］陆维馨：《不该忽视城市的文化价值——上海市建筑学会理事长、中科院院士郑时龄访谈》，http：//www. abbs. com. cn/jzsb/read. php? cate = 5&recid = 7209。

［11］刘良恒：《我国历史文化名城保护现状堪忧》，《经济参考报》2013 年 2 月 1 日。

［12］范周：《关于我国城镇化与文化发展的思考》，《现代传播》2013 年第 8 期。

［13］卜希霆、齐骥：《新型城镇化的文化路径》，《现代传播》2013 年第 7 期。

［14］林家彬：《对城镇化问题的几点思考》，《中国发展观察》2013 年第 8 期。

［15］刘立峰：《对新型城镇化进程中若干问题的思考》，《宏观经济研究》2013 年第 5 期。

［16］张扬：《人本理念下城乡统筹的新型城镇化制度创新分析》，《经济研究导刊》2013 年第 34 期。

［17］齐骥：《新型城镇化背景下文化发展的维度与路径》，《城市发展研究》2014 年第 3 期。

［18］蔡宁：《城市生长中文化失衡及治理策略》，《苏州大学学报》2014 年第 2 期。

［19］管宁：《城镇化：文化选择与实践理路——城镇化背景下文化传承的三重视野》，《福建论坛》2014 年第 2 期。

城市化背景下台湾都市文化治理的政策实施与经验借鉴

杨　毅　　杨佳续*

【内容摘要】在城市化的实践进程中，文化治理是现代化国家治理体系的重要组成部分，也是国家治理的核心能力之一。台湾地区文化治理的变迁经历了"政府主导—市民文化意识觉醒—全面文化治理"三个阶段，这一进程中台湾基于多元文化和谐共存的政策价值路向，打造了"多元的治理主体—顺应场景的治理方式—效度导向的治理内容"的三维实施机制，并在实现区域城市空间有效利用、增强都市文化认同、协同区域城市化进程等方面取得了良好的成效，这将为城市化背景下相关区域都市文化建设梳理出可资借鉴的治理经验。

【关键词】城市化　都市文化治理　文化政策　文化空间

台湾都市区域的快速发展促进了区域经济的进步，但也产生了极化效应与区域差距；吸引了人力资本的集聚，但也造成了利益多元与意识形态对立；形成了国际化的情境，但也弱化了本土文化的优长。城市发展的根本目的是提升人的生存质量与主观幸福，要实现区域的可持续增长，急需统筹兼顾城市化进程中的经济建设与文化治理二者的良性互动。在台湾地区都市产业结构、都市思想文化和都市空间形态变化巨大的态势之下，不少台湾都会地区通过文化建设规划以汇集人智、凝聚人心、强化人力，通过文化治理来实现城市与市民的良性互动，既使得公共政策实现公众利益，又能提升公民对政策的认同和支持，最终实现城市文化内涵的塑造和城市文化氛围的渲染，实现人与城市的协同互

　*　作者简介：杨毅，管理学博士，西南大学文化与社会发展学院副教授，研究方向为政府治理与区域发展。杨佳续，西南大学文化与社会发展学院 2012 级博士生，研究方向为区域文化产业政策。

进，促进城市的和谐发展，其中的政策实施与经验措施值得借鉴。

一、都市文化治理的发展缘起

20 世纪 80 年代以来，台湾城市化发展进程加速，台湾都市圈建设顺利开展，通过整合区域资源初步奠定了台北基隆、桃园中坜、台中彰化、台南、高雄五大都市圈，新竹、嘉义两大次都市圈的格局。市民在满足物质生活的同时也追求精神生活的富足，都市区域既是经济发展的引擎和人口聚集地，也是文化发展的重要空间。与此同时，"都市文化治理"及相关理论开始出现并持续演进，着力于探索城市与文化互动发展的理论内涵及通过文化功能优化城市治理的相关途径。

（一）理论阐释

"文化治理"以文化产业、文化服务和文化政策为手段，以提高政府的政策效力、增强公民的文化素质和促进区域文化产业的发展为目的，是一种城市治理能力现代化的实践形式。西方学者托尼·本尼特从文化性的角度阐释了文化治理，"把文化看作一系列历史特定的制度的形成的治理关系，目标是转变广大人口的思想行为，这部分是通过审美智性文化的形式、技术和规则的社会体系实现的，文化就会更加让人信服地构想。同样，它的出现最好可以被看作现代社会化早期社会生活特有的日益治理化过程的一部分"[1]。我国学者吴理财则从治理性的角度归纳为"文化治理是一种现代的治理形式，它体现了政府文化职能从传统管理向现代治理的根本转变"[2]。

文化治理的理论内涵与特点主要表现为：

1. 柔性治理的技术

柔性治理是以人为本的，以法制为核心，以协商、合作与认同为手段的现代治理方式，是政府治理行为的发展趋势，也是现代治理体系建设的重要内涵。文化治理绝不是"强制管理"，而是以文化为技术实现"柔性治理"。文化通过

---

① ［英］托尼－本尼特：《文化与社会》，王杰等译，广西师范大学出版社 2007 年版。
② 吴理财：《公共文化服务的运作逻辑及后果》，《江淮论坛》2011 年第 4 期。

传播和发展对社会人群产生潜移默化、深远持久的影响，可以通过非暴力手段有效地化解冲突和矛盾。

2. 政社互动的途径

文化治理构建了基于文化层面的社会各界正式或非正式的沟通渠道，加强了社会各界尤其是政府和各社会群体之间的互动关系。社会文化认同的统合性和社会文化心理的相似性促使城市公众对特定社会现象或社会问题产生同样的态度判断和价值倾向。文化治理通过文化环境的孕育和发展，拉近政府和民众间的距离，为协商与合作的达成创造了有利的社会条件。"'文化治理'就是实现文化的社会治理功能，包括两层含义：一是公民通过享受公共文化，在潜移默化中接受或认同政府的行政诉求；二是公民通过参与决策或组织公共文化事务，在潜移默化中培养理性精神。"①

3. 多元治理的方式

文化治理是"多中心治理"理论的典型实践形式，强调现代治理主体的多元化，以有效地提供大众所需的公共文化产品，解决文化服务体系中"政府失灵"和"市场失灵"的弊端。

文化为全社会共创共享，多元主体下的文化治理，对于激发文化活力、促进文化经济、发展区域文化生态具有重要的意义。国家治理体系和治理能力的现代化是区域城市发展的重要议题，是新时期社会转型和社会发展的关键过程。文化治理是现代化国家治理体系的重要组成部分，也是国家治理的核心能力之一，文化治理是"善治"理论基于文化情景的运用与表达。正如台湾学者王志弘所言，文化治理即"名为文化"的事物被纳入而发挥调节与争议政治经济之作用的场域。从某种程度上讲，"善治"既是治理的价值取向和路径选择，更是治理的终极目标和最高境界。作为实现"善治"的必然过程和关键环节，文化治理改进政府治理方式，激发社会活力，充分利用社会资源，提升了全社会的聚合力、创新力和系统效力，促进了社会和谐与包容性发展。

（二）实践意涵

1. 提升都市生活质量，增强民众幸福感

都市文化治理通过都市文化的发展创造了良好的文化氛围，拓展了都市文

---

① 王志弘：《台北市文化治理的性质与转变》，《台湾社会研究季刊》2003 年第 52 期。

化空间，生产优质的文化产品满足市民的精神文化需求，提升人文素养。市民在充分享受文化生活的同时投身于都市文化建设之中，形成都市文化发展的良性循环，提升都市生活质量。都市文化治理使市民拥有了自己的文化话语权，在表达文化诉求的同时也反映出都市文化的发展趋势以出台相应的文化政策，发展人民群众喜闻乐见的大众文化，促进文化的多元化发展，从而增强民众幸福感。

2. 解放都市文化活力，促进文创发展

都市文化治理激发了都市文化发展的多元活力。在公共文化服务方面，文化治理促进了公共文化物品的多样性，兼顾公平和效率，满足不同市民的公共文化需求。在都市文化发展方面，文化治理促进了多元文化生态的构建、文化学术研究、文化资源的开发和文化传承。在文化经济方面，文化治理理顺文化市场中各行为主体的利益关系，加速了要素集聚、产业整合和市场创新，创造了更多的文化财富。都市文化治理为都市文化创意产业提供了更好的创新和创意氛围，激发了文化企业的内生活力，创造了良好的经营环境，并扩大了文化市场规模，借助平台效应、政策支持和大型文化企业的跨界运营实现文化产品的输出和文化资本的融通。

3. 构建都市文化内涵，增强文化共识

在都市文化治理的过程中，都市的文化内涵得以系统而完整地建构。都市文化内涵自都市的诞生起就不断形成和沉淀，形成了浓郁的地域特色文化。但是这些文化内涵是零碎的、片面的、缺乏体系和建构的。都市文化治理整合都市文化资源，结合当代都市意识形态和都市社会经济发展状况完成系统化、整体化和结构化的都市文化内涵建构。在此过程中，文化的社会规范作用日益显著，凝聚共识、促进沟通、增强关系、化解矛盾的都市文化成为社会和谐发展的润滑剂。在同一文化环境下的文化活动和文化节庆中，民众对政府的认同和满意度有所增强，社会各界人士得以共襄盛举，沟通交流，促进城市的发展。

4. 提升都市治理质量，强化政策效力

和以往的都市治理政策相比，都市文化治理将文化内容引入政府治理领域，丰富了都市治理的意义与内涵。作为都市治理的重要部分，都市文化治理直接或间接地改善都市治理模式，改造都市治理结构，提高都市治理水平，完善都市治理内容，最终提升了都市治理质量，使都市治理的"治理性"得到更好的体现。都市文化的产生和发展与都市的社会生活实践和经济发展实践紧密结合。立足都市文化背景所提出的政府政策不仅是社会意识的集中体现,更是对都市居民的合理诉求的积极回应。因此,具有理性精神的政府政策立足于都市发展的社会实践,往往更容易被居民认可和接受,从而增强政策效力。

二、都市文化治理的台湾情境

都市文化治理是国家或地区文化治理系统中的重要组成部分,作为一个动态、发展、向上的过程受到国家或地区的历史文化、经济发展、政治体制和意识形态的深刻影响。多维度都市文化治理的台湾情境研究,对于其都市文化治理的制因分析、机制解构、政策缕析具有重要意义。

(一) 台湾文化治理的变迁历程

台湾地区文化治理的变迁进程主要分为三个阶段,即"政府主导"阶段、"市民文化意识觉醒"阶段和"全面文化治理"阶段。

1. "政府主导"阶段(自20世纪40年代中至70年代末)

台湾自1945年进入中国国民党统治时期,此阶段文化治理受到"国家"权威影响,其核心为政府。"光复"初期,国民党在台湾极力推行"去日本化"的国民教育,指导全台各地开展一系列中华文化教育活动。1947年,"二二八"事件爆发,国民党实行"白色恐怖",大批台湾社会精英被杀,文化运动一度陷入低潮,政府则掌握文化控制权和舆论引导权。1949年,蒋介石退守台湾,压制乡土文化,倡导中华传统文化的传承与发扬。"文革"期间台湾开展"中华文化复兴运动",纷纷兴建或修复"孔庙"等中华传统建筑,加强历史遗存的保护,进行教育改革、学术整理和文艺研究,开展国民生活辅导运动,意图树立"中华道统"。

2. "市民文化意识觉醒"阶段(自20世纪70年代末至90年代初)

蒋经国致力于台湾的经济发展成效显著,台湾一跃而成为"亚洲四小龙"之一。都市面貌改观明显,都市产业结构升级,市民生活水平提高,中产阶级日益庞大,文化需求逐渐旺盛。"乡土文化"逐渐抬头并取得生存空间,文化人士社会地位提高。民众为取得自身的权益而投身民主运动,市民文化逐渐发展，公民意识走向成熟。公民社会的自主性使都市文化格调从"传统"和"单一"走向"精致""高雅"和"多元"。政府积极回应民众对于更多元化的公共文化服务和文化产品的需求，着力建设图书馆、电影院、美术馆等文化娱乐设施，倡导"正当休闲"和"文化建设"，营造新的都市文化氛围。

3. "全面文化治理"阶段（从 20 世纪 90 年代初至今）

蒋经国在晚年推行自由化改革，都市文化也随之蓬勃发展。各都市城市议会的建立和发展，增加了地方文化治理活力。提供优质的文化服务、兴建更多的文化硬件设施成为政客取悦选民的重要手段。以突出文化治理的经济效益和社会效益为主要策略的文化治理模式日益形成。2002 年来，台湾首次提出大力发展文化创意产业，各个都市出台各项措施与配套政策，助力都市文化创意产业的发展，在创造了丰富的物质财富的同时也产生了巨大的社会效益。各都市在文化创意产业发展繁荣的基础上走出台湾，面向国际，推进城市营销，促进观光旅游业的发展，增进各都市的财政收入。新时期的文化治理情境下，各都市的丰富的人文气息和各具特色的文化底蕴使社会更加和谐，民众生活更为幸福，社会信息沟通顺畅，都市发展进入新的阶段。

（二）台湾文化治理的推动因素

1. 政治因素

对文化软实力的国际关注是推动台湾文化治理的国际政治因素。1990 年，美国哈佛大学教授小约瑟夫·奈提出"软实力"[1]（Soft Power）的概念，"文化软实力"作为"软实力"的重要组成部分，引起了台湾社会的高度重视。文化治理作为一种软性的善治方式更能满足民众利益需求，也是提升治理软实力的重要手段。台湾区域政府开始注重自身的文化建设和文化治理，结合本土发展的情景与借鉴欧美治理经验，谋求通过增强台湾"文化软实力"提升台湾的文化识别度。

而政党政治则是台湾文化治理的区域政治因素。台湾地区面积狭小而族群多元，文化意识思想互动中冲突激烈，造成执政政党与反对阵营的党争激烈，协商民主与议程妥协都利于出台兼顾效率和效益的文化政策，实现文化资源的

---

[1] Joseph S. Nye, *Bound to Lead: The Changing Nature of American Power.* New York: Basic Books, 1991.

公平分配。议会制和地方行政首长直选的都市政治形态更是推动台湾文化治理的直接行政考量，台湾县市普遍可利用土地面积有限，以城市硬件设施建设为主的政绩指标较难在短期推动落实，各市市长为赢得连任以实现政党利益，城市文化氛围与软性环境构建被投入更多政治关注。

2. 经济因素

国际贸易的增长和国际文化创意产业发展浪潮是推动台湾文化治理的国际经济因素。国际贸易促进了台湾经济腾飞，为台湾各都市的国际化城市营销奠定了基础，创造了机会，而经济结构优化提高了民众文化素养和生活水准，并使城市居民文化需求日益增强，一方面要求政府提供更为完善的公共文化服务，另一方面形成较大规模的文化消费市场。正是基于城市发展的国际化背景，台湾将文化创意产业视为"国家"战略，社会各界群策群力，促发了台湾地区文化创意产业的高度发展繁荣。随着台湾地区社会经济的发展，形成了以高科技产业为核心的现代产业格局，产业结构升级成为推动台湾文化治理的内在经济动力，这都刺激了文化创意产业的发展繁荣和都市文化治理实践方式的优化。

3. 社会因素

台湾地区浓郁而多元的文化氛围是推动台湾文化治理的社会传统因素。一方面，台湾历史先后受荷兰、明郑、清朝、日本和民国统治，形成了多元一体的历史文化遗存。迁入的汉族和原住民之间的冲突与交流，汉人族群内部的客家人、河洛人以及外省人之间的矛盾与融合，日本殖民文化的烙印和欧美文化潜移默化的影响，为台湾多元文化的形成与发展创造条件。各具特色的文化随时代的推移不断碰撞、交流、融合、创新，形成了台湾多元共生的文化态势、包容开放的文化氛围和健康活力的文化生态。另一方面，近10年来台湾高度重视文化艺术专业人才和文化创意产业管理人才的培养工作与财力投入，加之不断创新的文化人才向上发展的社会环境和激励机制，均为台湾文化治理提供了社会现实保障。

三、台湾都市文化治理的政策路向与实施机制

（一）政策实践路向

1. 价值导向

首先，台湾都市文化治理倡导多元文化和谐共存。台湾将多元化的文化治理主体都纳入了都市文化治理体系，构建文化族群沟通协调机制，通过不同途径满足各文化族群的文化需求以加强对话来化解矛盾，并鼓励和促进各种文化的自由发展，从而增强都市文化活力加速都市文化创新。其次，台湾都市文化治理倡导经济社会属性整合。都市文化治理既要实现文化的经济属性，更要实现文化的社会属性。台湾都市文化公共服务和都市文化创意产业通过结构化有机整合，私人生产和混合生产两大公共文化产品的供给产出方式作用显著，在满足市民的文化需求的同时也创造出了巨大的经济效益。

2. 组织体制

在台"中央"层面，形成以"文化部"为主导，多部门协同参与的文化治理组织体制，负责全台都市文化治理的政策制定实施和总体协调工作。2012 年台"立法院"通过《"文化部"组织法》，成立"文化部"（其前身为"行政院文化建设委员会"）。"文化部"是全台文化事务的最高主管机关，内设综合规划司、文化资源司、文创发展司等部门，下属"文化资产局""影视及流行音乐产业局"以及各大公立博物馆与艺术馆。"文化部"的建立为台湾文化治理的发展提供了组织基础和政府权力保障，对台湾文化事业的发展意义重大。

在台"地方"层面，各都市文化治理组织体制有以下共同点：第一，以地方"文化局"为都市文化治理的政府主体；第二，附属文化机构和团体采取委外管理和直接管理相结合的管理运营模式；第三，重视建设基层文化服务单位和文化园区建设；第四，重视且保障民间文化财团法人组织建设并鼓励民间艺术团体建设。各都市因地制宜，结合自身社会发展状况和都市文化空间，建设各具特色的、动态的、活力的都市文化治理组织体制。

3. 法律制度

台"立法院"迄今为止共出台与"文化"相关的具有法律性质的文件 109

部，废除了 26 部。其中具有重要意义和作用的法律文件共有 3 部，分别为《"文化部"组织法》《文化创意产业发展法》和《文化资产保护法》。

《"文化部"组织法》从立法层面对"文化部"的机构设置、责任事项、职务设置等方面做出明确的规定。该法的通过是台湾文化治理组织体制发展的重要环节，是台湾文化治理法治化的重要标志。《文化创意产业发展法》主要集中于"文化创意产业基本含义的限定及发展意义""协助和补助机制""租税优惠"三大方面，明确了以走向国际为目标，以倾斜的产业政策、整合社会资源的发展路径为文化创意产业发展方案，构建法理基础，勾画战略蓝图。该法令更注重文化创意产业的社会效益，将公共文化服务的提升融入文化创意产业发展之中，促进都市文化治理建设的发展。《文化资产保存法》明确了有形文化资产和无形文化资产的含义、范围和重要意义，细化了对"古迹、历史建筑及聚落""遗址""文化景观""传统艺术、民俗及有关文物""古物""自然地景""文化资产保存技术及保存者"等方面的规定，对文化资产保护、继承和正当开发做出明确的限定。

在台"地方"层面，各都市结合具体的社会经济发展状况和都市文化建设情况制定相应的都市文化治理政策，部分政策文本也具有共同特点：第一，台湾地方出台相应法规加强文化财团法人管理，保护文化财团法人权益，规范文化财团捐助行为，以保证文化捐款充分利用，防止贪腐。例如《高雄市文化艺术事务财团法人设立许可及监督准则》分"通则""民间捐助的财团法人"和"政府捐助的财团法人"三大章节。该准则规范了高雄市文化艺术事务财团法人的设立许可、组织、运作及监督等事项，明确了高雄市文化艺术事务财团法人的义务和权利。第二，台湾地方出台相关法律条文保障街头艺人的合法权利，鼓励、引导、规范街头艺人的艺术表演工作，以鼓励更多艺术家走上街头，为人民群众献上更为精彩的艺术表演。例如《台北市街头艺人从事艺文活动许可办法》以促使艺术文化融入民众生活、丰富本市公共空间人文风貌为目的，对街头艺人的证明许可、主管机关、活动范围、公众安全等方面做了详细的说明和规定。第三，台湾地方出台相关法律条例整合地方社会资源，加强城市公共艺术建设，以构建城市美学，提升城市形象。例如《屏东县公共艺术推动自治条例》鼓励地方士绅和民间力量出资建设公共艺术；改革屏东县公共艺术资金使用方式，将政府公共艺术经费纳入公共艺术基金，活化公共艺术资本使用；

规范公共艺术建设程序，拆除违规公共艺术，对部分陈旧的城市公共艺术进行维护或重建。

（二）治理机制缕析

1. 协同多元的治理主体

台湾都市文化治理主体主要为台湾都市基层文化领域政府机构和以民间财团法人、大型文化企业、民间文化机构等为代表的民间力量，二者的冲突—协商—合作是台湾都市文化治理的重要推动力。

在基层文化领域政府机构方面，台湾各地方基层文化政府机构由地方文化部统一管理，形成了"组织形式多样化""管理内容具体化"和"文化服务直接化"三大特点。"组织形式多样化"即突破传统政府职能部门的组织形式，多采取职能委员会、社区文化服务中心、文化创意产业园区服务中心、市立文化场馆等形式。"管理内容具体化"和"文化服务直接化"是"组织形式多样化"的有益结果。前者指不同的基层管理机构得以实现对各文化领域的具体事宜进行服务和管理，以优化服务质量和服务流程，提高治理效益。后者指取得一定授权的各地方基层文化政府机构为民众提供线上、线下的文化直接服务，满足群众一般性文化需求。

在民间力量的治理主体中，不同的民间组织基于各自的组织性质和组织职能发挥着重要作用。民间财团法人是公益性基金组织，以民间捐款为资本来源，由专业团队运作。众多民间财团法人在公共文化服务、文化教育和人才培养、文化科研支持等方面提供资金，成为都市文化事业发展的重要力量。大型文化企业是区域文化市场的主导和文化创意产业研究的实验室。文化企业在获取经济效益的同时，与政府和其他民间机构的联动与合作对于都市文化形象的塑造和营销、文化节庆的开展和文化产业管理专业人才的培养具有重要的意义。民间文化机构与高校关系密切，是专业文化领域的研究中心，不同的民间文化机构在各自的文化领域从事科研工作和文化教育工作，保持文化发展的生机和活力，对于文化传承具有重要意义。

2. 顺应场景的治理范式

20 世纪 80 年代以来文化治理中派生出一种基于城市空间的"场景理论"，其认为"特定区域文化与价值观蕴藏在社区、建筑、人口、风俗和群体性活动中，并外化为生活娱乐设施的功能、种类、布局的总和（场景）"①，而正是对不同城市区域体现不同文化生态价值顺应的公共政策实施才具有"善治"的效用。台湾地区各都市经济发展差异、产业结构差异、文化资源禀赋差异、人才水平差异较为明显，故此进行文化治理需因地制宜，以顺应各自的城市文化场景，方能体现良好的治理效果。"台北模式""高雄模式"和"台中模式"是三地结合都市区位发展形成的特色文化治理方式，也具有一定的代表性。

作为台湾唯一的国际大都市，台北市的"台北模式"是台湾北部都市文化治理方式的典型代表，特点如下：第一，将文化多元化和都市国际化作为都市文化治理的文化基础。台北市政府基于文化生态多元并存的文化背景，以跨文化的视角制定台北市的文化发展战略，开展各具特色的文化治理活动，进一步提升台北市的国际地位。第二，利用丰富的文化资源禀赋和强大的都市经济基础发展多样化、高品质、高效益的文化创意产业。台北市都市产业结构优化、文化市场繁荣、文化消费能力强、高度的要素聚集和强有力的政策支持是台北市文化创意产业发展繁荣的重要因素。第三，挖掘都市文化资源，提升都市创新力，营造都市文化活力。台北市政府注重都市公共艺术建设和各区的特色文化建设显示出强大的文化包容力和城市影响力。

作为台湾重要的港口城市和第二大都市，高雄市的"高雄模式"是台湾工业城市文化治理方式的典型代表，特点如下：第一，以鲜明的海洋文化和海港记忆作为文化治理基础。高雄市呈现出典型的海洋城市性格，高雄市民开放、积极、热情、敢于尝试与冒险，为高雄市的文化治理提供了良好氛围。② 第二，以塑造城市形象、提升美誉度为核心，创办文化节庆活动和构建城市文化空间。高雄市以打破刻板印象，提升城市美誉度为中心任务，创办具有高雄特色的文化节庆活动，规划文化园区，增进人文气息。第三，以城市转型与都市再生为手段和契机走出"文化沙漠"。高雄市将文化作为城市转型和都市再生的重要推动力，通过完善都市硬件设施、开发城市文化资源、开发工业区文化资源等文化政策实现都市文化的再生和繁荣。

作为台湾典型的新兴都市和中小城市，台中市的"台中模式"是台湾传统

---

① 吴军：《城市社会学研究前沿：场景理论述评》，《社会学评论》2014 年第 2 期。
② 王俐容：《全球化的都市政策与发展：以高雄市"海洋城市"的建构为例》，《国家与社会》2006 年第 1 期，第 125 ~ 166 页。

城市的典型代表，特点如下：第一，以传统地域文化和民间信仰文化作为文化治理基础。台中市具有较为丰富的历史遗迹和民俗文化资源，传统文化底蕴深厚，镇澜宫是台湾妈祖文化重要的区域性信仰中心。① 第二，创新政府组织结构，以"文化艺术中心"作为文化治理关键机构。台中市政府整合都市文化资源、迅速提升台中市的文化竞争力和城市影响力，通过"文化艺术中心"进行管理和服务，实现文化治理。第三，以"文化、经济、国际城"为目标加强文化建设，使文化作为都市发展的新引擎。台中市整合社会资源举办系统化、多元化、特色化的文化节庆活动，推进科学园区和文化园区的有益互动，实现文化发展"云端化""泥土化""产值化"和"国际化"，提升台中市的都市影响力。

3. 效度导向的治理规划

台湾地区都市文化治理规划以效度导向为原则，关注政策的执行效果与城市发展相互协同，归纳起来有四个特点，即"文化空间多元化""文化节庆国际化""文化服务数字化""社区营造人文化"。

台湾都市为提高自身的文化竞争力和文化影响力，大多结合城市发展状况，发展规划多元合理的文化空间。主要包括选择合适的地点建设文化创意产业园区，构成都市文化创意产业的增长极；结合都市交通状况选择合理区位建设文化园、图书馆和美术馆等文化设施；发掘都市特色文化资源构建"特色文化街区"。《台北市文化局施政要领》计划整合台北市文化空间资源，构建"L型文化创意产业发展轴带区"②。"轴带区"这一文化空间设置，是文化创意产业发展到新阶段的表现，此举将加强区域内要素集聚和政策支持，促进台北市文化创意产业、文化旅游产业的发展。同时，台北市政府计划开发整合各行政区特色文化资源，计划于未来4年内在各行政区至少建设一条特色文化创意街区，以全力开发城市文化资源与文化产业潜能。

台湾浓郁的文化氛围、多元的文化族群和保存完好的文化传统等文化资源禀赋为台湾地方文化节庆活动的大量举办提供了条件，但这些文化节庆良莠不

① 陈琳淳：《大甲镇地方民俗与文化市镇治理之研究》，《思与言》2006年第44卷第4期。
② 台北市文化局：《台北市文化局施政要领——构建永续的文化愿景》，http://www.culture.gov.tw/frontsite/cms/contentAction.do? method = viewContentList&subMenuId = 20101&siteId = MTAx。

齐，大多影响力有限，经济社会效益低。台湾各都市为塑造文化形象、促进城市营销、提升国际影响力，推动地区的文化节庆国际化。以台中市为例，台中市政府整合本地文化资源，出台相关政策，建设相关文化设施，使原有的文化节庆活动不断升级，取得较大成果。以台中爵士音乐节、大墩美展、台中国际彩墨艺术节和台中妈祖国际观光文化节为代表的国际级文化节庆活动为台中市知名度的提升和都市建设的发展做出极大贡献。

台湾地区"文化部"出台《文化云计划》[①] 后，全台各地积极落实文化服务数字化，使居民迅速便捷地接受文化讯息、了解文化政策、享受文化生活。以台北市为例，台北市政府于 2012 年启动台北市云计划，以打造文化艺术、文化观光、文化创意产业的云端运用平台为重要目标，透过信息整合、创新导向、技术支持，整合台北市文化创意与文化观光产业丰富的影音内容，将台北的文化生活送上云端，打造一个集内容、知识、传播、导览、交易五大功能的"台北文化云"。台北市文化云融入"爱台北市政云服务"中，台北市政府制作"爱台北" APP，可供 Windows、Android、IOS 等系统的电脑、智能手机、平板电脑等设备使用。

在台湾的社区营造运动中，文化建设和公共文化服务是社区营造运动的重要方式。以台中市为例，政府积极举办社区文艺活动，通过"台中市逍遥音乐町""湖心亭假日舞台"等活动，将各类型表演团队带入小区，并且开拓各区公共表演空间及整合社区文化资源，鼓励市民利用假日参与文化艺术休闲活动。政府将文化治理融入社区营造之中，以凝聚社区意识和参与公共性事务为目标，挖掘社区文化资源，赋予本地产业的文化底蕴。

四、台湾都市文化治理的经验借鉴

(一) 提升城市区间利用效率，拓展都市文化空间

在城市建设用地日益减少的今天，伴随城市化进程的发展和都市产业机构

---

① 台"文化部"：《文化云计划》，http：//www.moc.gov.tw/business.do? method = list&id =10。

形态的升级，有许多值得利用或再利用的城市区间，需要突破传统土地资源管理模式，积极利用废弃土地资源和废旧建筑，加强已开发地区的文化建设和文化改造。同时也应意识到城市规划对于拓展都市文化空间的重要性，在规划时应充分考虑文化园区和文化创意产业园区的都市区位，以加强要素聚集、整合资源、增强区域竞争力为原则的合理布局。台湾省都市文化创意产业园区大都由废旧的厂房改造而成。以台北市为例，台北松山文化创意产业园区即为1937年日治时期建立的"台湾总督府专卖局松山烟草工场"旧址改造而成，既避免了重复投资所造成的铺张浪费，又实现了历史文化资产的活化利用。随着台北市城市空间的扩展和都市经济的发展，"松烟"所在地信义区成为台北市中心商务区，要素聚集力强，在交通、金融、人才等方面区位优势明显，具有极强的市场竞争力。

（二）定位区域城市特色文化，增强都市文化认同

都市文化是地方文化重要组成部分，都市特色文化是都市差异性的重要标志之一。各具特色的文化底蕴和文化氛围既是城市形象的基础，也是城市的灵魂。一个都市文化不具特色的城市难以进行城市营销和文化创意产业的外销。都市特色文化是城市新移民社会融合的有力工具，接受都市特色文化是增强城市认同感的重要过程。以台中市为例，台中市举办富有地域特色的文化节庆如"台湾大甲妈祖国际观光文化节""中台湾元宵灯会"等突出了城市文化特色，增强了都市文化认同。而乡土教育是都市特色文化传承和弘扬的重要手段。台湾地区各县市通过校内和校外两个途径开展乡土教育。一方面，教育部门与区域文化研究中心合作编写乡土教育教材，加强学生乡土文化的学习。台湾各县市均有独具特色的乡土文化教材并逐步走向系统化。另一方面，都市文化企业和文化产业相关部门关注、参与、发展都市乡土教育。政府和财团法人通过举办乡土文化艺术活动对学生进行乡土教育以弥补学校教育的不足。

（三）协同区域城市发展进程，增强都市社区建设

都市文化政策应与城市化进程同步，随着都市空间的扩展、都市人口的增加和都市产业形态的变革，都市文化政策也应不断调整。都市文化创意产业的发展应与城市化进程同步。文化创意产业应建立在产业结构健全、人民生活水平提高、城市基础设施完善、文化资源禀赋独特等基础因素之上。以台中市为例，21世纪以来，台中经济迅速发展，一跃成为台湾第三大都市，形成了台中

彰化大都会区，与此同时，各区文化场馆园区的建设，诸多文化政策实施与城市发展同步。都市文化创意产业的发展不能滞后于都市的发展，也不能急功近利，文化产业和文化事业的发展应与城市化进程同步，在这一过程中，社区作为都市居民共同的生活场所和活动场所，是推进都市基层公共文化服务的最佳场所，以社区为单位、以居民为主的文化活动也是社区意识形成的重要途径，对于社区建设的发展意义重大。以高雄市为例，高雄市社区营造运动由高雄市文化局和"中央"文化建设委员会联合指导，开展社区营造人才培训、社区文化创意产业展、社区传统艺术展和社区文化之旅等活动，挖掘社区文化内涵，提供社区文化服务。反观在大陆的城市化进程中，部分城市往往注重实体经济建设和基础设施建设，而忽视公共文化服务建设，造成诸多社会问题。

（四）建立区域城市文化补助机制，增强都市文化支持力度

政府可以设立专项基金帮助部分中小学购买艺术教育器材，聘请文艺教育人才，培养艺术类学生，而文化教育补助应该适当向进城务工人员子女、低收入群体倾斜。政府可以通过建立城市新移民文化活动补助机制、设立专项基金帮助该群体开展人民群众喜闻乐见的文化活动、建立艺术表演团体、建设文化展演平台，满足他们的文化需求，最终使其融入都市文化并成为现代都市文化的组成部分。台湾各地均有文化辅助的相关条例，如台北市《台北市艺文补助暨奖励自治条例》、高雄市《高雄市政府文化局表演艺术类活动补助作业要点》等，促进都市文化发展。

（五）重视区域城市文化人才培养，激发都市文化活力

人力资源是文化产业中最为重要的组成部分，在某些行业中，人力资源甚至起决定性作用。专业文化人才既包括文化艺术人才，也包括文化产业人才。政府应提供良好的发展平台，通过设立艺术专项奖、举行大型艺术比赛鼓励文艺人才自我发展，整合社会资源，完善文化产业人才建设体制。政府应高度重视顶尖艺术大家，艺术大家是都市文化建设的中坚人才，对于都市文化传承、都市文化创意产业发展具有重要的作用。政府有责任为他们创造良好的工作环境，为他们的文化教学、文化展演、文化交流提供帮助。台湾的"金马奖""金钟奖"和"金曲奖"在华人电影、电视和音乐方面具有重要的地位，各地方建立的文化艺术专项奖如"高雄奖""大墩奖"等也大大刺激了艺术家的创作潜能，为他们提供了优质的展示平台。政府和文化财团法人组织文化交流活

动，推动两岸文化交流和国际文化交流。

五、结　语

都市文化治理不仅是现代化都市治理体系中的重要组成部分，也是衡量都市发展水平的重要指标。随着台湾都市化的发展，都市文化治理和相关理论受到台湾政府和学界的关注并逐步应用于实践。以柔性治理的技术、政社互动的途径和多元治理的方式为理论内涵与实践特点的文化治理理论诠释了"善治"的意涵，对都市治理和文化建设有很强的指导意义。

基于台湾都市文化治理的具体情境，一方面通过对台湾文化治理变迁历程的回顾重建研究的时空架构，对以价值导向、组织机构和法律体系建构的政策路向和以治理主体、治理方式、治理内容构建的实施机制对台湾都市文化治理进行分析；另一方面对台湾文化治理推动因素和台湾都市治理的体系框架进行剖析。

可以说，所有对于台湾都市文化治理的关注和研究能够为目前大陆都市文化产业发展从文化空间、文化认同、城市化进程、社区文化、文化补助、文化人才等方面提供非常宝贵的经验借鉴和启示。

参考文献：

［1］［英］托尼－本尼特：《文化与社会》，王杰等译，广西师范大学出版社2007年版。

［2］吴理财：《公共文化服务的运作逻辑及后果》，《江淮论坛》2011年第4期。

［3］王志弘：《台北市文化治理的性质与转变》，《台湾社会研究季刊》2003年第52期。

［4］Joseph S. Nye, *Bound to Lead: The Changing Nature of American Power*. New York: Basic Books, 1991.

［5］吴军：《城市社会学研究前沿：场景理论述评》，《社会学评论》2014年第2期。

［6］王俐容：《全球化的都市政策与发展：以高雄市"海洋城市"的建构为例》，《国家与社会》2006年第1期。

［7］陈琳淳：《大甲镇地方民俗与文化市镇治理之研究》，《思与言》2006年第44卷第4期。

［8］台北市文化局：《台北市文化局施政要领——构建永续的文化愿景》，http：//www. culture. gov. tw/frontsite/cms/contentAction. do？ method ＝ viewContentList&subMenuId ＝ 20101&siteId ＝ MTAx。

［9］台"文化部"：《文化云计划》，http：//www. moc. gov. tw/business. do？ method ＝ list&id ＝ 10。

案例

Young Scholars' Anthology of
Culture Industry

文创类社会企业对城市人文化的促进效应

——以台北"都市酵母"为例

潘博成 *

【内容摘要】人文化是当代城市发展的重要趋向、理念和方法。文创类社会企业作为文化创意产业和社会企业的共同体，对城市人文化发展具有独特的促进效应。"都市酵母"是植根台北的知名文创类社会企业，积极介入当地文化遗产和地方文化保育、公共文化建设和公民社会育成等面向，并取得显著成效。在客观研判宏观环境的前提下，它对大陆城市人文化建设，具有文化创意再定位、社会设计和社会创新、社会企业可持续发展策略等方面的借鉴意义。

【关键词】城市人文化　文创类社会企业　台北　"都市酵母"

城市除具备经济、政治和社会等功能外，人文化也是其基本功能。它不仅强调对城市文化的重视，亦主张将城市"复归（revert to）"至"人的尺度（standards of man）"，即关注城市人的生活性与思想性。文创类社会企业作为文化创意产业和社会企业的共同体，对城市人文化的塑造具有怎样的意义？这是本文试图廓清的基本问题。

一、研究背景

（一）城市人文化的概念探讨

城市人文化的主要学术思想来源包括两方面：文化地理学的"文化城市"

---

* 作者简介：潘博成，国立交通大学社会与文化研究所博士生，主要研究方向为城市文化、地方文化保育现象。

概念和芒福德的人本主义。① 如霍华德的田园城市思想、盖迪斯的城市学综合观等，以及芒福德所认为的城市最好的运作方式是关心人和陶冶人等论述，均是城市人文化思想的重要来源。此外，城市人文化研究还可回溯至 20 世纪初的城市人文生态学研究。如 R. E. 帕克就以道德区域和社会习染等概念初步论述了作为文化而非规划的城市的特质。② 第二次世界大战后，西方国家修正了"向前看"的片面发展观，发起"历史环境保存运动（the Campaign for Preservation of Historical Environment）"，试图塑造本原和公共意义的城市历史文化③，这也是城市人文化的重要分野。20 世纪 70 年代后的文脉主义（contextualism）进一步扩大了城市人文化的影响范围。如 K. 林奇便致力倡议艺术化、意象化和欢乐化的城市环境。④ 上述学术成果回归到国家政策层面，便是城市人文化——一种理想城市（ideal cities）的样貌。

简而言之，城市人文化是这样一种发展理念，其通过对城市多元文化的促进（"文化的尺度"），以及对城市人及其生活的关注（"人的尺度"），最终对城市发展形成有益促进。

（二）文创类社会企业的发生背景与基本理念

文创类社会企业的上位概念"社会企业（social enterprise）"由经济合作与发展组织（OECD）在 1994 年首次提出。⑤ 但该现象的原初起点可回溯至 18 世纪的英国社会，当时存在一批"把经济资源转移到对社会更有裨益的领域"的企业⑥，他们可视为是概念化以前的社会企业的传统样貌，并初步明确了社会企业的基本内涵。当前，对社会企业尚无统一定义，学术界引用频次较高的定

---

① 刘士林：《关于人文城市的几个基本问题》，转载自张书成《以人文城市和智慧城市引领新型城镇化——2014 上海交通大学城市科学春季论坛会议综述》，《洛阳师范学院学报》2014 年第 6 期，第 138 页。
② R. E. 帕克：《城市：对于开展城市环境中人类行为研究的几点意见》，载 R. E. 帕克、E. N. 伯吉斯、R. D. 麦肯齐《城市社会学——芝加哥学派城市研究》，商务印书馆 2012 年版，第 2~46 页。
③ 张京祥：《西方城市规划思想史纲》，东南大学出版社 2012 年版，第 164~165 页。
④ K. 林奇：《城市意象》，华夏出版社 2011 年版，第 90~91 页。
⑤ 刘继同译：《经济合作与发展组织报告节选》，载王思斌编《中国社会工作研究》（第二辑），社会科学文献出版社 2004 年版，第 197~201 页。
⑥ Bishop M. ，Green M. *Philanthrocapitalism：How the Rich Can Save the World.* London：Bloomsbury Press，2008. pp. 24 – 27.

义主要为经济合作与发展组织（1999）和欧洲研究网络组织（EMES，2001）两项。尽管两项定义的论述焦点有所不同，但均清晰阐明了社会企业具备一般企业之传统样态，并以社会利益而非企业利润为终极收益等基本含义。

表1　"社会企业"常见定义①（本研究整理）

定义者	提出时间	定义内容
经济合作与发展组织	1999 年	社会企业包括任何为公共利益而进行的私人活动，它依据的是企业战略，但其目的不是利润最大化，而是实现一定的经济目标和社会目标，而且它具有一种为社会排挤和失业带来创新性解决办法的能力。
欧洲研究网络组织	2001 年	当组织有明确的增进社区利益目标，组织是由公民团体所组成，且利益分配是被限制的。

文创类社会企业（台湾地区又称艺文社会企业等）是社会企业在依据行业领域而形成的新兴分支，其在因循社会企业一般规律外，以文化创意产业为场域，试图媒介化地运用文化创意解决社会问题。文创类社会企业通常兼具经济属性（市场）、文化属性（文化创意）和社会属性（公益）。

首先，文创类社会企业与普通企业一致，均以市场为活动空间。依据专业分工不同，介入市场经济相应环节。其次，其从属于文化创意产业并惯常视文化创意为工具以解决社会问题，而非单纯谋求商业利益。最后，文创类社会企业具有显著的公益导向，以社会的特定领域和范围为服务对象。简言之，文创类社会企业是文化创意（产业）和社会企业的共同体，兼具两者的基本特质。

文创类社会企业与城市人文化的建构在理念和实践两个层面均有天然关联。首先，文创类社会企业的文化属性（文化创意）与城市人文化的文化愿景高度重合，这是决定文创类社会企业得以服务城市人文化的核心依据。其次，文创类社会企业往往以文化创意为工具服务某种社会公共利益，这暗合了城市人文化以"文化尺度"推进城市发展的动机。因此两者在原初目标存在高度相似性。最后，

---

① Nyssens M. *Social Enterprise：At the Crossroads of Market，Public and Civil Society*. London and New York：Routledge，2006. pp. 3 - 6.

文创类社会企业经常隶属于城市人文场域，既得益于当地人文环境，又回馈之。故此，它们对市民而言，容易被视为是同一事象（城市人文性）的不同面向。

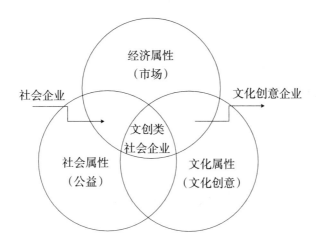

图1　文创类社会企业基本属性示意图（本研究整理）

（三）"都市酵母"与台北

台北的现代都市规划始于 1905 年"台北市区计划"，迟至 1935 年"市区土地使用分区制度"，台北的现代都市基本格局大体形成。[1] 台北在 1949 年后以"首善之区"思想获得重点发展，现已成为台湾乃至东亚最重要的都市。

台北还拥有全台湾甚至华文社会最多元的文化元素和创意活力，是台湾地区最具文化产业基础环境的城市。[2] 仅以 2009 年为例，台北文化创意产业产值达 3061.05 亿新台币元（约合人民币 612.21 亿元），占全台文化产业产值 59.46%。[3] 此外，诸如诚品书店、中山北路和《蘑菇杂志》等台北文创品牌也被符号化为小资、品位、创意或美学的象征。总之，台北已在台湾地区甚至东亚掌握了文化创意产业的区域发展优势。在该宏观语境下，文创类社会企业在台北陆续萌生，如"南村落"（2007 年）、台湾好基金会（2009 年）和学学文创志业（2005 年）等均是近年来植根台北的文创类社会企业。

---

① 盛九元、胡云华：《台湾的都市化与经济发展》，九州出版社 2009 年版，第 76 页。
② 马群杰：《台湾地区文化产业与文化营销》，科学出版社 2011 年版，第 119 页。
③ 参见台湾地区"文化部"《文化创意产业年报（2010 年）》，2011 年。

其中，"都市酵母（City Yeast）"发轫于水越设计在 2003 年倡导的"世界概念设计（Plan Global）计划"，并在 2006 年升格为文创类社会企业。该企业主旨是试图以"创意发酵"主题，寻求"让人爱上台湾都市的方法"，并最终以"黏性的魅力城市"为轴线，取径设计回馈都市生活、都市文化和都市活动等面向。①

本研究以笔者 2013 年 2 ~ 6 月于台北的田野调查为基础，论述"都市酵母"如何促进台北城市人文化发展，并最终由"都市酵母"抽象出相关经验供大陆借鉴。

二、"都市酵母"对台北人文化的促进效应

"都市酵母"作为台北相对成熟的文创类社会企业，主要以常态性和专题性项目参与发展台北人文环境。2006 年起，"都市酵母"累计举办各类项目超过 139 场次。仅在 2013 年，"都市酵母"已举办 22 项活动②，全面覆盖了文化遗产与地方文化保育、公共文化建设和市民社会育成等城市人文化的核心类别。

表 2　"都市酵母"2013 年活动小结（本研究整理）

项目类型	子项目	
常态性项目（4 项）	"都市酵母"行动志工培训	"都市酵母"客厅
	"都市酵母"研究班	"都市酵母"出版
专题性项目（18 项）	一条街的互动计划 Ⅱ：一月诗风景	宝藏岩家家户户一月诗
	台北市"国中"校长培力工作坊	纸陶的共生记忆工作坊
	食物零浪费工作坊	绿圈圈夏日艺术季
	集鸟计划 Ⅰ/ Ⅱ	秋日味蕾腌渍
	究极台湾工作坊	国际文化设计工作坊

---

① 《都市酵母 Q & A》，http：//www. cityyeast. com/about. php，引用时间：2014 年 5 月 11 日。
② Passion. http：//www. cityyeast. com/passion_ list. php，引用时间：2014 年 5 月 12 日。

续 表

项目类型	子项目	
专题性项目（18项）	台北市清洁队装备提升计划	都市节庆的面孔
	虚拟货币 vs 未来投资计划所	城市高帽工坊
	众生想象小舞台	我是市长工作坊
	圣诞故事趴涕 Xmas Story Party	

（一）文化遗产与地方文化保育：作为城市人文化的本真性渊薮

文化遗产和地方文化作为当地发展的见证，早已超越了单纯的文化价值，其在维系社区认同或重建中扮演着重要角色，并可能服务国族主义、在地主义和文化旅游产业。① 而保育（conservation）相较于保存（preservation），具有更强的生命力（viability）导向，较为适切于城市文化和历史的更新（regeneration）和发展（development）语境。②

"都市酵母"尽管具有显著的"未来"和"设计"发展导向，但这并不阻碍其保育台北文化遗产和地方文化的取向。甚至，得益于"未来感（sense of future）"，"都市酵母"对地方文化等传统事象的表达还具有浓厚的"'古—今'联结"表征，相较于"南村落"等其他台北文创类社会企业而言，该表征容易成为其发展的比较优势。近年来，"都市酵母"先后以腌渍菜、宝藏岩和大稻埕等地方文化元素或文化遗产为对象展开保育行动，并最终服务城市人文化建设。

"台北大稻埕百年巡礼"是"都市酵母"于 2012 年承接自台北市都市更新处的地方文化保育类项目，这也成为其发展史上具有典范性的项目。该系列项目通过邀请一批"感官、文字和生活观察敏感的工作者"，从"现代的'心'观点、'心'视角"再现大稻埕的百年辉煌，让历史与现在发生对话，并"化

---

① 颜亮一：《全球化时代的文化遗产——古迹保存理论之批判性回顾》，《地理学报》2005 年第 4 期，第 1~24 页。

② Bandarin F. *The Historic Urban Landscape: Managing Heritage in an Urban Century.* Oxford: Wiley - Blackwell, 2012, pp. xiii.

无形的体验为有形的记录"①。具体之，"大稻埕百珍图""大稻埕漫步活动"和"大稻埕读白纪实文学作品集"是其三项实质目标。通过专业文化创意志愿者的策划和参与，陆续形成了导赏图、实体活动和电子书刊等文创成果供普罗大众免费分享。最终，以文创为媒介，融通了大稻埕的传统与当代叙事、专业性和大众性等两条脉络，从而让当代市民得以在专业引导下与传统的大稻埕发生对话。

"都市酵母"的实践表明，文创类社会企业参与地方文化或文化遗产保育活动，对发展城市人文化具有较好绩效。这主要体现在三个方面：其一，以文化创意为媒介介入地方文化保育，有助联动传统与当代。这种联动效应有力减少了市民，特别是年青一代与地方文化之间的陌生感和距离感。其二，文化创意更利于吸引市民关注地方文化，这意味着对活化该区域经济具有积极价值。在"大稻埕百珍图"和"大稻埕漫步活动"中，专业的文创志愿者通过摄影、绘图和撰文等方式，引导市民前往大稻埕消费"传统"，最终活化当地经济。其三，文化创意相较讲座、导赏和展览等传统形式，具有更强的"未来"特质。这容易使市民，尤其在地居民形成更直观的思考空间，令其思索未来、发展和变迁等关键词。这也呼应了"社会设计（social design）"和"社会创新（social innovation）"的主旨。

（二）公共文化建设：城市人文化的当代叙事形态

传统观点认为，公共文化服务体系是以公共财政为支撑，以公益性文化单位为骨干，以全体人民为服务对象……向社会提供的公共文化设施、产品、服务及制度体系的总称。② 但在当代语境下，公共文化的供给方正在由唯一性的公共财政向社会企业（如文创类社会企业）扩布。以台北为例，文创类社会企业已成为公共文化的建设主体之一，它们透过讲座、展览和培训等艺文活动参与城市公共文化建设。这成为台北在发展人文环境的过程中具有一定特殊性的叙事场景。"都市酵母"在实践中，主要采取了工作坊（workshop）和研究班（lab）两种形式由不同维度切入公共文化服务。

主题多样的工作坊倾向以动手的形式吸引市民参与其中，借此掌握文化技

---

① 《台北大稻埕百年巡礼》，http://www.cityyeast.com/passion_show.php?newstype_id2=34&news_id=574，引用时间：2014年5月14日。

② 文化部：《文化部"十二五"时期公共文化服务体系建设实施纲要》，2013年。

能或知识。以 2013 年设计工作坊为例，该系列工作坊共设有 10 场次活动，包含平民雕塑、策展训练、"Rename a Street"和色彩环境等 10 个专题，以免费或支付工本费的方式，提供合计长达 55 小时的公共文化活动。这类工作坊多具有公开性、直观性和动手性等特征，为市民提供个体或团体式的公共文化服务。

研究班与工作坊不同，其通常围绕台北某一文化或社会议题展开论争性思维训练。如 2014 年的主要议题包括世界与在地特色对话、城市色彩和声音、街角遇见设计、建立运动的城市等五项。① 这些议题往往具有思辨性、复杂性和论争性特征，故其对参与者文化素养和思考能力具有较高进入要求，同时具有较为严格的参与规则（如每期为期 16 周，每周定期一次；每期限定 15 人；每人必须参与志工实习两次或以上等）。该研究班由公共文化活动一端，对市民思考、接触和培育城市的人文氛围具有深层结构的影响。

基于上述论述易知，工作坊和研究班在参与要求、活动频数和内容深度等方面形成了"低—高"搭配的公共文化服务基本样貌。这为台北在人文化发展进程中，除博物馆、美术馆和公办文化馆（所）之外，开辟了特殊的服务路径。

表3　"都市酵母"工作坊与研究班比较（本研究整理）

项　目	工作坊	研究班
参与门槛	较低	较高
活动频数	较多	较少
内容深度	浅显易懂	深入研讨
参与规则	宽松	较为严格
受众人数	较多	较少

（三）公民社会育成：城市人文化的远景式想象

改革开放三十余年，我国大政方针在社会领域的主要体现就是由单位社会向公民社会转型。② 关于公民社会（civil society，亦译为市民社会）的内涵与

① 《"都市酵母"2014 年主要研究议题》，http://www.cityyeast.com/news_ list.php? newstype_ id2＝75，引用时间：2014 年 5 月 12 日。
② 高丙中、袁瑞军：《中国公民社会发展蓝皮书》，北京大学出版社 2008 年版，第 1 页。

定义向来众说纷纭，尚无定论。一般认为，公民社会关涉的关键词包括公民精神、公民意识和公民素养等。它们无不指出，公民社会实际上是城市文化治理的某种映射①，即公民社会作为政治学和社会学概念，还具有很强的文化属性，甚至是构成城市人文化的重要部分。因此，基于文化治理视野，城市人文化与公民社会是同一事象的不同论述面向：城市人文化需要公民社会及其理念的介入，公民社会的育成正是城市人文化在漫长演进中，潜移默化地形成的远景式想象。

"都市酵母"甚少直接谈及"公民问题"，但它早已将公民意识渗入绝大多数项目。该做法事实上呼应了一个命题：所谓"公民社会"的抽象性，可以借助文化创意等具象的样貌加以诠释，从而促进公民意识，特别是公民作为主体主动参与城市人文化进程的观念，在市民中更易被解读和接纳。

"都市酵母"于2006—2007年间完成的首次出版计划《都市不全球化行销手册》即较好地呈现了上述观念。该计划通过130位专业人士和一般市民充分发挥创意，构想各类"有趣的都市方案"，以达成"让大家爱上居住地（即台北）"之目的。② 该计划收录的很大一部分都市想法均不切实际，如"101增高计划""超级英雄电话亭""都市塔"和"崩溃椅子"等。但其本质目的并不在于想法的落地，而是企图以"有趣"作为诱因，引发市民透过亲身参与或阅读思考，形成主动参与城市发展进程的"文化自觉"。本质而言，该"自觉"即是公民意识基于人文视角的产出成果。

更重要者，"都市酵母"还尝试将上述"思想发酵"活动流程化和步骤化。首先，个体独立引发一些与都市有关的想法，这是偏重个体思考的流程。其次，伙伴之间协助对方"发酵"想象，让它从三言两语"膨胀"为细致的想法。最后，大家分享与交流"发酵"成果，由酵母的"独乐乐"走向面包的"众乐乐"。简言之，"都市酵母"作为文创类社会企业，已认识到文化创意在建设公民社会中的价值，以及将该价值经验化、模式化和扩散化的必要性。

---

① 王志弘：《文化治理与空间政治》，群学出版社2012年版，第11页。
② 《都市酵母首部曲》，http：//www.cityyeast.com/market_list.php，引用时间：2014年5月12日。

三、"'都市酵母'经验"启示

"都市酵母"作为台北知名的文创类社会企业，由文化遗产与地方文化保育、公共文化建设和公民社会育成，有效促进了当地城市人文化。当前，大陆地区尽管文创类社会企业在大陆地区尚未如台湾地区一样繁荣，但随着社会企业和文化创意产业两个支点的持续振兴，可以预期大陆地区文创类社会企业将渐次兴起。因此，总结"'都市酵母'经验"在大陆语境的应用价值，将具有前瞻意义。

此外，在论述"'都市酵母'经验"对大陆地区的借鉴可能之始，准确分析自身所处宏观环境与台北宏观环境的异同，是有效提炼与借鉴"'都市酵母'经验"的关键前提。这是研究者和实践者尤须关切的基本出发点。

（一）媒介化与过程化：文化创意在城市人文化中的再定位

以"都市酵母"为代表的文创类社会企业惯常以文化创意为媒介和过程撬动、解决或关注某种其他社会事象——尽管并非所有文创类社会企业均是如此（如"学学文创志业"即以促进文化创意产业为目的）。简言之，在城市人文化语境下，文创类社会企业所实践的文化创意更大的公共意义是媒介化和过程化地关注文化创意产业以外的社会事象。这种观念对大陆地区具有三方面参考价值。

首先，作为媒介和过程的文化创意，易于引发市民参与热情。以设计领航的文化创意，往往以出乎意料的路径和样貌完成对城市人文化的促进使命。这种"出乎意料"通常能够充分激发普通市民的参与热情，使城市人文化从官方、商业或学术话语的单向疾呼，转向为前述角色与市民参与的双向互动。在这一复杂运动过程中，城市的人文化将更深刻地植入市民心中，成为"身体化的知识"。

其次，文化创意具有"化繁为简"和"深入浅出"的特质。文化创意偏好以直观、浅显和趣味的方式解读城市事象，这为普通市民阶层介入相对复杂的城市人文场域创造了便利可能。如"都市酵母"向来擅长创意地运用阳台、食材、街道和公园等常民化、生活化和浅显化的对象，阐述某些深刻的城市议题。

显然，这种经验不仅值得文创类社会企业吸纳，对政府、学界和商业在叙述相关议题时也具有参照价值。

最后，以文化创意为媒介，应警惕陷入文化的"士绅化"（gentrification）漩涡。士绅化是都市研究中最政治化的概念，因它讨论的中心概念"动迁"，是关乎不同阶层之间的矛盾甚至冲突。① 郭恩慈以上关于士绅化的慎思，尽管是围绕城市重建议题展开，却也对文创类社会企业介入人文化具有警示价值。当文化创意在促进人文化之时，其能否有效平衡和协同平民文化和"士绅"文化将显得尤为重要。"都市酵母"有意识地均衡化了前述两个群体的需求和兴趣（如商品类型与定价的高低搭配、活动项目的合理分化等），避免了其将台北误入文化士绅化的发展歧途。

（二）发现并解决问题：社会设计与社会创新

以"都市酵母"为代表的文创类社会企业，一般密切关联于社会设计与社会创新等关键词。它们立足民间力量，企图以设计或创新作为切入口，发现并解决某一社会问题，并最终促进社会前进。这为大陆地区借鉴"'都市酵母'经验"提供了两点启示。

之一，文创类社会企业以其独有的专业敏锐度和技能发现并解决某些社会问题，这些社会问题的解决对其他角色而言，并不具有经济性或比较优势。如"都市酵母"曾发起台北市清洁队装备提升计划，抽离于环境科学和人体工学等专门领域，转向文化创意视野，大量参阅境外案例并展开田野调查，回归到"人的尺度"设计和创新清洁员的装备、服饰和作业流程，以均衡提升清洁员工作舒适度和环境美化绩效。在城市人文化建设过程中，诸如此类的隐形问题比比皆是。而文创类社会企业可由独特视角发现并解决相关问题。

之二，文创类社会企业对某些社会问题的发现与解决，在一定程度上等义于商机发掘。任何企业均需不断寻觅并掌握商机，而带有商业属性的文创类社会企业对此可能更具优势。在不违背企业责任和社会伦理之前提下，其较之其他企业，更易由当事人一端把握社会问题的成因与可能的解决路径。由此，自然亦能更为迅速和有效地制定商业策略。

---

① 郭恩慈：《东亚城市空间生产：探索东京、上海、香港的城市文化》，田园城市文化2011年版，第175页。

总之，文创类社会企业既能以独到视阈，取径社会设计和社会创新，促进城市人文化演进；又能由此发现可供自身进一步发展的商业契机。无疑，这对城市社会和社会企业是一桩共同的"好生意"。

（三）可持续发展策略：企业和"公民"双重属性的共赢

文创类社会企业如何可持续发展？这是关涉该类企业能否长效服务城市的基本前提。本研究在最后将对此专门论述。归根到底，"都市酵母"兼具企业和公民的双重身份，其以企业属性保障公民价值的持续发挥，而公民价值又将演绎为品牌、市场和商业等价值拉动企业效益。因此，两重身份的共赢效应决定着文创类社会企业的可持续发展。

"都市酵母"的主要经济来源为赞助、合作计划和文创商品（活动）。首先，"都市酵母"作为合法注册的社会企业，具有接受赞助之权利。其根据赞助金运用项目（指定或不指定）、赞助金额（100 或以上新台币元，自定）和赞助周期（单次或长期）等标准设定了各异的赞助模式。赞助方可享有（或放弃）一定的公益性回馈方案，并可以与其他参与者一道加入"都市酵母"计划。其次，"都市酵母"长期接纳与企业、政府、学校和专业行业的商业合作。合作方以购买服务等形式，获得"都市酵母"基于文化创意、社会设计和都市规划等方面的专业服务（如培训课程、讲座、主题活动和空间营运等）。最后，"都市酵母"立足水越设计的行业背景，持续研发与营销出版物和文具等文创商品，并以网络商店和实体店等方式营销，从而在由文化消费推动城市人文化的同时，也为其创造了长远发展的经济效益。

"都市酵母"的可持续发展经验，给予未来大陆地区文创类社会企业两点原则性启示。一方面，如 J. 德弗尼认为，社会企业绝非是非营利组织（NPO），而近似于生产型非营利组织[1]，其不仅不必羞于谈论经济效益，更应主动去思考之。在大陆语境下，更应破除这种"公益等于无偿服务"的陈旧思想。另一方面，文创类社会企业的商业模式应充分关涉自身的比较优势，优先择取与业务相关的路径作为商业策略，避免以纯粹的投资思维进入市场，从而确保品牌形象在公众中的精准定位。

---

① Defourny J. From Third Sector to Social Enterprise. In Borzaga C., Defourny J. (eds), *The Emergence of Social Enterprise*. London and New York：Routledge，2001. pp. 1 – 28.

四、结　语

在台北语境下，"都市酵母"等文创类社会企业对当地城市人文化的积极影响力初步成形。对大陆地区而言，以类似经验当前观之，似乎尚具有较强的陌生感和距离感。但可以预测，在文化创意产业和社会企业的蓬勃发展的基本背景下，文创类社会企业作为一支特殊力量，必将照亮城市人文化的宏大进程。为此，学术界应前瞻地探索学术理论，完成理论预备，以理论期盼实践之日。

参考文献：

[1] Borzaga C., Defourny J. (eds), *The Emergence of Social Enterprise.* London and New York：Routledge，2001.

[2] Daniel A. B. *The Spirit of Cities*：*Why the Identity of a City Matters in a Global Age.* Princeton：Princeton University Press，2011.

[3] Harvey D. *Spaces of Hope.* Edinburgh：Edinburgh University Press，2000.

[4] Rowe P. G. *East Asia Modern*：*Shaping the Contemporary City.* London：Reaktion，2005.

[5] Sassen S. *The Global City*：*New York*，*London and Tokyo.* Princeton：Princeton University Press，2001.

[6] Zukin S. *Naked City*：*The Death and Life of Authentic Urban Places.* New York：Oxford University Press (USA)，2009.

[7] 陈郁秀等：《文创大观：台湾文创的第一堂课》，先觉出版社 2013 年版。

[8] 官有垣、王仕图：《台湾的社会企业：特质、发展趋势与效应》，《人文社会科学研究》2013 年第 1 期。

[9] 王名等：《社会企业论纲》，《中国非营利组织评论》2010 年第 2 期。

[10] 王晓凌等：《从新市镇看到大未来》，麦浩斯 2008 年版。

文化观光的情感结构：地方的再兴与超越
——以日本电视剧《海女》为例

鲁肖荷*

【内容摘要】2013 年 5 月，NHK 电视台播出晨间剧《海女》，讲述高中生天野秋在海边小城的成长故事。除励志和亲情，该剧还描绘了一幅文化观光产业发展的全景图，并折射出文化观光时代的几种主要社会情感结构。以该剧为范畴，本文探讨文化观光产业在地方的具体运作中所呈现出的不同社会情感结构面向。本文还结合《海女》案例的历史源头——日本"一村一品"运动，与当前中国特色文化产业发展案例进行对比，分析地方特色文化产业在运用文化遗产等方面应有的态度与坚持。

【关键词】特色文化产业　文化观光　文化遗产　全球在地化

一、前　言

　　2013 年日本 NHK 电视台的晨间剧《海女》（又名《小海女》《海女姑娘》《海女小天》等）在播出六个月后以十年来晨间剧收视率第二名的佳绩落幕。这部电视剧讲述东京高中生天野秋跟随母亲回到位于岩手县的北三陆袖滨老家，被当地海女——在没有任何辅助呼吸装置的情况下下海捕捞海胆等海产品的女性——的英姿吸引，决定留下成为新一代海女。在故乡众人合力开发文化观光产业的努力下，小秋向全日本展现了海女新形象，并和"北铁小姐"结衣成为当地偶像。之后小秋回到东京加入以地方特色为主打的偶像团体，辛苦打拼渐

　　* 作者简介：鲁肖荷，中央戏剧学院戏剧学博士，现为中国传媒大学文化发展研究院博士后，研究方向为特色演出产业、都市戏剧文化、小剧场现象等。

获知名度。东日本大地震后，小秋重返故乡参加灾后重建，再度同故乡亲友合力打造海女新神话。这部剧融合励志、成长、亲情、友情等主题，刚播出不久，拍摄地岩手县久慈市在 2013 年首个黄金周的游客数量便为上年同期的两倍。随剧集热播，多次在电视剧里被提到的岩手县名产"久慈琥珀"也得到了日本东北经济联合会的经济资助，变身为高级品牌。而剧中人爱吃的岩手名吃"豆团汤""海胆饭"更受到观光客热捧——根据专业估算，《海女》为岩手县带来的经济"涟漪效应"约为 328400 万日元，更有 465 人因该剧而得以就业。[1]

电视剧剧情——地方文化观光产业的发展——和现实生活"互文"，是《海女》的一大亮点。与社会情境的紧密贴合，也使《海女》具备不同指向的情感结构。雷蒙德·威廉斯认为情感结构是整个社会共同感受到的比较一致的情感与认同——情感结构可以看作是一个时期的文化，它集中反映了一代人在日常生活中所体验到的意义与价值。[2] 情感结构"和艺术作品对它的运用之间存在着连接"[3]，汤祯兆援引宇野常宽的评论并引申指出《海女》中的多种情感结构指向，包括"崩坏的家庭及故乡关系"、女性自身成长等——这些情感结构聚焦于时代变迁、人生历练等等，虽以常见的情节套路进行包装，最终却能表达日本社会当下的共同情感。

同样，在《海女》中也呈现出地方与文化观光产业之间的互动所引发的不同层次的情感结构。文化观光可被看作是一种以寻求文化体验为主的旅游活动。联合国教科文组织指出，文化观光是一种与文化环境，包括景观、视觉和表演艺术与其他特殊地区生活形态、价值传统、事件活动，及其他与创造和文化交流过程有关的旅游活动；世界观光组织则从狭义和广义对文化观光进行细分：狭义来看，文化观光涉及个人特定的文化动机，如参观表演艺术、嘉年华会或古迹遗址等，广义上文化观光则体现人类对多样性的需求，并通过传播新知识、经验与体验来深化个人文化素养。[4] 进一步的，联合国教科文组织认为，发展文化观光，能够"建立并强化区域的自我认同，以达到凝聚、维护或扩大国家

---

① 详见维基百科：http://zh.wikipedia.org/wiki/% E6% B5% B7% E5% A5% B3% E5% B0%8F% E5% A4% A9#. E7. B6. 93. E6. BF. 9F. E6. 95. 88. E6. 87. 89。

② 赵国新：《情感结构》，《外国文学》2002 年第 5 期，第 80 页。

③ ［英］雷蒙德·威廉斯：《漫长的革命》，倪伟译，上海人民出版社 2013 年版，第 78 页。

④ 夏学理等：《文化创意产业概论》，五南图书出版公司 2012 年版，第 423 页。

与区域的自我认同与精神"①，同时还能有效解决地区经济发展，如就业等问题。另外，地方亦必须在文化观光产业的协助下抱持一定的态度和理念，如善用文化资源，在经济利益与在地民众诉求间分清主次，进而才能够在更广大的文化创意产业市场中获得话语权。

本文认为，《海女》中地方构建文化观光产业、文化观光重塑地方——地方谋求复兴，对文化遗产进行兼具感情及物质的双重使用，进而生成文化观光产业，反过来文化观光产业协助地方在紧密的全球化步调中游刃有余地行进——正体现出文化观光潮流（时代）下几种不同层次的情感结构指向。除了探讨这几种情感结构外，进一步的，本文还将追溯《海女》中产业发展方式的现实源头，对照研究当前中国新型城镇化建设背景下的地方特色文化产业发展状况，并以《海女》为镜，检视未来我国特色文化产业可持续发展的可能性。

二、挪用的文化遗产与固着的信念

在联合国贸发会（UNCTAD）对创意产业的四大分类中，文化遗产是最主要的一组，它包括文化场所和传统文化表现，是所有艺术形式的来源、文化与创意产业的灵魂。贸发会认为，遗产"是在文化的各方面融合了历史、人类学、民族、美学和社会角度的传统遗产，它影响着创意，并且是许多文化遗产产品与文化活动的根源"②。《海女》中的文化观光产业乃至情感主题展开，很大程度上就是依赖于对本地文化遗产"海女"的再发现与再利用，或用Rautenberg对文化遗产的阐释③，海女是"经挪用而成立的文化遗产"，即海女们（及其他在地居民）不断挪用、更改海女原本属性，为之赋予新的社会及文化意义，并对地方及民众生活形成改变。

海女作为文化遗产凝结了地区性的历史、经济、文化等多重价值。在物资尚不富裕的年代，做海女是渔村主妇们用来贴补家用、维持生计的重要职业，

① 夏学理等：《文化创意产业概论》，五南图书出版公司 2012 年版，第 424 页。
② 联合国贸发会议主编：《2010 创意经济报告》，中国社科院文化研究中心译，三辰影库音像出版社 2010 年版，第 131～132 页。
③ 郭慈恩：《东亚城市空间生产》，田园城市事业文化有限公司 2011 年版，第 139 页。

并因此形成独特的产业和文化空间；时过境迁，当海女们不必再为生计过多犯愁时，进行水下捕捞却已成为日常生活的重要组成部分，而三四名海女同时跃入水中的场面在文化观光语境中也更具观赏性质，于是这项职业慢慢成为带有表演性质的民俗展示活动——在真实生活中，日本三重县伊势志摩、韩国济州岛的海女所进行的捕捞作业，已是当地最负盛名的观光表演。但在《海女》故事的发生地北三陆，经济发展迟缓，人口锐减，旅游业不兴旺，造成海女老龄化，年轻海女后继乏人——海女虽经挪用成为文化观光项目，但因社会结构的不平衡，导致其角色模糊，发展停滞。而当小秋作为新一代海女朝气、振奋的形象无意中通过网络传播出去之后，海女即由一般的文化观光资源转变成辨识度高、可为大众文化吸收的有效文化资本，并与"北铁小姐"进行捆绑式文化营销，在亚文化群（铁道迷文化、粉丝文化）中掀起巨大波澜：海女们捕捞的海胆做成可口的海胆饭，成为供不应求的铁路便当；小秋与结衣的"追忆如潮"组合吸引全国各地的粉丝乘坐北铁特设的和式宴席列车——从日本各地赶来的人潮不一定是出于旅游的目的前来，确切来说是"观光"，观赏由海女、"北铁小姐"、北三陆铁道和海边风光组合而成的文化景观。由此，海女的文化价值得到更多人认可，经济价值随即得到直观体现，比如建造海女咖啡厅，突出地方特色，并改变周边社会商业风气，促进多样化的海女文化发展，使之渗透于生活的各个方面，促成当地文化创意产业的多元发展。

但这并不意味着被挪用的文化遗产单纯成为文化观光产业的"摇钱树"。当地方以文化遗产及相关文化资本为观光产业发展基础时，无论是历史悠久的"海女"风俗，抑或是年纪尚轻的"北铁"电车，它们首先是当地人现实生活的一部分，是在地感情依托的重要存在实质。以"北铁"为例，它由国家及地方公共团体同私营企业共同出资设立，是官民共同进行开发的地方工程。剧中的"北铁"谷湾线在20世纪80年代开通，象征地方复兴，曾是人们对未来的期盼和想象，更是汇集几代人集体回忆的重要象征物。虽然运营二十年"北铁"一直赤字缠身，甚至被当成笑话看待，但因其本身既非政府亦非民营所管，更能抛开各种利益驱使，为情感所驱动，被誉为北三陆民众的双脚。当然，"摔倒也不忘抓把土"的北三陆人也意识到"北铁"同样挪用成为文化观光资本的可能性，那就是借海女和"北铁小姐"这样的地方偶像崛起的契机，大力开展各种宣传活动，成功吸引各年龄段、各阶层的海女粉丝和铁道迷们坐七八个小时的车赶来与偶像见面，体会老式铁道的独特魅力。

进入《海女》后半部分，东日本大地震后，面对百废待兴的局面，恢复海女和"北铁"又成为独特的情感隐喻。地方百姓群策群力，重振家园，海女和"北铁"体现了文化遗产本身存在的重要性与必然性，以及经由岁月变迁、生活累积而来的坚韧精神力量，同时更凸显了这样一个事实：被挪用做产业化运营的文化遗产依然能够随时回归日常生活层面，并象征更强烈的地方与身份认同感。文化创意产业被提出来的主要原因，在于"文化的意义不再只是固定的文本，它是一种创造、生成、转化的动态过程，不但受社会脉络与社会关系所影响，同时也创造生成新的社会脉络与社会关系，进而刺激生产和消费的循环"①。纳入文化观光产业发展的文化遗产，正是利用了文化意义的流动性，生产丰富多元的文化观光项目，吸引人潮与钱潮。但文化遗产本身的精神象征和符号意义必须是稳固的，才能够和不断变动的文化经验组合，构成新的特色书写。《海女》的情节安排明确指出，对文化遗产的挪用最终应建立在对其本身的维护和尊重之上，由此才能激发出遗产的未来特性，并使相应的文创产业生产出真正的内容，这无疑也成为关于文化观光产业的主流情感结构。

三、全球空间，民间意识

在《海女》不同层次的文本意义中，不能忽视的是它在表述在地特色文化的同时，还展现了一个把持着高度权力的"中央"，那便是来自东京的流行偶像工业以及更庞大的文化产业。它更直接地与在地文化形成了某种二元对立局面，却同时体现出一种混杂而处的复杂关系，并反映出在不同文化力量的挤压下，另一层主要社会情感结构的出现。

《海女》里北三陆众人通过"北铁小姐"选举，推出完美偶像结衣，又对小秋进行跟拍记录，捕捉到她第一次捕到海胆时从海中兴奋跃起的瞬间，为北三陆这个"只有老人、不良青年和狐狸"的偏远市镇制造出符合大众审美及认

---

① 李天铎等：《文化创意产业读本：创意管理与文化经济》，远流出版事业股份有限公司2011年版，第21页。

同的偶像神话，也使北三陆变得年轻并具流行气息。结衣和小秋是在地的全国性文化符号，并进一步成为本地文化观光产业的"核心价值"，吸引观光客哪怕是搭乘换车烦琐的地方支线铁路，也要赶来跟偶像握手。文化观光是在一个更大的文化空间内进行带有高度认同度的文化消费。这种消费促生消费者的身份自我认证，并能归拢生产者（在地人）的情感向度，形塑集体记忆，同时具有未来意义。由此可见，文化观光打造的是本地人和外来游客都能认同的文化符号系统。这套符号系统既有本地特色，又要符合更大情境里的审美经验流，它交织着传统文化与流行文化，并需要以更现代的传播方式展现出来。但无论传播效果如何无远弗届，观光客最终都需要亲身前往，寻找跟自己日常经验完全不搭界的新体验。正如《海女》剧中足立先生所言："野营场的咖喱不在野营场吃是不行的。"

这种"跟自己日常经验完全不搭界的新体验"，从一个角度来看，就是与从文化发达的中心区域便利地获得各种文化体验不同的"新体验"。《海女》下半部展现了文化中心对地方文化观光的盘剥，以便维护"旧体验"的皇牌地位：成功的音乐制作人荒卷太一（"太卷"）以"从各地开始让全日本变得有活力"为口号，挖掘全日本四十七个都道府县的在地偶像，打造新的国民偶像团体"GMT47"（GMT 为日语"家乡"的简称）。"太卷"认为，东京汇集了全国各地的人，新的偶像组合便是外来者们关于"家乡意识"这一核心的投射。被召唤到文化中心的地方特性借助流行文化产业诉诸怀乡、怀旧等文化模式，能够形成独特卖点；地方偶像汇集到东京，发展平台扩大，更方便受众与之交流、接触。但这些偶像亦同时被从地方连根拔起，在流行音乐工业的打磨下逐渐成为同一的、符合娱乐产业认知的艺人——"太卷"在"GMT5"（"GMT47"最后成员确定为五人，故改名）的出道单曲《回老家吧》中加入电音、house 音乐等风格，因为"朴实亲切"这样的地方标志性元素在流行市场中等同于"弱""没有冲击力"（虽然地方偶像们还需要一直说方言体现独特性），因此必须加入时尚、前卫的东西进行调和，使之更具备流行元素。

"北铁小姐"结衣曾是"GMT47"的热门人选，北三陆为了留下这位能吸引粉丝大波到来的地方偶像，甚至曾夸张地封锁地方交通，以阻止她前去东京。最后世事弄人，结衣因自身缘故没能去成东京。在《海女》结尾，她表示自己将安于做本地偶像，不会再想去东京，"想看我就到北三陆来"——许诺了地方文化的一个可预期的未来。"结衣还在"使北三陆发展文化观光的底气十足，但如果北三陆文化观光只能倚赖结衣的选择，是否也证明地方文化观光产业在相当程度上是脆弱的？但从另一方面看，这也表明，地方实际成为文化中心（大众文化）的主要内容提供商，再经由东京强大的文化营销体系进行重新解构和包装，在东京成为偶像明星的结衣，未必不会帮到地方的文化观光发展——这是另一种形式的"全球在地化"。

"全球在地化"（Glocalization）这一 20 世纪 80 年代于日本创造出的语汇，原本是日本商业界用来表述"全球性的地方化"，即"适应地方的全球观点"，进而 Roberston 使用这一概念，指出全球在地化就是全球和地方同时存在与相互渗透，其他学者如刘坤毅，则指出全球在地化是"全球思考，在地行动"①。表面上看，都市文化产业将地方偶像连同她们的故事从故乡抽离，但正如结衣辩解自己想去东京做偶像时所说那样，在首都也可以宣传地方，总比在地方干等着要强。来自东京的文化掠夺不一定就是洪水猛兽，地方与中央的文化霸权分庭抗礼，但也许不需要壁垒分明。毕竟无论是带有表演性质的海女捕捞、选美比赛，还是制作海女宣传视频、运作和式列车的旅游项目，都是符合大众审美和文化消费需求的活动，但她们之所以走红，又是因为这当中文化遗产稳固的差异特性以及独特的在地思维经营模式。北三陆正是通过构建在全球化文化语境中畅通无阻的观光手段，构造只属于北三陆的消费经验与体验，完成对自身的改变乃至超越。同时，地方为中央造血，以更具多元化和差异性的文化内容成为更大的文化产业的动能来源。在结尾处，巨星铃鹿宏美决定在北三陆开始自己首次全国巡回演唱会，除了带有致敬此地三代地方偶像（小秋及她的母亲和外婆）意味，实际也在隐喻地方复兴的到来。汤祯兆认为，这是"东日本地震后的主旋律"②，而电视剧抽丝剥茧般的主题呈现，也折射出另一重有关文化观光的社会情感结构：文化观光产业的营造，使"在地"逐渐突破地理空间，营造出无所不在的地方意象及文化空间。

举目四望，现实生活也正印证电视剧中的虚构情节，以下两个例证或可说明《海女》所昭示的社会情感结构走向。一是 2013 年 9 月，琦玉县知事上田

---

① 何康国：《艺穗节与艺术节：全球化的表演艺术经营》，小雅音乐有限公司 2011 年版，第 37～40 页。

② 汤祯兆：《回到文本看宫藤官九郎的妙手》，《第一财经日报》2014 年 2 月 26 日，第 B7 版。

清司对在《海女》中扮演"GMT5"成员入间诗织的演员松冈茉优进行表彰，感谢她在剧中推广了琦玉县的知名度（以及琦玉名产大葱）。虽然松冈茉优本人其实是东京人，但这正歪打正着实现了结衣"在东京宣传家乡"的理想方案。二是 2014 年 1 月底，《海女》剧中偶像团体"阿美横町女学园"所模仿（致敬）的对象——日本著名女子偶像团体 AKB48 宣布将从全国每个县甄选一名新人，组成拥有 47 名成员的第五支表演队伍"Team 8"，并主打"去见面的偶像"概念，将主要活跃于日本各地的巡演、公演和宣传活动——这一整套程序仿佛是复刻自《海女》，"去见面的偶像"也似是结衣"我才不去东京，你们想要见我，就给我来北三陆"的翻版。《海女》与今日 AKB48 的比照无疑昭示了现实情感结构的某种可能发展，那就是无所不在的"在地"，与越来越务实的"民间意识"。

四、海女经验，中国镜鉴

文化观光产业将文化遗产挪用而成目的性更明确的文化资本，在一定文化空间内形成具体的文化事件，促成新一轮文化消费，并协助地方取得实质性的跃升。虽然《海女》以戏剧性的方式呈现了这一切，但电视剧中的虚构情节实际是可以在现实生活中找到历史根源的，那就是自 20 世纪 70 年代开始的日本地方产业振兴之"一村一品"运动。

20 世纪 50 年代起，日本经济进入高度增长期，城市化脚步加快，乡村青年劳力集中到大城市，造成小城镇和农村人口外流及老龄化现象严重。为了活化地方经济，偏远农村展开自救计划。结合各界建议与支持，这些乡村紧密结合当地历史、自然风貌，活用文化资源，促进了传统产业的再生，其中就以"一村一品"运动最为著名。该运动的理念在于"帮助一个村开发一种独创的新产品"，而产品的涵盖范围很广，它可以是具体的一种或几种产品，同样也可以是无形的文化产品，如民间节庆等。[①] 在"一村一品"运动发展下，福岛

---

① 张永强等：《日本"一村一品"运动及其对我国新农村建设的启示》，《东北农业大学学报》（社会科学版）2007 年第 6 期，第 11 页。

县三岛町的传统生活工艺、长野县妻笼的古老驿站、广岛县美星町的天文观星等都成为根据本地独特文化品格，打造出的具有差异性的地方文化产品。"一村一品"，进而"再造故乡"，其本质虽为经济活动，但过程中诉诸在地人文精神，并扎根于日常生活，以传统资源为依托，使地方文化特色与地方经济活化二者和谐统一。

地方长期保持的独特规矩、习惯、祭礼、传统文化而培养起来的信赖关系和交流网，能够让整个地区变得丰富多彩、生机勃勃。① 在《海女》中，人们正是从保存完好的海女和"北铁"这两项生活传统中汲取了展开文化观光产业的重要精神资源，并在震后通过恢复这两项传统，获得重建家园的信心和能量。在现实情境中，遭受震灾最严重的岩手县和宫城县，也通过组建民间表演队伍，在2012年新年演出"狮子舞"这一有350年历史的非物质文化遗产，使"恢复乡土艺能，保留家乡象征"的活动成为乡土传统文化与受灾居民之间的纽带。② 在《海女》中，当"一村一品"的精神具体体现在地方文化观光产业的建设中时，最显著的一点，就是产业发展建立在对原有文化遗产、资本进行升级的基础之上，不会有伤筋动骨的大改造，也不会凭空建造出"海女主题公园"之类的天外来物。北三陆的文化观光仍然承继着某种田园牧歌式的发展风格：乘坐"北铁"时最大的看点仍在于沿途自然风景，而非人造景观；而当一大波铁道迷或"追忆如潮"的粉丝坐着"北铁"在一天时间里来又去，北三陆观光协会也并没苦恼"怎么能让他们留下过夜"，进而开发出新的夜游项目——在一定规模的循环中，产业内容并没有一味做大、衍生，而是在范围允许之内深耕细作，保留文化原味，保存人情温度。一个情节或许能做出最好说明：震后北三陆人用废旧的渔网制作祈愿手链，这些渔网"寄托着渔民的灵魂"，更能代表灾后复兴，极具情感价值的手链也因此大卖。

把视线放回到我国。2014年8月，文化部、财政部联合发布《推动特色文化产业发展的指导意见》，指出特色文化产业应提供具有鲜明地域特点和民族特色的文化产品和服务形态，并提出发展特色文化产业的基本原则——传承文化，科学发展；因地制宜，突出特色；创意引领，跨界融合；市场运作，政府

---

① 详见 http://www.nippon.com/cn/people/e00043/。
② 详见 http://7yj.org/news/2012/01/06/175714.htm。

扶持。无论是对特色文化产业概念的框定，或是对其发展基本原则的提出，该指导意见其实也总结出目前很多成型或待建的地方特色文化产业存在的问题：产业发展受制于政府和企业的操控，砸下重金铺设大的架构，或浓墨重彩突出地方文化特色，只是为了表征某种迎合游客认知的"真实性"，到头来却是"去地方化"，进而"士绅化"，即逐渐由来自城市的，掌握文化消费资本的阶层的美学品味统治，地方性和特色不过成了点缀。而过于粗放、大手笔的城乡改造，或许会提升地方特色文化产业的规模和数量，但很可能无益于它与传统文化的传承，与在地人生活的对接。

文化观光不同于单纯的旅游，它更需要激发人们有意识、有目的的文化行为，这就更使得它的产业架构必须倾向在地情感的传递和表达，并与在地人的生活需求产生密切联系，而过于"豪华"或大规模的在地文化产业却有可能抹杀本地人在这其中担当的角色，更不要说诉及他们的情感和生活需要。标榜古旧特色的古镇通过强拆等手段，将原有居民请出镇外，进行主题公园式的重建，遍布精品酒店、会所及酒吧，再以民宿老板、手工艺商贩等名目聘请他们进入景区进行文化表演。而另一类古城镇建设范式，突出地方特色的方式亦只是填充进大量贩售号称"非物质文化遗产"的特产商店，或以间断式的"非物质文化遗产"表演招徕游客，同时竖起围墙和凭电子芯片才能出入的大门，一切进出皆以门票为准。不得不说这样的发展方式在某一程度上是与其整体发展规模相适合的：庞大的占地规模、高额的前期投入，有时甚至是"举全城之力"所进行的建设，就必然要求利益最大化和模式统一化。但此时进行产业发展的前提不再是在地人对一方水土的情感依存以及从基本民生出发的考量，就会造成其与在地文化的断裂，而制造出的文化产品也无关在地生活方式及传统精神内涵，结果导致特色同质化、单一化。

本文的目的又绝非是将《海女》中的文化观光产业同现实情境中的中国地方特色文化产业进行硬性对比。因为不同国家和社会之间更具体的情感结构各不相同，人们的文化行为模式也存在较大差异。文化观光在中国还仍是个新兴事物，目前我国的地方特色文化产业更多停留在"文化旅游"层面，即将民俗景观与自然景物进行嫁接，而缺少以更完整、丰富的故事引领当地文化遗产形成能够诉诸消费者情感的观光事件，或结合当地特色，在非主流文化层面大做文章，进而使消费者能够认识到地方独特的"存在感"。虽已有一些地方将传统民俗节庆或民俗表演越做越大，以吸引游客前来，但仍然难以将之做成一个针对性强的社会文化事件，从而摆脱单纯的旅游语境，引发其他形式的文化消费模式，更不要说借生产新的文化经验，与传统的文化中心进行角力。

但《海女》所体现的社会情感结构依然能够折射出当前我国地方特色文化产业发展的更多可能性。借助当前特色产业蓬勃发展所提供的路径，在"一村一品"或"一乡一业"的主旨下，无论是发展文化旅游、文化观光，抑或其他特色文化产业，都该是以保存并发扬在地文化传统、文化记忆为前提，并以在地人感情诉求为主，才能为更大范围内的文化消费者们塑造独一无二的情感体验，从而达成双向情感交流与互动，这也是地方特色文化产业可持续发展的根本之一。惟其如此，也才可以重新找回在地人、外来观光客们与地方的情感依靠，真正突出"地方能见度"，完成"发现、发现、再发现"的循环——发现地方的潜在资源、发现人的潜在能力、再发现心之所需。①

参考文献：

［1］赵国新：《情感结构》，《外国文学》2002 年第 5 期。

［2］［英］雷蒙德·威廉斯：《漫长的革命》，倪伟译，上海人民出版社 2013 年版。

［3］夏学理等：《文化创意产业概论》，五南图书出版公司 2012 年版。

［4］联合国贸发会议主编：《2010 创意经济报告》，中国社科院文化研究中心译，三辰影库音像出版社 2010 年版。

［5］郭慈恩：《东亚城市空间生产》，田园城市事业文化有限公司 2011 年版。

［6］李天铎等：《文化创意产业读本：创意管理与文化经济》，远流出版事业股份有限公司 2011 年版。

［7］何康国：《艺穗节与艺术节：全球化的表演艺术经营》，小雅音乐有限公司 2011 年版。

［8］汤祯兆：《回到文本看宫藤官九郎的妙手》，《第一财经日报》2014 年 2 月 26 日，第 B7 版。

① ［日］西村幸夫：《再造魅力故乡：日本传统街区重生故事》，王惠君译，清华大学出版社 2007 年版，第 18 页。

[9] 张永强等：《日本"一村一品"运动及其对我国新农村建设的启示》，《东北农业大学学报》（社会科学版）2007 年第 6 期。

[10]［日］西村幸夫：《再造魅力故乡：日本传统街区重生故事》，王惠君译，清华大学出版社 2007 年版。

徽州文书数字化路径探析*

秦 枫 李丁丁**

【内容摘要】徽州文书是徽州区域的活态记忆库。徽州文书数字化理论和实践均有待深入，从徽州文书数字化可行性和必要性，论述徽州文书数字化三个阶段及其路径，通过多方参与、众包等模式构建徽州文书树形结构数据库。

【关键词】徽州文书 数字化 数据库

20 世纪中期，被称为中国历史文化第五大发现的徽州文书见诸报端，轰动业界。徽州文书档案即历史上的徽州官府和民众在日常生活、生产、社会活动过程中形成并遗存下来的未经加工的凭证、票据和文字等档案资料（下文称"徽州文书"），是徽州社会发展、生活生产最真实的写照。徽州文书以其原始性、唯一性和珍贵性而备受当地政府、专家学者的推崇和关注。安徽省第九次党代会同样指出："传承、创新安徽地域文化……科学保护、合理利用各类文物和非物质文化遗产；推动文化产业和现代科技深度融合。"在上述背景下，本文尝试从理论和路径两方面论述徽州文书数字化。

一、徽州文书数字化概述

徽州文书数字化即以信息技术和数字技术为手段，以徽州文书档案及相关的图文音像为依托，通过多方参与、众包模式将其转化为被计算机识别的数字

* 基金项目：高等学校省级优秀青年人才基金重点项目（2013SQRW013ZD）。

** 作者简介：秦枫，安徽师范大学传媒学院讲师，中国科技大学传媒管理在读博士，研究方向为文化资源与文化产业、数字媒体传播；李丁丁，中国海洋大学文化产业管理专业硕士研究生。

符号，最终建立标准化、结构化的文书数据库，以达到有效整理、保护、出版、传播与共享之目的。徽州文书数字化并非首提，其学术研究以及实践探索均已在进行，下面便对徽州文书数字化的理论和实践做简单介绍。

（一）徽州文书数字化理论成果

《徽州文书的整理及数字化构想》（金再华，2008 年）概述了徽州文书传统的分类整理情况，并提出了徽州文书数字化的一些设想；《徽州文书数字图书馆元数据标准设计》（张晓峰等，2009 年）从技术角度论证了徽州文书元数据标准的设计与定义；《徽州文书的整理及特色数据库建设研究》（俞乃华等，2010 年）在总结几年来徽州文书整理工作的基础上，提出建立徽州文书特色数据库，以管理、利用文书。关于专门论述徽州文书数字化的书籍暂未出版，但关于徽州文书的汇编和整理以及古籍数字化已有相关成果。

（二）徽州文书数字化实践探索

整体上来看，徽州文书数字化实践成果参差不齐。大部分数字化的文书资源散存于安徽省博物馆、徽州文化博物馆、安徽省图书馆，以及些许网站（中安在线、安徽文化网）。此类数字化产品，绝大部分以文字、图片为主，数字化水平低，重复建设率高，共享程度低。黄山学院作为古徽州唯一高校，20 世纪 90 年代开始搜集特色地方文献，对徽州文书的数字化研究已成特色。徽州文书数据库现已建立单机版，并构想网络版数据库的建设。

总体来说，徽州文书数字化理论和实践均有待深入。

二、徽州文书数字化之必要性

（一）信息交流的基本要求

随着社会发展、科技进步，人们对于信息的认识与利用日渐加深，爆炸式信息增长的背后，是庞大数据库的支撑。这无疑对纸质版文书档案提出了更高层次的要求。所以，文书档案的数字化是便捷传送、有效利用、高效存储、信息交流的绝佳方式。①

---

① 李娟：《建立文书档案数字化管理模式的必要性》，《黑龙江科技信息》2012 年第 30 期。

（二）数字出版已成趋势

数字出版已然成为高频热词。它为文献的储存提供了一个新视角，改变了古文献整理、收藏等效率不高、难以利用的困境。针对古籍文献，从数字出版主体来看，有教学、研究机构，有图书馆、档案馆、文化馆以及商业机构；从数字出版对象来看，分为古籍文献书目数字化和古籍文献善本数字化；从数字出版成品来看，主要有图像版古籍文献电子出版物和全文版文献电子出版物。纵观数字化历史，数量特色、科技程度、使用功能都日趋加强和完善。古籍档案的数字化已成为不可避免的时代呼声。

（三）徽州文书高效利用的内在要求

就徽州文书本身而言，其主要收藏单位如安徽省博物馆、档案馆、图书馆，安徽师范大学，安徽大学，黄山学院，徽州区域博物馆、档案馆、文化馆等，收藏分散，重收藏轻整理。其整理工作不能仅凭一人之力，亦不能短时间完成。数据库的建立可以保证整理工作的系统化、高效化，同时避免徽州文书条块分割、各自为政的数字化以及电子存储，避免因频繁使用缩短原件寿命。数字成果可发挥集中优势，达到快捷检索、巨量复制、资源共享、方便使用和研究的目的。

三、徽州文书数字化之可行性

（一）政策支持，产业需要

徽州文书数字化响应政府号召，且符合安徽省"文化强省"的战略需求。徽州文书属于徽州文化遗产不可分割的一部分，科学整理、保存和利用徽州文书，在文化产业发展繁荣的背景下，有利于促进徽州甚至安徽省图书出版、文化旅游、信息内容、文化创意等产业的发展，带来经济效益与社会效益。

（二）技术发展，多方协力

古文献数字化得益于相关技术的发展。硬件技术设施方面：数字高清相机、3D扫描仪、现场录音设备、大容量移动硬盘等的出现和不断升级换代。软件技术方面：图像处理技术、检索下载平台、压缩管理软件等的开发和进步。上述设备和技术都为文书数据库的建立提供了保障。徽州文书的数字化是一项公益性色彩浓厚的工作，必然涉及多种主体。多方参与既能相互协力，又可相互牵制，推进数字化工作和谐顺利展开。

（三）经验可循，应运而生

徽州文书与敦煌文书、锦屏文书并称中国迄今发现的三大文书。敦煌文书，又称敦煌遗书、敦煌写本，于 2001 年中国国家图书馆与大英图书馆签署合作国际敦煌学项目之时便早早拉开了数字化的帷幕；锦屏文书又称清水江文书，是贵州苗、侗族人民于清代和民国时期形成的各种档案文书。2009 年，贵州省档案局和文书主要分布地所在的五个县签订了《"锦屏文书"档案数字化建设项目责任书》，开展文书数字化工作。① 现已逐步实现了清水江文书计算机快速检索和查阅文书原文，数字化工作也取得了阶段性进展。同位比肩的其他文书档案均已先发制人进行了数字化工作且已取得成效，这在为徽州文书的数字化工作提供丰富经验的同时更为徽州文书的保护和利用敲了一记警钟。因此，徽州文书数字化应运而生，迫在眉睫。

四、徽州文书数字化路径探讨

根据徽州文书现状，借鉴相关研究论述，对徽州文书数字化路径进行探讨。该数字化过程大致分为三个阶段，分别是前期准备、中期实施、后期整理。每个阶段均有不同侧重，对此将详加介绍。

（一）数字化工作的前期准备

前期准备工作主要是对数字化对象——徽州文书进行全面普查，并在此基础上确定文书数字化的范围和标准。

1. 文书普查

徽州文书不仅数量大、种类多，其保存和收藏还存在分散、流失、破损等问题。数字化的前提是对徽州文书的数量、种类、保存摸清现状，为数字化范围的确定打好基础。文书普查可通过书籍查阅、网上搜索、实馆体（文化馆、

---

① 韦建丽：《清水江文书的分布式保存与数字化管理》，《贵州民族学院学》（哲学社会科学版）2012 年第 2 期，第 13 页。

图书馆、档案馆、博物馆等）查询、实地采访等途径，获取直接、准确的资料和数据。在访查搜集过程中，力求文书页数、相关信息的齐全。对普查结果进行纸质和电子双版明细记录，例如文书摘要、文书题录等，为后期检校对比做好铺垫。

2. 确定数字化版本

普查结束后我们会进一步明确，庞大繁复的徽州文书不可能一字不漏地全部数字化，这就需要充分考虑文书价值、成本投入、政策规定等因素合理确定数字化范围，包括图片、文档、录音录像等资料的范围。所谓数字化版本，是指一种文献在生产、流通过程中形成的不同本子，即"同书异本"。徽州文书在数字化范围确定之时还需充分考虑版本目录、完好程度、识别程度等因素，确定徽州文书数字化具体版本。

3. 设备的选择及标准的选择与确立

数字化过程中的硬件设备需兼具扫描质量以及文书保护。因此，扫描设施的选择需考虑文书的实体现状以及成本预算。例如线装书一般采用扫描仪直接扫描，而中缝过紧、纸张过脆、虫蛀严重的则选用平床式扫描仪间接扫描，即先对扫描对象进行缩影微卷，再进行数字化。①

数据库的数据的格式问题一直缺乏标准，莫衷一是。数字化存储格式繁多，如 PDF、WDL、WORD 以及 HTML、XML 等。阅读器的兼容和数量杂多问题令读者反感。因此，须在参照其他标准、研究考察的基础上，衡量单位预算、数字化成果用途、设备规格、文书现状等因素确定徽州文书数字化统一的标引方法和入库格式，以规范管理满足和方便读者的需要。

（二）数字化实施的具体操作

中期实施阶段的主要工作是多方合作、协同众包地进行流动采集，通过扫描、录入等方式对文书档案进行数字转化。

1. 多方合作，协同众包

实施和操作便涉及主体，即具有能动性的人。数量规模大、耗时耗力长、技术含量高的数字化工程并不是倚靠单方力量，亦不是一蹴而就的，须由政府

----

① 谈国新、钟正：《民族文化资源数字化与产业化开发》，华中师范大学出版社 2012 年版，第 78 页。

牵头，多方参与，其中，政府及相关部门主持，民众和社会团体监督，以技术及学术人员为主力，文化事业单位积极配合，文化企业单位融资赞助，新闻媒体部门宣传造势。具体而言，政府方面应制订文书数字化的总体规划和阶段计划，保证项目实施过程中的内部状态和外部条件，适当给予政策倾斜和财政优惠。亦可设立后勤保障组、数字生产组、质检验收组等。当地民众和社会团体因根植于此，必能有效地参与部分文书档案的本土化阐释与理解，保障文书的原汁原味和文化内涵。

采用协同众包的工作方式。众包，简单来说与外包相反，外包是委托给外部专业的公司，而众包是"引入"一批人参与创意无限的合作过程，针对的群体是以专业标准工作的专门一业余爱好者（Professional amateurism）。数字化的众包工作在引进技术与专业的文书研究人员之外，还可聘请譬如目录学、档案学、版本学的专业人士做顾问，从而实现多样化和差异化的资源积聚，达到博而集思广益的效果。

2. 流动采集地进行数字转化

徽州文书留存分散，有的漂洋过海，有的分布国内；有的私人收藏，有的机构馆藏。由于时间、地点等多有不便，对于徽州文书的数字化可采取流动采集的方式，既能协同多方，提高工作效率，还可满足文书数字化的数量、版本需要。采集工作可能是耗时耗力且须细心谨慎，由上至下层级制订采集计划，确定采集地域和范围，责任到人，规范管理。

采集过程中通过键盘输入、手写输入、语音输入、扫描录入、相机摄制等方式进行数字转化，使用最多的当属扫描输入，扫描工作直接影响后期数据库的质量。因此文书扫描过程中应注意以下细节和原则：

（1）扫描前的屏幕色彩调校和试扫必不可少。扫描方式、分辨率、色彩模式等各个细节应严格把握和校正，杜绝扫描过程中出现色偏、眩光、歪斜等情况。每一部文书的正式扫描前可首先对其进行试扫或试拍，该步骤看则费事，实则是减少文书损害，避免后期返工，加快工作进度。①

（2）扫描过程中如遇破损严重的文书，应及时交予保管人员处理，或修补

----

① 王斌、贺培凤：《网络环境下图书馆古籍的整理和利用》，《农业图书情报学刊》2010年第11期，第82页。

或暂缓转化工作；因文书纸张怕压易碎，扫描过程中注意压置玻璃与文书和平床之间的距离或采用其他防护设计；文书的纸张因年限过久，多薄且透，下页文字容易透视过来，可采用加衬纸的方式；扫描光源尽量采用冷光源，避免使用闪光灯。

（3）扫描工作完成后注意对扫描对象、扫描过程中出现过的问题等进行详细的登记和录入，为后期的影像校验以及文书管理做参考。

（三）数字化资源的整理及建库

后期整理建库阶段主要应对数字化成果进行质量检校、备份存储，最后树形建库。

1. 影像校验，光盘存储

已录入的数据需要进行二次甚至三次质检，数据库不仅要在量上取胜，更要在质上保证。徽州文书数字化后获取的影像文件，校验过程大致分三步：

（1）对照之前的整理登记，检查非单页的文本是否有漏页、错页、坏页、折损、边角卷翘等问题，针对性地进行修正和补缺。

（2）整体无违和感之后，仔细查看每幅图像的失真度、偏斜度和洁净度（是否有毛发、木屑），并进行质检去污，包括去除噪点、黑边，"修补"蛀洞。

（3）最后对文书影像的具体内容进行检测。因徽州文书的地域性和年代性，文书中存在生僻字、通假字等异体字，应对其进行注释、调改，以方便使用者无碍阅读。

经过二次检验的电子文档提交至光盘存储和硬盘存储留做备份。光盘进行标示编号，并在包装盒上注明索引和关键信息，按序号进行记录管理。备份创建后同样需要再次校验。如刻录完毕的光盘是否能够有效播放，外盒标注是否与内部影像一致。

2. 数据库的建立

对于数据库的树形结构，提出以下构想，全库由三个子库和一个"概览"组成。结构严谨、层次鲜明的导航树易于读者使用。简言之"一览三库"。

（1）文书一览：该部分包括文书历史、文书人物、音频视频等。讲述文书发掘渊源、现存状况；聆听大家谈徽州，说文书；观看相关的音频、视频，感受真切的视觉冲击与听觉撼动。

（2）题录数据库：该子库是将徽州文书的名称、作者、记载起讫、版本、类别卷数、馆藏地（收藏人）、关键字等信息通过编目录入计算机，为用户提供通过模糊检索方式查找所需信息的方法和途径。①

（3）全文数据库：这一子库是图文并茂的全文数据库。图像通过数码拍摄、微缩扫描、电子扫描等方式采集而成。文本通过输入或扫描进行数字转化。用户在浏览时可以图文对照，减少误差，增强理解。

（4）专题数据库：专题数据库可按时期、种类、特征等划分为多个子库。例如归户性文书的整理与出版、商业文书的汇总与研究等。不仅侧重于与徽州文书有关的科研成果和出版物，还可以链接的方式在全文数据库中找到文书原文。

以上三大阶段是关于徽州文书数字化路径的探索。

结　语

徽州文书是反映徽州区域经济、政治、文化、社会发展状况的文化遗产，是徽州文化的活态记忆库。随着数字时代到来，徽州文书应抓住这一契机，依托数字手段对徽州文书进行保护和利用。徽州文书数字化不仅使文书得以整理、保存、编研工作高效进行，还为公益性文化服务（资料查阅、科研教学等）提供便捷途径，同时也能挖掘徽州文书的产业价值，特别是徽州文书的出版业——徽州文书数据库建成以后，可进行版权出售，也可联合开发出版。关于徽州文书数字化公益服务和产业利用，本文不做深入探讨，期待学者同仁共同关注徽州文书的数字化研究。

参考文献：

[1] 李娟：《建立文书档案数字化管理模式的必要性》，《黑龙江科技信息》2012 年第 30 期。

[2] 韦建丽：《清水江文书的分布式保存与数字化管理》，《贵州民族学院学报》（哲学社

---

① 王斌、贺培凤：《网络环境下图书馆古籍的整理和利用》，《农业图书情报学刊》2010 年第 11 期，第 139～142 页。

会科学版）2012 年第 2 期。

　　［3］谈国新、钟正著：《民族文化资源数字化与产业化开发》，华中师范大学出版社 2012 年版。

　　［4］王斌、贺培凤：《网络环境下图书馆古籍的整理和利用》，《农业图书情报学刊》 2010 年第 11 期。

　　［5］李明杰、俞优优：《数字化背景下中国古籍出版模式的重构》，《出版发行研究》 2009 年第 12 期。

　　［6］黄永林、王伟杰：《数字化传承视阈下我国非物质文化遗产分类体系的重构》，《西南民族大学学报》（人文社会科学版）2013 年第 8 期。

万达并购美国 AMC 院线案例分析

刘　春*

【内容摘要】 万达集团收购全球第二大院线——美国 AMC 公司，并在收购后一年多时间内成功推动 AMC 在美国上市。该项并购是中国文化企业国际化发展的重大事件，广受关注，也引起不少质疑。本文作者作为该项目的参与者和一名独立的研究学者，通过客观数据分析、参与式观察、访谈、文献研究等途径，尝试从案例分析的角度对并购事件进行阐释性研究，以期对中国文化企业海外兼并购提供有益的借鉴。

【关键词】 万达　AMC 院线　并购

　　2012 年 9 月 4 日，大连万达集团收购美国第二大院线 AMC 娱乐公司交割仪式在美国洛杉矶的世纪城影院举行，美国电影业界的大佬悉数到场。万达集团董事长王健林宣布正式完成对 AMC 的并购，万达成为全球规模最大的电影院线运营商。这笔总交易额达 26 亿美元的中国文化产业最大一起海外并购案前后历时两年，最终完美落幕。万达收购 AMC 是在世界经济出现"二次探底"、美国电影产业和票房增长乏力的背景下发生的。与此相对应的则是中国经济的转型和中国文化产业的如火如荼。中国企业在变革的十字路口寻求突破，"走出去"和发展文化产业成为普遍共识。然而，中国企业"走出去"面临意识形态、市场准入、资金保障、人才战略等全方位的挑战，虽不断尝试，但成功者寥寥无几。万达以独特的战略眼光和运作思路顺利完成收购，迅速扭亏为盈，完美推动上市，不仅让一个不被人看好的夕阳企业焕发出新的活力，更有效地利用这一平台为自身文化产业的国际化发展夯实了基础；不仅使万达成为全球

　　* 作者简介：刘春，博士研究生，现就读于中国传媒大学文化发展研究院，主要研究方向为文化产业案例研究、电影产业、中国文化企业研究。

最大的院线运营商，更让万达在世界文化娱乐行业声名鹊起。AMC 并购成功实践了文化与金融、文化与科技的融合，推动中美两个文化市场和两种文化资源的对接，加速了万达电影制作、发行和放映业务的整合，有望推动中国电影产业的格局变化。AMC 并购案也许无法复制，但作为世界文化产业的经典案例值得认真研究。

一、并购始末

AMC 公司与万达正式接触始于 2010 年上半年。在此之前，他们每年都要接触大量的意向投资人。AMC 首席执行官洛佩兹透露，最高峰时，他们一年内接待了上百个潜在买家，人心涣散，完全无法专注经营。负责并购谈判的 AMC 首席财务官克拉格·兰斯在交割仪式后满怀感慨地说："风雨飘摇多年，我们终于有主了。"这家由五个基金公司共同持股的院线，随时都面临着被出让套现的窘境，缺乏长期发展战略的 AMC 虽然有一支精英团队和成熟的运营体系，但仍长期处于亏损状态。万达的强势介入无疑成为这家美国传统企业的主心骨。

然而，圆满的结局并不能掩盖过程的曲折。万达与 AMC 的谈判是在走走停停中进行的。万达院线虽然已是亚洲第一院线，但与全球第二大院线相比，无论是屏幕数、票房收入，还是品牌影响力都有较大差距。万达作为商业地产第一品牌在中国家喻户晓，但国际知名度却相对有限。作为追求即期效益的基金投资人，AMC 的原始股东一开始非常傲慢地开出了 15 亿美元的高价（仅针对股权收购），如果加上 19 亿美元的债务，万达将付出 34 亿美元的代价买下一个低盈利率企业。显然，美国的资本运作专家们希望万达这个初来乍到的新手多交一些学费。

万达收购 AMC 一开始并不被业界看好，美国电影业界和投资界几乎一边倒地给予负面评价。正如美国银湖私募基金首席执行官哈钦斯所言："我更愿意卖出院线而不是买入……相对于院线，世界上有太多更有意思的领域值得投资。"2008 年全球金融危机以来，AMC 基本处于亏损状态，2011 财年亏损高达1.23 亿美元。对于这样一家成长性不被看好的企业，万达内部也有不同声音。收购谈判多次因双方无法达成一致而中断。万达曾一度出价 10 亿美元但遭拒绝。拖了一年多之后，AMC 的经营业绩下滑，面临原始股东到期退出的巨大压力。在这一背景下，万达以 7 亿美元收购 100% 股权并承担 19 亿美元债务，总计 26 亿美元的价格最终拿下这家全球第二大的院线公司。

2012 年 5 月 27 日，万达集团与 AMC 公司签署并购协议。7 月 26 日，万达宣布并购计划已通过中国国家发展和改革委员会、商务部和国家外汇管理局，以及美国联邦贸易委员会和外国投资委员会的审核，并购实质生效。9 月 4 日，交割仪式在美国举行，标志 AMC 正式成为万达旗下企业（"A Wanda Group Company"）。

二、AMC 院线

1920 年，经营巡演情景剧的杜宾斯基三兄弟收购了位于密苏里州堪萨斯市的丽晶剧院，并联合创办了剧院公司。之后，三兄弟改姓为特伍德，并将公司更名为特伍德剧院。1961 年，爱德华·特伍德之子——斯坦利接管院线。斯坦利上过哈佛大学，二战期间效力于美国空军。接掌帅印后，他把军事化管理理念引入电影放映业，不断推动技术和管理创新，率先引入多厅影院，并于 1969 年将公司更名为美国多厅影院（American Multi - Cinema，简称 AMC）。20 世纪 80 年代起，AMC 便开始了海外扩张，先后在加拿大、英国、法国、西班牙、葡萄牙、香港等地开设影院。

进入 21 世纪，AMC 通过兼并购提速发展：2002—2003 年，先后收购了三家院线；2006 年，与罗斯影院娱乐公司（Loews Cineplex Entertainment）合并；2010 年，兼并了美国第六大院线——克拉索茨剧院有限公司（Kerasotes Show-place Theatres）。2004—2013 年十年间，新增 110 座影院和 1400 块屏幕，是公司发展最快的阶段。与此同时，AMC 还不断在资本市场寻求突破。2004 年，公司被摩根大通和阿波罗基金联合成立的投资平台——玛奇控股公司（Marquee Holding Inc.）收购后宣布退市，之后多次寻求重新上市均告失败。

出乎华尔街精英们意料之外的是，在万达并购完成不到一年半时间内，AMC 便以每股 18 美元的价格首次公开发行了 18421053 股 A 类普通股，募集资金近 4 亿美元（加上超额配发）；并于 2013 年 12 月 18 日正式登陆纽约证券交易所，9 年后重返美国股市。AMC 上市当日开盘价为 19.18 美元，较发行价上涨 7%。2014 年一季度，股价一路攀升，最高达 26.68 美元。AMC 上市后，总市值从首发日的 18.68 亿美元一直稳步增长。按上市后三个月，万达集团所持股份的市值约 18 亿美元，一年半内投资回报率（按股权投资 7 亿美元）达 150%。

AMC 院线是伴随美国电影产业的发展成长起来的，可谓美国电影产业的晴雨表。20 世纪 30 ~ 50 年代的黄金时期奠定了产业基础，60 年代后通过多厅影院的创新引领产业发展，80 年代开启海外扩张。21 世纪初的头十年是美国电影产业的平台期，院线业发展乏力，面临激烈的市场竞争和新媒体的挑战，许多院线濒临倒闭。AMC 则通过资本运作加速扩张。2004—2013 年十年间，AMC 的影院和银幕数分别增加了 47% 和 39%。与此同时，其债务也从 7.48 亿美元猛增至 20.66 亿美元。

在美国去产业化盛行的时代，一切投资都是为了追逐短期高回报率。私募基金收购 AMC 之后，为了做大资产规模以便重新包装上市，不断通过发行高利息债券推动扩张，同时也蚕食了公司的利润。2011 年 AMC 的利息支出占总收入的 7.40%，原股东当时采用融资杠杆收购，并购后大量发行债券，用 AMC 公司的收益偿还债券本息，导致 AMC 营运资金来源成本过高，造成高负债、高财务成本，利润再投入用于维护提升服务少。加之过去 10 年美国票房增长乏力，年均增长率仅为 1.2%，AMC 野心勃勃的扩张计划并没有改善公司的经营状况，反而造成沉重的财务负担。

有报道称，AMC 并购时正值美国院线业低谷期，万达"捡了便宜"。事实并非如此。根据美国电影协会公布的数据，北美票房在 2009 年猛增 10.5% 突破百亿美元大关后，一直处于高位徘徊。2012 年继续上涨 6% 至 108 亿美元。2013 年的票房也为维持在 109 亿美元的高位。应该说，美国院线业虽然面临主流观影人群流失的挑战，但仍处于稳定发展的态势。AMC 拥有绝对的地段优势，其影院多集中在大型城市中心地带，遍布全美 25 大市场中的 24 个，并拥有全美票房最高的前十家影院中的七家。截至 2013 年年底，AMC 旗下有 343 家影院和 4976 块屏幕，占据美国票房的近 20%。在万达的鼎力支持下，AMC 更是大刀阔斧进行院线调整和设施改造升级。2012 年和 2013 年经营性收入分别增长 8% 和 3%，利润则从 2011 年亏损 2.62 亿美元转为分别盈利 4600 万美元和 3.64 亿美元（其中 2.6 亿美元为税收返还）。AMC 的成功并购及之后的迅速扭亏一定程度上归功于"天时"。但究其根源，关键还在于基金投资人和产业投资人截然不同的格局观和价值诉求。

三、关于万达

万达集团成立于 1988 年，前身是大连市西岗区住宅开发公司，以从事旧城改造起家，最初为西岗区下属的全民所有制企业。1992 年，万达作为东北地区首批股份制试点单位发起成立，并从 2002 年开始逐步进行转制，到 2007 年完成私有化。

纵观中国民营企业的发展历程，存在两种主流形式：一是由国有企业转制而成；二是通过个人打拼完成原始积累。前者虽然可以接续国企之利，但股权转变中出现的各种掣肘和错综复杂的利益碰撞，会极大影响企业的后续动力。后者则由于中国特殊的历史环境，难以摆脱原罪的宿命。改革开放以来，中国企业经历了从承包制到股份制改革，再到现代企业制度的演进。万达算是同时代最早实现股份制改革的企业之一，也是少数成功实现转制的企业。股权关系的明晰、相对的决策集中和现代企业制度的建立形成了万达持续、高速发展的优质基因。

王健林常说："创新是万达发展的秘诀。"万达从初创起便"敢闯敢试"。在房地产还处于计划分配、千篇一律的发展初期，万达就采取差别化定位策略，在设计、施工和营销等方面大胆创新（如率先采用当时东北很少使用的铝合金窗，每户安装防盗门等），通过持续提升品质和不断创新占据了大连房地产的龙头地位。1993 年，全国房地产还处于完全封闭式地方割据的开发格局，万达便开始了跨省扩张的尝试，并在短短十几年内将项目拓展到全国近 100 个城市。2003 年，沈阳万达太原街广场的开业，标志万达向商业地产转型的开始。虽然因为商业模式的不成熟和 2006 年的房地产调控导致首个万达广场遭遇挫折，但万达商业地产在迅速调整后持续高速发展。截至 2013 年年底，万达已拥有购物中心 85 个、酒店 54 个，总面积约 1700 万平方米，2014 年预计新增 499 万平方米，超过全球最大的美国西蒙公司。

万达在商业地产风生水起之际，又开始探索文化产业发展模式。很多人将万达的旅游文化项目称为"文化地产"，大有"借文化之名，搞地产之实"的嫌疑。作为地产企业，概念创新是产品升级和企业发展的原动力，万达也不例外。但万达"文化＋地产"的发展模式用"地产文化"来形容更为贴切。"文化地产"重点还是在"地产"，更注重用"文化"的概念提升地产的价值。而"地产文化"的出发点和落脚点在"文化"，利用地产的收益反哺文化的发展与传播是"地产文化"的主要特征。早在 2007 年，万达便开始在购物中心引入电影院，不仅提升了地价，更打造了亚洲第一院线，进而助推了中国电影产业近些年来的繁荣发展。

2012 年，万达成立了文化产业集团，将原本较为分散的电影放映制作、大型舞台演艺、电影科技娱乐、连锁文化娱乐、报刊传媒、中国字画收藏等业态整合起来，形成了中国文化产业的航母级企业。万达文化产业借助其庞大的商业资产、网络渠道、资金实力、人力资源优势和科技研发能力，"高举高打"，重点发展文化娱乐综合体和影视产业园等大型文化设施，推动影视制作、舞台演艺等内容生产，通过"文化＋地产""文化＋金融""文化＋科技"的立体融合开启中国文化产业发展的新模式，初显"王者风范"。

有报道称，万达并购 AMC 是"蛇吞象"。其实，作为收购主体的万达集团 2012 年的营业额已超过 1400 亿人民币，业务覆盖商业地产、文化旅游、高端酒店和连锁百货四大领域。而 AMC 同期收入约 152 亿人民币。从这个角度看，万达对 AMC 的并购绝不仅仅是"合并同类项"，而是一次大的战略布局。单从 AMC 并购后直接投资收益看，万达已算是大赢家了。万达中美院线整合后所产生的溢出效应更是无法估量。

四、并购及后续情况

AMC 原有股东包括阿波罗全球管理公司（Apollo Global Management）、贝恩资本（Bain Capital）、凯雷集团（the Carlyle Group）、CCMP 资本顾问公司（CCMP Capital Advisors，主要股东为摩根大通）和光谱风险投资公司（Spectrum Equity Investors）等 5 家私募基金。曾为上市公司的 AMC 在 2004 年被阿波

罗基金和摩根大通联手杠杆收购后退市；2006 年与贝恩资本、凯雷集团和光谱基金共同持有的罗斯院线合并。2006—2010 年间，AMC 两度寻求上市均告失败，公司因快速扩张不断举债，截至 2012 年 3 月负债达 20.66 亿美元。缺乏资金支持的 AMC 面临偿还债务、股东到期退出和维持正常经营三重压力。

自 2007 年上市申请受挫后，AMC 就不断接触各类投资人。2010 年与万达接触时，盈利和观影人数较上一年均有所提升，因此借势开出了 15 亿美元股权收购的高价。由于双方无法就并购金额达成一致，谈判一度停滞。2011 年和 2012 财年 AMC 连续亏损，原有股东到期退出迫在眉睫。经过多轮谈判，万达以 7 亿美元的腰斩价格收购了 AMC 院线 100% 股权，加上 19 亿美元的债务，万达以 26 亿美元的成本对 AMC 实现了总体收购。网上有不少报道称 AMC 的总债务为 34 亿美元。但其中包括融资租赁、远期承诺等经营性预期支付，不应计入收购成本。按交割时 5000 块屏幕计算，单块银幕成本约为 310 万元人民币（如计算 AMC 账面现金和所持股票则单块银幕成本约为 250 万人民币），远低于国内平均 400 万元人民币的造价，而收入则是国内的两倍多。

万达并购 AMC 需要获得中美两国相关部门的审批。中方的审批部门包括中国国家发展和改革委员会、中国商务部和国家外汇管理局。美方则包括美国联邦贸易委员会和美国外国投资委员会（主要进行反垄断审查和国家安全审查）。对于这起中国对美国文化企业并购案的审批，外界有许多担忧和猜测。在美国，许多人担心万达通过并购输出中国影片和中国文化。一些外国媒体甚至刻意炒作万达股东涉及中国政府高官，将商业并购上升到意识形态。而中国不少专家学者则猜测美国政府会找各种理由拖延甚至阻拦。但审批程序出乎意料的顺利，中美双方两个月左右完成所有审批。在中国文化和文化资本"走出去"的过程中，意识形态扩大化是无法避免的。在 AMC 并购中，万达始终保持务实低调，充分利用美国本土专业团队进行有效公关，加之自身较高的市场化水平，促成并购顺利获批。

并购项目的情况千差万别，所以并购策略也不能千篇一律。AMC 的症结在于缺乏具有长远眼光的"主人"。五家私募基金从进入之初就在考虑如何把公司包装后高价出手，致使人心涣散，公司雄心勃勃的发展计划也被束之高阁。加之 20 亿左右的高成本债务和新媒体对院线业的冲击，AMC 并购一度不被看好。但就经营管理而言，AMC 的核心高管都是美国名校毕业，从业经验丰富，对公司稳定和发展起着举足轻重的作用。针对这一状况，万达首先利用自身的资金实力和品牌形象争取到金融机构的支持，以应对可能出现的债务挤兑。万达在与股东进入实质性谈判前，通过长期雇佣合同和激励机制提前锁定了核心管理团队，并承诺追加投资支持院线设施升级改造。这一套组合拳起到了提振作用，加之 2012 年美国票房增长 6%，AMC 并购当年便实现扭亏为盈。由于投资者普遍看好后市，AMC 债券贴现利率不跌反升。

并购完成后，万达并未直接插手经营管理，仅委派一名联络员负责协调工作。与此同时，万达通过强大的信息化系统对 AMC 的经营情况进行远程实时监控，通过模块化管控确保预算目标的实现。万达还从长期持有战略出发，全力支持 AMC 的设施升级和债务优化策略。根据公司 2013 年年报，截至 2013 年年底，AMC 银幕数共计 4976 块，年内新开业 1 个影院（12 块银幕），收购 4 个影院（合计 37 块银幕），关停 4 个影院（29 块银幕）；因升级改造暂时停业 371 块银幕，完成改造重新开业 339 块银幕。这是 AMC 近年来最大规模的改造举措，迅速改善了其经营状况和盈利能力，促成了其在完成并购后第二年便成功上市。2014 年 2 月，AMC 发行了 3.75 亿美元的优先次级债（年化利率 5.875%，2022 年到期）；同时提前偿还了年化利率为 8.75% 的 4.639 亿美元债务。仅此一项，每年减少财务成本近 1900 万美元。

AMC 作为一家百年企业，经营趋于稳健，管理十分成熟，大多影院位于主要城市的核心地段，引领着美国乃至全世界的观影文化和体验创新。许多美国人是在 AMC 看着电影、吃着爆米花长大的。在 AMC 的并购中，其品牌价值并未作价。此外，AMC 在电影排片、新片首映等方面的话语权形成了对美国整个电影产业的巨大影响力，其潜在的商业价值远远超出账面数字。

AMC 并购加强了中美两个最大票房市场的交流与合作，形成了较为显著的聚合效应。

（一）推动人才和信息交流

2012 年 9 月，王健林在 AMC 总部参加员工见面会时便表示，万达院线和 AMC 可定期互派人员进行交流学习，互通有无，取长补短。此后，双方开展多次短期交流实习计划。万达院线在亚洲排名第一，年票房收入、市场份额、观影人次已连续五年位列全国院线第一。根据艺恩 2013 年院线票房排名，2013 年万达院线票房收入 31.6 亿元，市场占比 14.7%，远超过排名第二的中影星美（8.6%）。AMC 作为美国放映业的百年企业，占据美国 20% 的票房和最优越的地理位置，积累了丰富的经营管理经验和广泛的人脉关系。双方的人才和信息交流势必推动院线业的进一步创新和发展。两个院线的整合占据全球票房 10% 的份额，也势必成为行业的龙头和引领者。

（二）提升院线的整合效应

随着中美电影产业的深度融合，越来越多的美国大片进入中国市场，不少具有中国元素的影片也尝试在国际市场崭露头角。AMC 和万达院线的联手会在电影产业国际化进程中发挥整合效应，有助于推动中美电影产业的交流融合与良性互动。

（三）推动万达影视制作水平的提升

万达于 2009 年成立影视传媒公司，开展影视投资、制作、发行、放映及衍生产品开发等业务。万达影视传媒虽是行业后起之秀，但借助院线优势和万达的资金实力，一举推出《警察故事 2013》《同桌的你》《催眠大师》等票房大片。联手 AMC 之后，万达影视传媒可借助院线优势，加强与好莱坞的合作，提升制作水平，有望对中国影视产业发展和国际化进程产生重要影响。

（四）提升万达的国际影响力

AMC 并购在美国娱乐界反响巨大，也受到国际媒体的广泛关注。并购后一个月内，全世界有 518 家媒体报道，其中海外媒体 209 家，涵盖了全球所有主要媒体，报道总体积极正面。万达借助并购做了一次很好的形象宣传和媒体公关，引发多国政府、企业和金融机构主动寻求合作，为其国际化战略开了个好头。AMC 并购后，万达又拿下了英国老牌企业——圣汐游艇公司，并应邀在美国、英国、法国、西班牙、澳大利亚、日本、俄罗斯、韩国等主要发达国家探讨在旅游文化、酒店、地产等领域的投资机会。作为中国国内民营龙头企业，万达的国际化战略优先考虑发达经济体。作为万达海外投资的第一笔大单，AMC 的成功并购增强了万达国际化的信心，拓展了其获得高质量海外投资信息的渠道，有利于降低国内外融资和人力资源成本。

（五）进一步夯实 AMC 的优势地位

对于 AMC 而言，万达的进入和支持为 AMC 的经营和发展无疑也是利好。AMC 通过设备升级和财务结构调整已基本回归到良性经营状态。AMC 首席执行官洛佩兹更是雄心勃勃地表示，AMC 下一步将继续寻求收购其他院线，进一步扩大市场份额。

五、挑 战

万达收购 AMC 从前期运作到后期整合都可谓"可圈可点",但这并不意味着万达国际化进程就此一帆风顺,依然会面临诸多挑战。

(一)院线业国际化所面临的挑战

AMC 的成功并购使万达在国际院线行业一下子成为关注的焦点。万达宣布接下来还会继续收购其他国家和地区的院线,力争到 2020 年占全球票房的 20%。万达院线的国际化布局从幕后走到台前,一方面增加了同业者的竞争压力和警惕性,另一方面也有可能导致并购目标抬高谈判筹码,增加并购难度和成本。

(二)企业国际化的语言文化挑战

万达成立至今,其营收仍主要依赖本土的地产开发,尚无建成的直接海外投资项目,人才队伍的国际化程度和外语水平总体偏弱,集团内部在跨国文化融合方面仍存在较大障碍。据 AMC 人员私下透露,在与总部的日常工作沟通方面,不仅存在语言障碍,更存在思维模式和文化差异。随着万达不断进行海外扩张,与海外子公司的工作对接和日常交流会大量增加,因语言和文化差异造成的摩擦也会增加。如何提升本部国际化水平是万达国际化进程中面临的重大挑战。

(三)海外项目拓展的挑战

万达的国际化战略雄心勃勃,仅对美就计划在未来几年内达 100 亿美元。除 AMC 项目外,现在美已锁定芝加哥、洛杉矶项目;此外,还敲定了伦敦、马德里、黄金海岸等海外地产项目,但万达的国际化道路并非一帆风顺,华盛顿、纽约等多个投资机会均因各种因素搁浅或延迟;对法国、印度、俄罗斯的投资也遭遇各种尴尬。万达希望通过国际兼并购做大做强酒店管理、零售、娱乐传媒等自主核心业务领域,但迄今尚无实质进展。每个投资项目都具有自身特殊性,海外项目的复杂性更加突出。AMC 的成功并购不代表万达的国际化进程就会一帆风顺。

（四）国际化战略理论研究的挑战

万达"走出去"虽然起步较晚，但在与众多跨国企业打交道的过程中积累了国际经验。万达海外投资主要包括旅游文化、地产、酒店和零售等领域，也就是说既有并购，也有直接投资。目前，万达已完成两个并购项目，首个直接投资的伦敦万达酒店项目还在建设阶段，真正的国际化挑战还未到来。万达对海外市场的调研主要以项目为基础，缺乏一个专门机构对主要投资目的地进行系统性、常规性研究。随着万达国际化程度的深入，系统性、理论性研究的短板可能凸显出来。

六、案例启示

AMC 并购案有许多可圈可点的地方，总结起来有几点值得借鉴：

（一）首先练好"内功"

俗话说"打铁还需自身硬"。虽然在并购市场上不乏"蛇吞象"的案例，但没有修炼好内功便盲目以小搏大，存在巨大风险。因并购不善导致整个企业濒临破产的案例比比皆是。目前，一些国内企业在自身实力有限的情况下，试图利用金融杠杆，借助"政策东风"，进行超过自身能力的并购，形成小马拉大车的局面，使自身陷入困境。此外，国内一些市场化程度低、管理能力差的企业试图通过海外兼并购实现国际化，但往往招致外方企业的文化壁垒和技术屏蔽，无法实现整合优势。

万达集团是国内顶尖的民营企业，现代企业制度健全，市场化程度高，其营业额、资产规模都远远超过 AMC，现金流状况好，且拥有约 200 亿美元的授信额度，对 AMC 进行收购可谓游刃有余。万达海外并购的核心策略是：任何一项并购不能对企业产生颠覆性冲击。在 AMC 并购后，万达持续的海外投资也映证了其雄厚的实力。此外，万达拥有亚洲第一的院线，虽然银幕数和票房收入还有较大差距，但其设备的先进程度、管理水平和行业影响力并不亚于 AMC，且增长速度和盈利能力远超后者。双方并不存在实力和技术的巨大差距。万达自身的雄厚实力为 AMC 的顺利并购和后续整合提供了强有力的保障。

（二）尊重市场规律

在文化"走出去"的大旗下，不少中国企业到海外进行文化投资，收购文化企业。但许多企业过度依赖政策扶持，过于强调意识形态，却往往忽略市场规律，导致并购失败或者因并购造成严重亏损。一些企业为了赶"文化产业"和"走出去"的时髦，不对收购对象进行认真调研和财务分析盲目收购。有的投资者更是以此为噱头，重虚名而轻实质。还有不少企业试图通过海外文化投资实现转型，但盲目进入陌生领域，增加了企业的经营风险和财务压力。中国企业大多不熟悉国际市场的运作规律，不信任当地的律师、财务团队，导致四处碰壁，甚至付出沉重代价。另外，外国企业和市场对中国投资人也是既爱又恨。他们希望中国资本为企业注入活力，但又担心管理、文化的差异很难磨合，更害怕文化类企业受到意识形态的冲击。

万达在介入 AMC 之初就充分考虑了这些困难，始终保持低调接触，充分利用国际化团队提供法律、财务、公关的全方位服务，对 AMC 的经营和财务状况进行了充分调研，找出了 AMC 的症结所在，并对其进行了准确估价。万达在并购完成后仅通过调整债务结构和改善影院设施两项举措便大大改善了其盈利状况，使 AMC 完全恢复了造血功能。万达完全保留 AMC 原班人马，仅派驻一名联络员。针对外界担心万达会干涉排片，万达公开宣布尊重市场选择，不会强行输出中国影片。AMC 虽属文化类企业，但它与其他商业实体一样，必须尊重市场规律。万达收购 AMC 完全按照市场法则，尊重资本的选择，同样也在市场上充分体现了其价值。

（三）用好"两种资源"

中国文化产业的发展存在一定程度的政策依赖性。政府为促进文化产业发展相继出台一系列扶持政策，虽然也发挥了积极作用，但难免出现厚此薄彼的情况，也导致了部分企业因长期处在政策保护下而丧失了市场竞争力。中国企业要"走出去"进行文化投资，首先应吃透国际市场规律，遵守国际游戏规则，并参与国际竞争；在此基础上，充分利用和发挥两种资源的互补优势。

万达对 AMC 的兼并购是利用"两种资源"的经典案例。并购项目谈判之初，万达便获得国内多家银行支持，由国内银团提供了总额 26 亿美元的不可撤销承兑函。由于中国政府对海外并购有贴息贷款支持，并购资金的实际贷款利率约为 5%，远低于 AMC 所持债务高达 9% 的利率。万达原计划利用国内低息资金提前偿债，同时也为应对债权人贴现做了充分准备。并购完成后，AMC 的经营状况不断改善，债权人未出现挤兑情况，万达随即放弃以自身为贷款主体的国内融资计划，转而寻求以 AMC 为主体的海外融资。AMC 于 2013 年圣诞前成功上市，以及随后的低利率发债大大降低了 AMC 的融资成本，进一步改善了其财务状况。万达灵活利用两种资源，在动态平衡中寻找最佳路径，以最低廉成本使一家深陷困境的美国百年企业焕发新的活力。

（四）贯通"两个市场"

中国文化资本"走出去"绝不仅仅是机械的物理整合，而应充分利用好两种资源，打通两个市场，实现价值"发酵"。单从收益而言，国内的投资回报远高于欧美成熟市场。因此，对欧美的文化投资更看重的是利用国外的经验、科技和渠道，快速提升国内文化产业的创新能力、生产水平和市场竞争力，并将中国优秀的文化元素按市场化原则与世界分享。

万达收购 AMC 打通了中美院线市场。AMC 和万达院线分别占两个市场20% 和全球 10% 的份额，其间接影响力则接近全球市场的 50%。目前，万达还计划收购欧洲、澳洲院线，力争到 2020 年全球市场份额达到 20%。强大的放映终端势必对电影制作和宣发形成巨大影响。近期由万达投资的《警察故事 3》和《北京爱情故事》的高票房便印证了万达院线在国内的票房号召力。与此同时，AMC 于 2012 年和 2013 年分别放映了 8 部和 13 部中国影片，创造了美国放映中国影片的历史纪录。目前，万达正与国际制片公司广泛探讨联合制作、联合投资甚至成立合资公司和电影基金，并借助强大的数据资源支持投资决策。随着合拍片机制日臻成熟，未来由中国参与制作、带有中国元素的国际化影片有望在国际市场占据重要一席。万达对 AMC 的并购打通了世界最大的两个院线市场，并购后短短一年多时间里，并购对中国电影产业国际化、产业化进程的助推效应已经显现出来，也为中国文化走出去发挥了积极作用。

参考文献：

[1]《美国 AMC 院线公司在纽交所成功上市》，2013 年。

[2] 王健林：《万达为什么做文化产业》，万达集团官网，2014 年。

[3] 高颖：《中国企业跨国并购绩效分析》，硕士学位论文，大连理工大学，2008 年。

[4] 王烜：《万达的生意经 万达院线经营模式初探》，《电影艺术》2008 年第 3 期。

[5] 彭侃：《艺恩咨询. 对万达收购 AMC 的战略分析》，《文化产业导刊》2012 年。

[6] 王瑞津：《从并购 AMC 看万达海外并购的产业逻辑》，《文化产业导刊》2014 年。

［7］郑宇、章京京：《从万达集团并购 AMC 案浅析企业并购》，《中国外资》（下半月）2013 年第 18 期。

［8］王建南：《万达并购北美第二大院线 AMC》，《电影世界》2012 年第 10 期。

［9］尹国辉：《大连万达收购美国 AMC 案例解析》，《中国城市金融》2014 年第 2 期。

［10］不详：《万达宣布 26 亿美元收购全球第二大院线集团 AMC》，《领军决策参考》2012 年。

［11］严郁郁：《从万达集团并购 AMC 论全球电影终端市场变革》，《现代传播》（中国传媒大学学报）2013 年第 3 期。

基于 SWOT 分析法下的海龙囤遗址文化价值探析

王　明*

【内容摘要】作为中国目前已探明规模最大、历史最久、保存最完整的土司庄园遗址，又是大型宫殿建筑与军事建筑合二为一的古代城堡遗址，海龙囤自出世之日起就吸引着世人的焦点，其文化价值主要体现在建筑、军事、技术、工艺、艺术等方面。本文试着以 SWOT 分析法为研究方法，分析海龙囤遗址文化价值的优势、劣势、威胁及机遇，以期为该遗址的文化价值产业开发科学、定位合理，形成"古色之旅"海龙囤文化品牌，与以"遵义会议"会址为代表的"红色之旅"文化品牌、以生态赤水为代表的"绿色之旅"文化品牌有机融合，共同构成大遵义旅游文化产业升级版。

【关键词】SWOT 分析法　海龙囤遗址　文化价值

绪　论

（一）播州杨氏及海龙囤遗址简介

播州杨氏，是中国西南部贵州遵义地区的一个长期割据政权，据近代历史学家谭其骧《播州杨保考》记载："播州版籍虽列于职方，然专制潜力，自相君臣，赋税之册，不上户部；兵役之制，不关枢府，名为外臣，实为一独立政权。"① 存在时间为 876 年至 1600 年，历经唐、五代、宋、元、明五朝。唐乾符三年（876 年），杨氏先祖杨端领军击败当时占据播州的南诏，唐王朝下诏封杨端为播州侯，自此，杨氏开启了播州杨氏领地时代。明万历二十八年（1600

---

* 作者简介：王明，贵州师范学院历史与社会学院讲师，主要从事区域文化资源实践与管理研究。

① 谭其骧：《播州杨保考》，载《长水集》（下册），人民出版社 1987 年版，第 135 页。

年），当时杨氏领主杨应龙意图自立，后在与明王朝的战斗中兵败身亡，次年，明王朝在播州实行"改土归流"政策，将播州分为平越府（划入新建的贵州省）、遵义府（划入四川省）两府，杨氏领地土官统治结束。

海龙囤，原名龙岩囤，是南宋末年，当时播州的领主杨文为抵御蒙古军队侵入遵义地区而修建的军事要塞，当时当地风光优美，气候宜人，杨文将其作为杨氏土司的行宫，当地人称之为"旧王宫"，以便于与后期明代杨应龙修筑的"新王宫"相区分。后来，明朝万历年间，当时的领主杨应龙又在"旧王宫"的附近征调工匠，大兴土木，修建新的宫殿建筑群，并扩建相关附属设施，设立各类后勤给养基地，还专门在宫殿前面立碑禁民，标题就是《骠骑将军示谕龙岩囤严禁碑》①，其中记道："夫龙岩囤者，乃播南形胜之地也。吾先侯思处夷阨，不可无备，因而修之，以为保障……今重缉之，以为子孙万代之基，保固之根本耳。"不过，很快，杨氏领主与当时的明王朝发生了矛盾，引发了大规模战争，末代领主杨应龙战败自杀，宫殿建筑大都被战火所毁，所幸石制建筑物保存较为完好。龙岩囤被战火焚毁，被改名为"海龙囤"，取"龙困于海，不能再兴云复雨"之意。1982 年，海龙囤被核定为省级文物保护单位，2001 年被国务院核定为第五批全国重点文物保护单位。

（二）SWOT 分析法简介

SWOT 分析法，又称态势分析法，是一种综合内部因素和外部因素的态势分析方式，S（strengths）、W（weaknesses）是内部因素，O（opportunities）、T（threats）是外部因素。通过将与研究对象有关联的各种内部优势、劣势和外部的机会和威胁等，在调查统计的基础上，按照矩阵形式一一排列，再用系统分析的方式，将各种因素匹配、对比分析，按照"发挥优势、克服弱点、利用机会、化解威胁，考虑过去、立足当前、着眼未来"的思路制订相应的行动计划，从而得出相应的结论，为科学决策提供依据。

---

① 明万历二十四年（1596 年），当时领主杨应龙为规范龙岩屯内管理，立碑定规，该碑即为《骠骑将军示谕龙岩囤严禁碑》。

优势	机会
劣势	威胁

图 1　SWOT 分析模型

（三）海龙囤遗址文化价值研究综述

有关海龙囤遗址文化价值的研究，目前尚处于探索阶段，部分学者主要从以下四个角度进行了探讨：第一，对海龙囤遗址历史由来、建筑特点、地理位置以及平播之战等进行整体介绍，论文主要有《古播遗踪》《海龙囤是研究西南地区土司制度的重要实物资料》《疑惑海龙囤》《神秘的古军事城堡海龙囤》；第二，对海龙囤遗址的考古学意义进行分析，主要有《土司、考古与公众——基于海龙囤的公众考古实践与思考》，该文主要强调海龙囤的考古科研意义；第三，对海龙囤遗址整体开发方案进行探讨，主要有《遵义海龙囤军事堡垒的开发与保护研究》、邓志祥的毕业论文《遵义播州土司海龙囤遗址考察与保护》及《关于遵义海龙囤景区旅游开发的思考》；第四，有关海龙囤遗址文化价值研究的有《海龙囤：中世纪城堡的文化密码》《海龙囤：文明碎片闪烁灿烂星光》及《海龙囤：见证杨氏土司的辉煌》，三篇文章的主要观点认为海龙囤的文化价值不能局限于军事建筑堡垒，还应关注其代表的土司文化。

一、海龙囤遗址文化资源及文化价值分析

（一）海龙囤遗址文化资源分析

1. 完备的综合军事防御体系

海龙囤是西南山地军事堡垒的杰出典范，体现着深邃的军事防御理念，它至今完整而真实地保存着明末废弃时的格局。它因山取势，建于陡绝的险峰之上，"耗费了宋、明两朝播州劳动者的心血。其设计构思之奇巧，建筑工艺之精湛，设施配置之齐备，即使用今天的眼光来观察，也令人赞叹不已"[1]。

（1）囤前防御体系遗址。海龙囤古城堡囤前防御体系，在龙岩山东侧，山

---

[1]　范同寿：《海龙囤：中世纪城堡的文化密码》，《国家人文地理》2010 年第 1 期，第 8 页。

势险陡崩峭，如刀砍斧削，竖立在白沙溪水边。半山腰中，有全部用巨石堆砌成的城墙，高 5 米左右，长约 400 米，并建有两个关隘——铁柱关、铜柱关，与城墙之上的飞龙关、飞凤关、朝天关相连，构成立体防御体系，易守难攻，可谓"一夫当关，万夫莫开"。400 多年过去了，石城墙和关隘的基本结构还保存完好，依稀还能看出当年的宏伟气势。

（2）前沿指挥体系遗址。在海龙囤囤前防御体系石城墙的上面，是一个建有三个险要关隘的立体石头城墙，关内三道还建有石砌拱券城门，一起构成三重防御体。当年，往来传递文书、兵符的士兵必须查验贴文号牌后才可以进入关内。飞龙关、飞凤关、朝天关三关首尾相连、遥相呼应、高低相属，每座关隘均建有石制城墙，城墙高且险，共同构成前沿指挥体系。

（3）囤西防御体系遗址。在海龙囤两侧的山脊和沟谷地带，还建有瞭望台、关隘、城墙、火药池等附属建筑群，将囤两侧的山脊和沟谷地带有效地利用起来，一起构建全方位、无死角的立体防御体系，成为阻击敌人进攻的有效阵地防御线。

此外，还有养马城、教场坝、养鸡城、养鹅池等后勤附属建筑群。养马城遗址在海龙囤的右边，是当年末代土司杨应龙养马的地方，其城墙至今保留完好，清朝地理学家顾祖禹在《读史方舆纪要》一书中这样描述："海龙囤东之山顶，建养马城，周 5 里，墙高丈余，可容马数万。"① 教场坝遗址位于养马城的东南方，是当年杨氏土司将士训练的地方，当年修筑的宽敞马道和操场如今还依约能见。养鸡城遗址与养马城隔河相望，当年修建的城墙和两座石城门如今仍基本完好。养鹅池遗址位于养鸡城东侧，与养马城、教场坝、养鸡城、养鹅池等共同构成杨氏将士后勤给养基地。

2. 宏伟的王宫建筑群

新、老王宫建筑遗址作为海龙囤遗址建筑中最精华的一部分，历经 400 余年的风雨沧桑后还能依稀领略其建筑风格之精致宏伟。

（1）老王宫建筑群遗址。老王宫建筑群位于海龙囤山顶中部，主要指末代领主杨应龙以前领主修建的王宫建筑，其中包括南宋时建造的老王宫、兵营、阁楼等遗址。

---

① （清）顾祖禹：《读史方舆纪要》卷七十三，中华书局 2005 年版，第 215 页。

（2）新王宫建筑遗址。新王宫建筑群建在海龙囤北侧的两道山梁上，因是杨应龙所建造，为与其祖先在囤上修建的建筑相区别，故称之为"新王宫"。新王宫建筑群规模宏大，有殿宇、厅堂、亭、宫室、阁、金银库、营房、仓库等多种建筑物，且以多级石梯踏步为中轴线，向两翼展布，由下至上五重天井贯通，石梯前五后九，象征这杨氏土司至高无上的王权。在考古发掘中，我们现在还能看见当年建筑群底座的石基及青砖，石基雕刻精美，青砖均为方形，规格整齐划一。新王宫建筑群中各种建筑物均有天井相连，天井地面用青砖铺就，至今保存完好。此外，建筑群中放火、防水设施齐备，整个新王宫建筑群宏伟整齐、秩序井然。

3. 黔北地域山地建筑的典范

海龙囤作为关堡相结合的山城建筑体，其三面环水，一面衔山，四面群山环绕，囤在中央，宛若莲蕊，选址是"枕山、环水、面屏"的阳宅理想模式。在建筑过程中充分利用了地形、地貌，又融入地形当中，将整座山体作为军事防御体系的重要组成要素，山就是关，关就是山，层层设关，关关相卫，攻防结合，寓攻于防。它不仅是山地军事攻防建筑的杰出典范，更是充分反映了黔北地域文化与生态环境的完美交融。贵州省文物考古研究所副所长李飞在海龙囤发掘过程中就不无感慨地说道："不管从哪个角度看，海龙囤都是山地建筑的杰出典范。"

4. 当地民间传说的永恒话题

播州杨氏及其海龙囤建筑遗址一直以来就是当时民间老百姓议论的热门话题，新、老王宫的建筑特色，军事防御体系的构造，藏兵窟，藏宝地等等话题不断，极大地丰富了当地的民间口头传说。

（二）海龙囤遗址的文化价值分析

海龙囤遗址的文化价值主要由它的建筑遗存来体现，主要展现在建筑样式、建筑理念、建筑用材等方面。在贵州省文物局组织编制的《海龙囤遗址申报世界文化遗产文本》中，是这样评价海龙囤遗址的文化价值的："海龙囤的建筑样式及其所蕴含的防御理念，对同期以及后代的同类工事产生了深远影响，并在抗蒙战争中发挥了影响历史走向的重要作用。海龙囤是中国唐宋羁縻政策和元明土司制度的产物，它见证了我国少数民族政策由羁縻之制到土司制度再到'改土归流'的演变；这里是著名的'平播之役'的主战场，它见证了杨氏家族统领下播州的辉煌与覆灭。海龙囤是关堡相结合的山城体系，它利用地形，又融入地形，将山体作为防御体系的组成要素，形成攻防结合、寓攻于防、层层设关、关关相卫、唇齿相依的防御体系。因此，海龙囤是山地军事攻防建筑的杰出典范，充分反映了文化与生态环境的完美交融，成为宋元明清时代社会动荡的实物见证，具有突出的普遍价值。"

1. 历史文化价值高

播州杨氏和海龙囤历经唐、五代、宋、元、明五朝，深刻地反映了中央王朝在一千多年来对西南地区的民族政策，展现了当地土司制度从起源、形成、发展、完善到最后消亡的全部进程，折射出了当地杨氏土司家族在播州地区统治的整个历史过程，是研究古代遵义地区历史文化重要的资料来源，是黔北地域土司文化的独特见证，具有重大的历史文化价值。

2. 艺术观赏价值强

海龙囤遗址建筑群的空间位置、建筑规模、艺术技艺超凡脱俗，将大自然赋予黔北地域的地形、地貌、地势利用到极致，是西南地区山地建筑物的典范。海龙囤遗址出土的不少文物肖像技法纯熟，在技法上相当高超，具有极高的艺术鉴赏价值。对遵义地区的建筑艺术、纪念物艺术、城镇规划及景观设计方面的发展产生了极大的影响。同时，海龙囤遗址作为当地建筑景观的杰出范例，展示出了遵义地区历史上宋、元、明三代重要阶段特征。

3. 科学考察价值突出

海龙囤遗址折射出了当地杨氏土司家族在播州地区统治的整个历史过程。作为山地居住物的杰出范例，是研究土司制度、杨氏家族历史和宋明两代雕刻、建筑艺术的活材料，为我们提供了活生生的历史物质生活文化资料、建筑雕刻艺术资料、战争防御军事资料。如《骠骑将军示谕龙岩囤严禁碑》① 对研究土司制度史、西南边疆与中央政治关系史、古代社会经济生活史等具有重要的史料价值。

---

① 明万历二十四年（1596 年），当时领主杨应龙为规范龙岩屯内管理，立碑定规，该碑即为《骠骑将军示谕龙岩囤严禁碑》。

二、SWOT 分析法下的海龙囤遗址文化价值分析

（一）海龙囤遗址文化价值优势分析

海龙囤遗址自发现之日起，一直就是考古学界的热门话题，曾全票当选 2012 年度"全国十大考古新发现"，当地政府也曾多次召开多种形式的研讨会和宣传普及活动，中央电视台发现栏目也做过专门报道。海龙囤遗址的重大历史、科学和艺术价值基本得到普遍认同，海龙囤遗址文化价值具有十分强劲的竞争优势。

1. 完备的中世纪军事城堡是其最核心的品牌优势

海龙囤的修建海龙囤目的只有一个，就是军事防御，"以为子孙万代之基，保固之根本"。利用海龙囤的险峻地形，依山而建铜柱、铁柱、箭楼等军事综合配套设施。

2. 播州土司文化的综合再现是其一大金字招牌

海龙囤折射出了当地杨氏土司家族在播州地区统治由盛转衰的整个历史，为遵义地区已消逝的土司文化传统提供一种独特的见证，其最重要的文化基因就是能够再现当年的播州土司文化。"龙岩山的雄奇加上巍峨壮观的建筑，这种高高在上、古朴、沉静、肃穆、清新的景观，只有贵州高原这样的环境里才能打造出来。海龙囤实际上是播州土司的大本营，是贵州历史上特色土司文化在军事领域的物化表现。"①

3. 独特的黔北地域建筑景观文化是其又一突出亮点

海龙囤遗址的空间位置、建造时间、建筑规模、艺术特点等各有特色，将自然赋予遵义地区的有利地形、地势利用到极致，它根植于当地黔北地区独特的建筑景观文化，在建筑样式、建筑理念、建筑用材等方面无不体现了当时的文化风格。

（二）海龙囤遗址的文化价值劣势分析

海龙囤遗址的文化价值主要体现在历史文化、艺术观赏、科学考察三方面。

---

① 范同寿：《海龙囤：中世纪城堡的文化密码》，《国家人文地理》2010 年第 1 期，第 8 页。

这三个文化价值，海龙囤遗址都不具备唯一性，其他文化遗存同质化较多，海龙囤遗址缺少核心竞争魅力，其核心的品牌优势（完备的中世纪军事城堡）在目前是文化市场中失败案例不绝于缕。如重庆合川区的钓鱼城作为一个双"国保"单位（既是国家级重点文保单位，又是国家重点风景名胜区），历来有"迄今我国保存最为完好"的古战场遗址、"东方的麦加城""上帝折鞭处"等称谓。其核心文化价值——军事城堡在市场开发中就面临不少问题，《瞭望新闻周刊》2012 年第 18 期对钓鱼城的现状是这样描述的："这个闻名国内外的景区，一年游客接待量还不如当地一个古镇黄金周一天的接待量。"与合川钓鱼城相比较，海龙囤在军事城堡上的知名度还要小很多。

（三）海龙囤遗址的文化价值机会分析

文化价值只有被获取，才能实现。海龙囤遗址的文化价值，它根植于当地黔北地区独特的建筑景观文化，在建筑样式、建筑理念、建筑用材等方面无不体现了当时的文化风格，周边拥有丰厚的文化资源，尤其是在遵义大力开发文化旅游资源的大背景下，和以"遵义会议"会址为代表的"红色之旅"文化旅游资源、以生态赤水为代表的"绿色之旅"文化旅游资源有机互补，在良性竞争、协同共赢下，其文化价值会发挥出自身独特的文化魅力。"对于贵州文化品牌的打造具有重要性，对增强贵州文化的自豪感，提升贵州文化的自信有重大的意义，对贵州构筑文化精神高地具有实实在在的意义。"①

（四）海龙囤遗址的文化价值威胁分析

周边同质化竞争现象较为严重。海龙囤遗址是与湖南永顺老司城、湖北唐崖联合组成土司遗址申报世界文化遗产，三地在文化价值定位上有极大的相似性，区分度较小，难以形成自身特殊的文化印记。且在海龙囤遗址附近地域，重庆合川钓鱼城、遵义会议会址等文化资源开发较早，形成了自身独特的文化价值品牌，海龙囤遗址要脱颖而出，面临的挑战不少。

三、海龙囤遗址文化价值开发策略

通常的文化资源价值在开发过程中，政府和企业需要紧跟市场的脉搏，找

---

① 《重新审视贵州历史文化的重要参照》，金黔在线—《贵州日报》2013 年 4 月 19 日。

到适合自身发展的方向，科学定位，形成品牌，树立核心竞争力。

（一）荧屏制作，展示海龙囤独特的文化魅力，扩大文化品牌影响力

通过电影拍摄和播放，推介一个文化品牌，在国外应用得已经很成熟了，如《盗墓空间》《亚瑟王》《特洛伊》等世界知名影片就是在历史文化资源的基础上改编而成的，都取得了空前的收益，文化资源品牌得到了极大的扩散，形成了良好的共赢模式。海龙囤遗址的文化资源丰富多样，我们通过市场化运作，将之改编成在线的电玩、连续剧乃至改编成像好莱坞大片那样大型的、古装的、带有奇幻色彩的故事片，在市场营销上下大力气、大功夫，不愁海龙囤文化品牌推介不出去。

（二）主题公园，再现海龙囤丰厚的文化资源，形成独特的文化品位

将海龙囤遗址打造成中世纪军事城堡主题公园，以海龙囤军事古城堡为主体，再现海龙囤当年军事屯堡要塞的历史魅力，使之形成具有科学考察、科普及历史教育、观光游览、休闲避暑、保健等多种功能的文化区，主体独特、类型丰富，形成独特的文化品位。再与遵义会议会址、娄山关红军战斗遗址等红色战场资源相结合，共同构成独特的古今战场文化旅游品味线。

（三）直面公众，让文化遗产活起来，永葆生命力

通过各种媒介，直接面向公众，使公众参与到考古活动中来，从而在文化遗产保护中发挥积极作用，让文化遗产活起来。就如 2012 年 4 月 11 日海龙囤考古队领队李飞研究员应"自然之道"的邀请，在贵阳一家社区所进行的一场题为"旅行、猎奇与考古——土司古堡海龙囤的前世今生"义讲的开场白中说的那样："现代人的一次次出行，不外乎是想获得两种体验：温故熟悉，抑或邂逅陌生。而在历史的遗迹里穿行，你可以同时收获两种体验：既熟悉又陌生。是历史使我们成为我们，是历史与现实的巨大反差使我们常常错以为自己身在异邦。"海龙囤的影响力不断提升，生命力也随之不断加强。

结　语

海龙囤遗址一直是贵州文化遗产届最热门的话题，在其文化价值的开发过程中，如何做到"保护与传承有序结合，市场与地方合作共赢"始终绕不开，

本文试着从荧屏制作、主题公园、直面公众三种途径进行探讨，以期为该遗址的文化价值产业开发科学、合理定位，形成"古色之旅"海龙囤品牌核心竞争力，与以"遵义会议"会址为代表的"红色之旅"品牌、以生态赤水为代表的"绿色之旅"品牌三者有机融合，共同构成大遵义旅游文化产业升级版。

参考文献：

[1] 遵义市志编纂办公室：《遵义府志》，载《古迹》（第一册），1986 年。

[2] 吴秦业：《疑惑海龙囤》，《贵阳文史》2010 年第 1 期。

[3] 陈湘苏：《神秘的古军事城堡海龙囤》，《理论与当代》2003 年第 9 期。

[4] 李飞：《土司：考古与公众——基于海龙囤的公众考古实践与思考》，《贵州文史丛刊》2014 年第 1 期。

[5] 吕虹：《遵义海龙囤军事城堡保护与开发的研究》，《贵州工业大学学报》（社会科学版）2006 年第 5 期。

[6] 王仕佐：《关于遵义海龙囤景区旅游开发的思考》，《人口·社会·法制研究》2010 年。

[7] 范同寿：《海龙囤：中世纪城堡的文化密码》，《国家人文地理》2010 年第 1 期。

[8] 李飞：《海龙囤：文明碎片闪烁灿烂星光》，《当代贵州》2013 年第 15 期。

[9] 李飞：《海龙囤：见证杨氏土司的辉煌》，《世界遗产》2013 年第 1 期。

[10] 王家洪：《遵义土司文化旅游开发探析》，《经济研究导刊》2008 年第 16 期。

上海七宝老街保护与开发中的经验与问题

谢 彩*

【内容摘要】上海闵行区七宝镇人民政府于 2000 年斥巨资对有千年历史的七宝老街进行修复改造，以"不推倒重建，不大拆大建"为原则要求，并提供相应政策支持。同时，城建专家合理规划、原住居民配合、民营资本积极参与周边商圈的商业定位与开发——在诸多因素"合力"作用下，七宝老街如今成为上海重要旅游景点，同时凭人气带动周边地产、基础设施等配置"全面升级"，提供大量就业岗位，老街改造实现了良性循环。本文探讨了七宝老街在开发中所存在的若干问题，包括：地域文化特性提炼与形象标识独特性有待升级；文化体验的多样性和辨识度有待强化；老街功能区规划和目标人群的细化和互补性有待进一步拓展等。我们希望能够起到"抛砖引玉"的作用，推进业界对商业老街保护与开发的相关研究。

【关键词】政府主导　错位经营　辨识度

"十年看浦东，百年看外滩，千年看七宝。"来上海的游客常会听上海人讲这么一句话。七宝何以与浦东、外滩相提并论？相比较而言，七宝的看头就在于其居于现代大城市里的江南古镇、老街文化遗产。七宝——这个离上海市区最近的古镇，在不胜枚举的江南古镇文化当中一枝独秀。本文试图从老街开发和保护的角度来探讨七宝老街的成就与所存在的一些问题。

---

* 作者简介：谢彩，文学博士，上海政法学院中文系（文化产业方向）讲师，研究方向为侦探小说类型学、创意写作理论与实践、社区文化建设、商业老街保护与发展模式。

一、今昔七宝

较之于诸多动辄号称历史悠久的"千年古城"而言，上海作为城市的历史确实比较年轻，往前追溯也就不过几百年。最近十多年来，上海在打造国际旅游城市形象的时候，意欲化解这个尴尬，希望能给游客提供多元化旅游体验。在这个思路主导下，上海找到了合适的定位："十年看浦东，百年看外滩，千年看七宝。"

从这个意义上，七宝对于上海来说，确实是一个得天独厚、不可或缺的存在。

七宝老街位于上海市闵行区中部的七宝古镇。七宝是离上海市区最近的一个古镇。根据政府部门主办的七宝官方网站①给的数据是：七宝距上海中心城区 5 千米。

七宝老街的商业街垂直于蒲汇塘，由蒲汇塘分为南、北大街，全长 360 米，东西宽约 200 米，占地约 92 亩。南大街以特色小吃为主，北大街以旅游工艺品、古玩、字画为主。街区成"非"字形布局，人称中国古代城镇规划史上的活化石。如今尚有多处古迹，其民居、商铺、桥梁仍保持典型的明清建筑风格，有临河水阁、吊脚楼、拱桥等。

"七宝"这个名字最初是与佛教有关。古镇七宝初见于后汉，形成于北宋。宋初，七宝寺迁入，镇以寺名。此外，又有传说——镇上有金字莲花经、神树、氽来钟、飞来佛、金鸡、玉筷、玉斧七件"宝"而得名，因棉纺织业的发展鼎盛于明清。从建镇至今，它已有一千多年的历史。

如今，"七宝"在上海人概念当中，已经不仅意味着一个街区或者一个古镇，而且是一个成熟、发展势头强劲的商圈。七宝老街的功能定位清晰：它集游览、观光、餐饮、休闲为一体，属江南水乡历史风貌型旅游度假区。自 2005 年，七宝老街荣获上海"十大休闲街"荣誉称号以来，又连续被评为上海商业特色街、上海名牌区域等荣誉称号。

---

① 政府主办的七宝老街门户网站网址：http://www.goqibao.com/。

今天，当我们从上海地铁九号线"七宝站"出来，沿着七星路往七宝老街方向走去，沿途可以看到乐购、家乐福这些国际知名的大卖场，还有华商时代广场、巴黎春天等中高端商业大楼、商贸广场在这个地方集聚。这里的乐购曾经还是全亚洲销售额最高的一家。

二、七宝老街开发和保护的经验

其一，形成合力——政府主导，专家指导，企业承担，居民参与。

为保护历史文化遗产，发展旅游事业，七宝镇人民政府于 2000 年斥巨资对老街进行修复改造，整理历史文化，再现独特的人文景观与个性特色。

事实上，当时七宝，已有 1000 多年历史。作为历史上的松郡重镇，在近半个世纪以来，神韵渐失，日趋衰落。

一个突出的问题，就是如何把保持原貌、挖掘历史文化与导入现代设施有机统一起来。这个问题如果处置不当，极容易造成旅游功能与生活居住功能的对立。

全国历史文化城保护专家委员会委员、上海同济大学院仪三教授总结出三种保护与更新古镇（老街）的模式。

第一种：完全保护型。对于那些综合价值评价较高、具有较丰富的历史文化内涵、环境形态的完全性也相当高的古镇（老街），应该采取完全保护的措施，保护其生活环境、景观环境、规划布局结构、造型及色彩等等。

第二种：局部保护型。

第三种：整体更新型。对环境形态破坏严重，或者历史价值不高，年代不悠久，风格不突出的老街，可以采取整体更新方法，使其尽快地跟上地区经济发展的进程。

每一种模式的选择都必须基于对老街的充分调研和性质论证。

七宝南北大街未修复之前，老街已经破烂不堪，80% 属于危房。据当时的镇党委书记潘一鸣介绍，对于老街改造，是拆光重建，还是保留修复，开始争论不休，随后明确提出了"不推倒重建，不大拆大建"的原则要求，并把保留原貌、修旧加固作为具体实施的基调。同时，考虑到老街改造后的实际生活功能，适度采取了修旧与浪漫相结合的方式，对局部地段进行了必要的创意改造，增强景观效果，扩展休闲空间，充分体现以人为本的理念。

最终方案是修复、重建和新建三管齐下。修复了沿街两侧的民居以及解园厅、西花园等古迹，危房视情况进行不同程度修复；对于夹杂其间的现代建筑则予以拆除；新建的有钟楼广场和蒲汇塘桥以北的明清风格的商业建筑。①

基本原则明确以后，在总体规划上还需要对规划幅度、布局和格调进行研究。

由于七宝历史悠久，文化积淀丰厚，留记于地方志和传诵于民间的文化内容丰富多彩。老街的一、二期改造，着力挖掘、遴选，并采取多种表现手法，最大限度地集注、强化了老街改造的文化含量。比如，所有文化内容大到名人馆舍、钟楼再建，小到楹联、匾文，以及浮雕、壁画，都事出有据，大俗大雅，无一游离七宝史志记述范围。

在处理依旧修复和创意改造的关系时，既坚持修旧为主，又注意挖掘历史文化的创意，对湮灭了的历史文化建筑，经过合理布局，着力进行创意性建造，以期重现部分历史景象。比如：在老街龙头位置，规划新建了一座钟楼，把七宝人牵肠挂肚的"籴来钟"找回来置于其中，使其成为护佑七宝居民的标志。

2000年9月28日，以修复蒲汇塘桥开始，七宝老街修复改造正式启动。2001年7月30日，一期改造基本结束。经装修招商，12月30日正式开街。2002年1月17日，二期修复改造工程启动，11月底结束。据时任闵行区区长的王洪泉描述，"经过两年零四十三天，终于在11月份完成了七宝老街一期二期修复改造工程。区镇两级政府为此先后投入了1.6亿元"②。

修复后的七宝老街在大都市中保留了江南水乡特色，显现出新而古朴的文化氛围，已为沪上胜景。目前已形成了"东有城隍庙、西有七宝老街"的品牌效应。

七宝老街的后续修复改造也顺利全面启动，后续工程分为四个改造地块，分别由四家单位投资改建，后续改造于2010年上海世博会前全部完工。

其二，准确定位，由老街"人气"带动周边地块"全面升级"。

---

① 参见《2003闵行年鉴》在线版：http：//www.shmh.gov.cn/tempshmh/mhgl_nj_details.aspx？NJID=1269&CatalogID=1782&ContentID=23829。

② 详见 http：//news.163.com/09/0409/08/56EPVLS600011SM9.html。

在改造之前，七宝老街因为位于外环以外，还存在交通不便的问题。仅仅用了不到十年时间，如今的七宝老街已今非昔比，周边的交通十分方便，2009年地铁九号线全线通车，拉动了七宝商圈的新一轮"全面升级"。

"七宝"站距离九号线沿线的"徐家汇"有六站路。七宝古镇这边常住有40万人。它还是一个三区交界，闵行、松江、青浦都能到。而它附近的上海最大的交通集散地——虹桥交通枢纽，其集散人数曾有过估算，一般一天达到75万，高峰达到110万，这个客流量意味着商机。

七宝的商圈发展定位，有这样一组关键词：打造外环的徐家汇。

早在2009年，上海外环的房子，只有七宝的楼盘价格可以卖到每平方米1.5万元、1.6万元。其他外环的许多楼盘的价格都在下跌。

经过这几年发展，七宝还是成为外环以外比较稳定的消费市场，现在七宝的二手房均价都在2.5万元以上。房价的稳定，和七宝周边的配套设施的日益完善，以及未来的发展潜力不无关系。

从改造一条老街开始，进而形成一种"辐射效应"，七宝老街对周边商圈带动的经验包括准确定位。

十年前，与七宝所属的上海闵行区政府合作共同开发七宝商圈的第一家民营地产商大华集团，他们当时的考虑是，要按照商业规律办事。商业规律是怎么样的？有客流才有消费力，有消费力（购买力）商业才能经营存活。

在大华对七宝老街周边商圈进行开发之前，也曾经见识过很多的商业案例，发现做不起来的原因是，有很多区域不成熟，周边社区进驻人口也不多，消费力也不足。如果妄自做大，消费力在哪里？没有足够的人流支撑，消费是经不起考验的。

反过来讲，七宝是具有消费力的。同时，也要对消费进行分层，不同的定位吸引的消费群体不一样。他们调研后发现，七宝最旺的商圈在漕宝路、七星路口，为什么？因为当时七宝消费集群消费习惯还是属于中档偏下，但这并不说明七宝没有高端人士。

十多年前，有很多高端商务人士，他们的消费习惯是往古北、徐家汇等，因此，大华集团在商圈开发的初期，对七宝的定位还是属于一个中档偏下的定位。他们在2003年时认为，当时的七宝没有大型商务集聚，看不出一点"徐家汇气质"，不代表这个区域没有产业氛围，也不代表没有商务需求，也不代表未来没有这样的前景规划。

大华集团投资初期，华商时代广场是七宝的重点开发项目，镇、区政府都希望做好，希望体现形象，而大华方面则严格按照商业规律来办事，在七宝做办公楼和商务楼时，没有走 5A 甲级线路。市场印证了他们的想法是正确的。2008 年金融风暴，市场上受到冲击最大的是外资企业，还有和海外有很大业务交流的公司，他们的商务需求缩量很厉害，因此 5A 甲级写字楼的退租率很高，其销售也遇到了瓶颈。而大华面向的客户群是中小型国内自用的客户，实际上购买大华的办公楼的客户 90% 都是自用，投资客很少，这更进一步说明，七宝商圈具有一些商务办公需求，但是大量的是中小型企业，而中小型企业在金融危机调整过程当中，受到的冲击并不大。

而定位为中端路线的华商时代广场所在的这个区域里面，有定位高端的巴黎春天，也有定位中低端的家乐福等等，有五星级酒店，也有经济型酒店，华商时代广场与之形成了一个错位经营。

可以说，正是民营资本在开发七宝商圈时的"错位经营"思路，令七宝商圈兼容并包，其目标消费群辐射低、中、高端消费。

成熟的商圈带动了周边的地产全面发展。尤其当年地铁九号线的运行线路确定要开设"七宝站"以后，越来越多的人愿意到七宝买房子。

其三，分清角色：搭好文化台，唱好经济戏，让文化传统和现代商业共生共荣。

修复后的七宝老街以物美价廉的"小吃"作为主要"卖点"，老街内荟萃了 20 世纪 50 年代原汁原味的当地小吃，别具特色和风味，有七宝方糕、七宝羊肉等，深得游客喜爱。

七宝老街在修复中，为了突现老街的历史文化底蕴，设立了"张充仁纪念馆""棉织坊""老行当""七宝老酒坊""七宝老当铺""七宝蟋蟀草堂""周氏微雕馆""七宝皮影馆"等八大旅游景点。

七宝老街修复完毕，正式开放以后，四方人士慕名而至，尤其节庆假日，老街人流如织，日客流量达 5 万人次左右。以人均消费 20 元来估算，每天七宝老街的餐饮类店铺的营业额就超过百万元，一年则将近 4 亿元。

为提高文化软实力、丰富社区居民文化生活、增添文化气息，七宝古镇以举办民间文艺、民俗活动为其特色。沪剧、越剧、皮影戏、街景演出常见于戏台、广场、街衢，江南色彩浓郁，受到热烈欢迎；除夕守岁撞钟、正月半、中元节、蟋蟀节、重阳节等民俗活动每年次第登场。

人气的兴旺，进而又吸引了更多的商业投资。包括建在附近的银七星室内滑雪场，它总占地面积100800平方米，是上海目前唯一的一家室内滑雪场，也是亚洲目前最大的室内滑雪场。

三、七宝老街可持续发展中存在的问题

近年来，清华大学李飞教授牵头，致力于研究世界著名商业街永葆青春的模式及相关指标体系，根据他目前研究的阶段性成果——相关指标体系来看，七宝老街的在商业开发中的成功，确实存在一定的偶然性，其模式未必能够适用于其他江南老街、古镇的保护开发。首当其冲的一条是地铁的开通。在城市化进程中，地铁对于中国大多数城市而言，恐怕还算得上是稀缺资源。所以说，为老街专门开通地铁这一点，对于江南地区尤其是二三线城市的老街或者古镇来说，在相当一段时间内，恐怕都是可望而不可即的。其次就是独特的地理位置——其他的大部分江南老街都不一定像七宝这样在地理上浑然天成地靠近当今城市规划中的中心城区。

所以，从某种意义上说，七宝老街在商业开发中取得的成功有一定偶然性。但是，七宝老街在保护与开发过程中，目前所呈现出来的一些问题，对未来对江南老街的开发有一定启示。

"十二五"期间，上海旅游发展的总体目标和定位是：将上海基本建成魅力独具、环境一流、集散便捷、服务完善、旅游产业体系健全、旅游产品丰富多样、旅游企业充满活力的世界著名旅游城市，打造国际都市观光旅游目的地、国际都市时尚购物目的地、国际都市商务会展目的地、国际都市文化旅游目的地、国际都市休闲度假目的地以及国际旅游集散地。①

那么，对应以上的发展目标，我们再回过头来看七宝老街以及围绕它发展起来的七宝商圈，它在购物、休闲这些功能方面，基本上契合了上述定位，但

---

① 详见中国网 http：//www. china. com. cn/city/2011 – 02/18/content_ 21948658. htm。

是，在可持续发展过程中，仍然存在一定的问题，尚且有较大的发展突破空间，包括以下几个方面：地域文化特性提炼与形象标识独特性有待升级、文化体验的多样性和辨识度有待强化、老街功能区规划和目标人群的细化和互补性有待进一步拓展等。

其一，地域文化特性提炼与形象标识独特性有待升级。

"七宝"最初的取名来自于佛教，但是事实上，如今去七宝老街的游客，大都奔着吃喝慕名前往，较少有人是以欣赏建筑（乃至带有朝圣性质）的心态去观赏寺庙及相关佛教建筑而去。这一点，从七宝老街一些收费的景点门可罗雀的冷清状况即可见一斑。从这个意义上说，七宝老街有点"名不副实"。并且从建筑价值来看，七宝老街保留的老建筑，其可观赏性也不是很高，鲜有建筑史上的经典之作。相比之下，国外很多教堂，国内一些寺庙，作为建筑本身，就有很高的艺术观赏性。可以说，在七宝老街的老建筑修葺过程中，地域的文化特性（较之于其他文化的异质性）稍嫌不够。

并且，七宝老街在改造过程中，"抱残守缺"与"推陈出新"同步进行，而在新建的一批建筑物当中，更多地考虑了其"功能"（商铺）层面，而相对地忽略了其"文化标识"层面，因此，新修的建筑当中，也鲜有具备强烈设计感的地标性建筑，尤其缺乏国际知名的建筑师个人风格的作品。

由于地域文化特性提炼不足，导致这样一种情形：老街固有建筑的特色不够突出，也缺乏在建筑理念与风格上独树一帜的知名新建筑。因此，七宝老街在形象标识的独特性方面，略显力不从心。相比之下，上海另一古镇朱家角的"建筑"牌打得比较成功。朱家角古镇引入文化艺术产业，依托于既有的一所老建筑修葺了知名建筑——人文艺术馆，这是古镇主打"文化牌"中的重要一步，并邀请上海油画雕塑院以朱家角为题材创作了一批反映朱家角的人文历史的油画，作为艺术馆开馆的基本馆藏，并邀请了吴冠中先生题写馆名。可以说，朱家角成功地实践了"艺术与建筑"的文化营销。

另外，七宝老街的定位当中，主打了"吃"这一张牌，以"美食街"自居，理所应当要有拿得出手的"代表作"。然而，就以最近这两年收视火爆的纪录片《舌尖上的中国》（第一季）为例，它在第四集提到了上海菜以及以烹饪上海菜知名的小店，但是很遗憾，以美食著名的七宝老街，没有任何一家做餐饮的店铺入围。

同时，周边日益时尚化的七宝商圈还没有一家达到国际化标准的米琪林餐厅。

其二，文化体验的多样性和辨识度有待强化。

上海旅游文化产业报告还专门指出一项"功能能级指标"——希望未来几年，国内游客人均停留天数 4.3 天、国内游客平均花费 1175 元，入境游客人均停留天数 3.5 天、入境游客人均花费 857.78 美元。①

这个能级指标较之于现有的数据，我们可看出它有一个明显的"野心"——希望未来来沪的游客，能够在上海多住一晚上。那么，这一晚上住在哪里？七宝老街及其周边商圈，是否能够以文化体验的多样性及独特性，吸引国内乃至境外游客，纯粹为了休闲（而非商务）目的，驻足于斯？

2012 年，上海闵行区的七宝古镇和召楼古镇全年累计接待游客 390.68 万人，比上年增长 44.1%。这个数字还有没有上升的空间？

在文化体验的多样性方面，七宝老街及其周边商圈的文化氛围不够浓，一方面体现在"硬件"——艺术场馆（博物馆、展览馆等）不足。事实上，老街的艺术场馆设计者应当有一种包容性——艺术生产者、居民、观光客都能够进来体验；虽然老街建筑有控制高度的限制，不像体量巨大的现代艺术馆，但是，展示内容可以多元化，比如摄影、国画、油画乃至先锋艺术家的各类型作品。如今艺术馆的定义已经宽泛，既可以看画，也是公共交流空间，但作为艺术馆仍有它自身的特殊性。对于老街当地来说，需要用时间去沉淀它的功能和价值。对于老建筑来说，既需要进行功能转换，还要做一定修缮工作。在这个意义上，七宝老街在营造文化氛围方面，未来还是有可提升空间的。

在提供文化体验的多样性方面，七宝老街在吃、喝、玩、乐方面，所提供的"体验"的多样性还有待提升。目前，我们可参照国外的迪拜：政府以完全免税、外国人可优惠置产的方案，吸引世界各地的观光客、富商、地产大亨、各国知名企业前来消费与投资，让小小的迪拜，有条件容纳世界最大的购物中心、世界最高的建筑、世界最大的办公室、世界最大的高尔夫球场、世界最大规模的人造岛群、世界最大的迪拜乐园——比英国和法国的迪斯尼乐园大，从

---

① 详见《中国旅游报》在线版：http://www.ctnews.com.cn/zglyb/html/2011 - 02/16/content_ 16060. htm? div = -1。

第一个玩到最后一个设施，在不排队、不睡觉的情况下，要花上两星期。

而七宝要想作为留下国内外游客在上海"多住一晚"的理由，在文化体验的多样性方面，一定要有所作为。

而在文化的"辨识度"方面，七宝老街也需要强化。七宝老街有没有一两项能够做到极致的"卖点"？应该说，中国许多商业老街固有的功能，如观光、购物、居住，七宝老街都有，可以说面面俱到。但是，根据业界有学者总结出的"旅游吸引力"的几项要素——建筑、民俗文化、宗教、饮食、餐饮、住宿、购物、节事，我们再来反观七宝老街现有的格局，发现它的问题就出在——在这些吸引力要素上"平均用力"，没有特别突出的某一项。

我们可以适当参考一下相关成功样本，如安徽庐江的汤池小镇。2013年9月，经过30位专家、100家媒体的评判，300家村镇激战，包括中央人民广播电台等近50家电台一起主办的"发现·2013中国最美村镇"评选活动，全国60强最终决出。综合腾讯专题页面及官网的票数，按照社会人士30%、专家学者35%、100家媒体35%的投票比分和权重，安徽汤池镇被评为"中国最美村镇"第一名。[1] 汤池主打中国传统文化牌，以一所投资过亿的特殊的公益学校作为重要"卖点"，回归中国古代书院传统，弘扬中国儒、道、佛经典文化，以中国古代文化经典诵读、学习为主，同时生活方式乃至礼仪全部返璞归真，发展有机家业，种菜不打农药，提倡素食……由此带动整个小镇的民风的良性化发展，成为小镇发展的典范，小镇因民风淳厚、管理先进，甚至成为一个"标本"，引起联合国官员的集体关注。当游客们说起汤池小镇，一定会联想到几组关键词：弟子规、四书五经、传统文化。这是汤池小镇区别于中国其他村镇的"文化软实力"。

未来的七宝老街在旅游上的吸引力，尤其是吸引境内外游客"多住一晚上"方面的吸引力，如果能够在"辨识度"上做文章，聚焦于它最具竞争力，找到与其他旅游景点相比有着高度异质性的一两个"卖点"，将其做到极致，相信未来在可持续发展过程中，一定还有发展空间。

其三，老街功能区规划和目标人群的细化和互补性有待进一步拓展等。

七宝老街与其他江南古镇比如周庄、同里的同质化程度较高，无论是建筑

---

① 详见汤池镇人民政府官网 http：//www. tangchi. gov. cn//display. asp？id＝1336。

还是它的商铺。老街的商铺主打产品为本地小吃和常见的旅游纪念品。事实上，七宝老街的商铺销售的许多产品，在全国许多旅游景点都似曾相识。这样的销售策略，意味着对目标消费群的定位稍嫌粗略，不够细化和具有相应的针对性。

从这个意义上看，老街的功能区规划应当进一步拓展、细化。商业老街在保护和开发的过程中，恢复其固有的商业性质，凸显其历史商贸集市特点是必要的。那些老店、老字号所生产、经营的高度个性化、具"不可复制"性的产品和服务，其存在尤为必要。而从产品、服务的多样性层面去考虑，那些新兴的店铺、服务业，如何与老字号相得益彰而不是显得突兀、不协调，这都是重要的课题。老街的功能区规划应该趋于合理化、和谐化。

此外，七宝老街在拓展其"目标消费群"过程中，应当与时俱进，近年来，诸多旅游景点吸引力因素中所折射出来的名人效应或者说"粉丝经济"，也可以适当考虑。这也涉及对旅游目标人群的进一步细化。

周庄因陈逸飞一幅拍出天价的油画而出名（取景于周庄），吸引大量艺术爱好者蜂拥而至；乌镇有茅盾故居，并且还作为一线女星刘若英主演的偶像剧《似水年华》的主要取景地而引来大量粉丝们"朝圣"。

而国外亦有类似的案例：2002 年韩剧《冬季恋歌》剧中美轮美奂的外景（包括乡下景观），吸引亚洲（尤其是日本）大量粉丝组团前往，该剧的外景地于 2005 年一年给韩国带来了 100 亿韩元的旅游收入。①

而七宝老街目前尚且缺乏这样专门针对特定目标消费群的"粉丝经济"效应。可以说，七宝老街未来的发展战略中，对目标人群进行细化，并制定相应的发展对策是十分必要的。

此外，七宝目前缺乏在国内外有影响力的品牌演出团体。这样的团体对于提升老街的文化软实力、与老街既有文化格局实现"互补"有着特殊的重要性。

起名源于佛文化的七宝老街，宗教氛围缺乏，特色演出不足。外国人看教堂，看唱诗班的演出，而中国人逛老街看寺庙，同样也可以欣赏中国传统音乐演奏。相比之下，朱家角在提升文化吸引力的策略当中，采纳奥斯卡音乐奖项获得者谭盾的创意，引进禅乐表演，吸引大量音乐爱好者以及佛教徒；湖北红

① 见《新京报》在线版：http://ent.sina.com.cn/v/j/2005-11-05/0131886664.html。

安县的天台寺定期举办小沙弥乐队的佛乐演奏会，一些省、市级电视台甚至数次进行现场直播——这类文化"产品"，及其专业化的演出团体的良好发展态势，是打造游客忠诚度（未来会再次来旅游）、对旅游景点"旅游吸引力"提升的重要因素。

此外，七宝老街的地方剧演出没有形成气候，缺少有一定规格和档次的演出场馆（像苏州古镇千灯那样有固定场所每天定期表演苏州评弹）。与七宝有关的优质剧目（包括水上演出）没有形成独树一帜的风格，也缺乏国内外知名的代表作。在庐山风景区的剧院，多年以来一直反反复复只放一部电影——《庐山恋》。而桂林的阳朔则是水上大型实景演出——"印象·刘三姐"数年来长演不衰。

概而言之，目前发展势头可喜的上海七宝老街以周边的七宝商圈，未来尚有较大发展空间。我们理想中的七宝老街及七宝商圈，应当在城市功能上"全面升级"，提高其旅游吸引力和就业容纳力，与上海的城市发展密切相关；同时处理好产业结构以及服务配套设施等方面的问题，做好文化传承，真正做到"老而不朽"，青春永驻。同时我们也热切希望，七宝老街在保护开发中的成功经验与呈现出来的问题，在中国江南地区老街、古镇的开发过程中，真正起到抛砖引玉的作用。

参考文献：

［1］［美］阿奇·B. 卡罗尔等著：《企业与社会——伦理与利益相关者管理》，黄煜平等译，机械工业出版社 2004 年版。

［2］［美］海茵茨·韦里克、哈罗德·孔茨著：《管理学精要：国际化视角》，马春光译，机械工业出版社 2009 年版。

［3］［美］乔治·斯蒂纳、约翰·斯蒂纳著：《企业、政府与社会》，张志强、王春香译，华夏出版社 2002 年版。

［4］郭红解：《上海老街》，《上海档案》1999 年第 4 期。

［5］韩絮：《历史街区旅游吸引力评价及提升策略研究》，硕士学位论文，南京师范大学，2012 年 5 月。

［6］钱树伟、苏勤、祝玲丽：《历史街区旅游者地方依恋对购物行为的影响分析——以屯溪老街为例》，《资源科学》2010 年第 1 期。

［7］阮仪三：《论文化创意产业的城市基础》，《同济大学学报》（社科版）2005 年第1 期。

［8］阮仪三：《文化遗产保护的原真性原则》，《同济大学学报》（社科版）2003 年第2 期。

［9］阮仪三、袁菲：《再论江南水乡古镇的保护与合理发展》，《城市规划学刊》2011 年第 5 期。

［10］阮仪三：《城市遗产保护与同济城市规划》，《城市规划学刊》2012 年第 6 期。

［11］阮仪三：《历史文化遗产保护的思考与理性回归》，《上海城市规划》2011 年第4 期。

［12］余向洋、沙润、胡善风等：《基于旅游者行为的游客满意度实证研究——以屯溪老街为例》，《消费经济》2008 年第 4 期。

编后记

2014 年 7 月 15～22 日，云南大学东陆园又迎来了参加"U40 文化产业暑期工作营"的国内外专家和学员。作为一个具有公益性的青年人才培养创新型项目，一个青年学者与国内外知名学者进行深度交流的平台，"U40"肩负的任务与使命越来越重。2013 年首届"U40"举办后就得到了国内外学者、文化产业学科建设和学术研究领域青年学者们的关注。与 2013 年第一届"U40 文化产业暑期工作营"相比，这次参与的学员突破了 30 名，不仅有来自高校、研究机构的学员，也有来自企业和民间智库的学员，从地域上说，学员来自国内十多个省（市、区），还有了来自中国台湾、香港的学员，应第一届学员的要求，再次参加"U40"的学员成了学长；导师团的学者从原来的国内、澳大利亚扩大到中国台湾、香港地区和英国。中宣部文化体制改革和发展办公室副主任高书生也专程来到工作营，表达国家相关部门对"U40"的重视及寄予的期望，并结合自己多年的实践经验和深厚学术素养，做了专题演讲。工作营的一周时间里，国内外学者与来自不同地区与机构、具有不同学科背景的学员们围绕文化产业的理论与现实问题，以提交的论文为基点，结合导师们的前沿研究成果开展了深入的交流。在银杏飘香的东陆园、柳树环绕的翠湖边、先生坡的茶馆里，以文会师，以文会友，新兴学科的勃勃生机跃然眼前。学员的论文起初是"U40"遴选学员的条件，经过点评、探讨、修改后，论文也成为"U40"学员的成绩凭证。第一届论文结集出版后颇得到好评，《U40 文化产业青年学者文集（2014）》也即将在各位青年学者们的共同努力下，在各位导师的鼓励和支持下付梓出版。

论文在编辑过程中，部分学员的文章由于已经在公开刊物上发表，考虑到出版的规范和知识产权保护，结集出版的文集只收录了 22 篇文章，并不是全部学员的论文。

文集在出版过程中得到云南大学出版社的大力支持，对云南大学出版社长期关注文化产业研究并资助研究成果出版致以崇高的谢意。

　　在文集编辑过程中，云南大学国家文化产业研究中心陈曦博士、中国社科院文化研究中心意娜博士和云南大学出版社的编辑李红老师付出了辛勤的劳动，没有两位博士和编辑李红老师的努力，《U40 文化产业青年学者文集（2014）》就不可能按期出版。相信各位导师和学员拿到文集后，一定会感谢她们所做的努力与辛苦付出。

李　炎

2015 年 5 月